Carolin Schricker / Dr. med. Walter Eichinger
Prof. Dr. med. Rüdiger Lange

Walking

Carolin Schricker / Dr. med. Walter Eichinger / Prof. Dr. med. Rüdiger Lange

Walking

Alles über
Ausrüstung,
Technik,
Training
und Gesundheit

Mit Nordic-,
Aqua- und
Power-Walking

blv

Das Training 60

Das ist Walking 80

Die Ernährung 124

Vorwort

»Walking« heißt auf Deutsch »gehen« und diese Fortbewegungsart ist die natürlichste von der Welt, warum also sollte man ein ganzes Buch darüber schreiben?

Ein Grund ist, dass es in unserem Buch nicht nur um die reine Fortbewegung auf zwei Beinen geht, die jeder von uns seit der frühen Kindheit beherrscht, sondern auch um die innere Einstellung zur Bewegung, zum eigenen Körper, zur Gesundheit und zur persönlichen Fitness. Auf dem Weg zu dieser Einstellung kann Walking als eine sehr ursprüngliche, unkomplizierte Bewegungsform eine wertvolle Hilfe sein. Walking ist eine Sportart, die wie keine andere für jeden geeignet ist, ob Mann, Frau, jung, alt, dick oder gertenschlank.

Walking kommt auch für Menschen in Betracht, die gesundheitliche Probleme haben. Mit regelmäßigem Walking kann man die innere Kraft wiedererlangen, gesund zu werden oder mit der Krankheit besser umzugehen.

Dieses Buch widmet sich auch den technischen Aspekten, von Freizeit-Walking über Power-Walking bis hin zum Race-Walking. Aber damit wollen wir es nicht bewenden lassen. Wir möchten Menschen für diese Sportart gewinnen. Also können wir nicht einfach sagen »so wird es gemacht, fangt an«, sondern wir müssen Ihnen zeigen, wie Sie das Walken in Ihr Lebensprogramm einbauen können.

Das erfordert natürlich ein umfangreiches Kapitel über Trainingsmethoden. Hier finden Untrainierte, Freizeitaktivisten und Leistungssportler wertvolle Tipps zum Aufbau und zur Gestaltung des Trainings. Dieses Buch gibt Antworten auf folgende Fragen: Welche Gefahren birgt falsches Training? Was kann bei Übereifer passieren? Wie fange ich an, wenn ich noch nie Sport getrieben habe? Hat es noch Zweck zu beginnen, wenn ich schon in der zweiten Lebenshälfte bin?

Außerdem widmet sich ein großer Teil des Buches der Gesundheit sowie der Entstehung und Vermeidung von Erkrankungen. Wirkt sich körperliches Training bei Frauen und Männern gleichermaßen aus? Müssen Frauen während der Schwangerschaft auf alle sportlichen Aktivitäten verzichten? Und was ist mit denen, die nicht mehr ganz gesund sind und vielleicht schon diverse körperliche Beschwerden haben? Für diese Menschen darf Sport kein Tabu sein. Im Gegenteil, das Bewusstmachen der eigenen körperlichen Leistungsfähigkeit hilft Krankheiten zu überwinden und dem Leben wieder mit Optimismus und Freude zu begegnen. Dazu gehört ein gewisses Verständnis über die Vorgänge in unserem Körper und darüber, wie leicht wir vieles in unserem Leben positiv beeinflussen können.

Die richtige Ernährung spielt dabei eine entscheidende Rolle. Verliert nicht auch ein Rennmotor sein Leistungsvermögen, wenn man ihn mit schlechtem Brennstoff versorgt? In diesem Buch wird deshalb viel über unsere »Brennstoffe« gesagt.

Der interessierte Leser erfährt darüber hinaus, wie Walking im Vergleich zu anderen Sportarten einzuordnen ist und mit ihnen kombiniert werden kann. Auch diejenigen, die bereits wissen, wie man sich richtig ernährt, warum man viel Sport treiben und körperbewusst leben soll, erhalten neue Informationen: Wie man durch zusätzliche Maßnahmen die Lebensuhr etwas langsamer ablaufen lassen kann und was es mit dem so genannten Anti-Aging auf sich hat. So geht es zum Beispiel um Antworten auf Fragen wie: Kann man die Folgen des Alterns verzögern? Was ist sinnvoll? Wie soll das funktionieren?

Das Buch nimmt Stellung zu allen Aspekten rund um das Thema »Bewegung«. Der zentrale Punkt ist das Walking, doch die Botschaft an den Leser soll weitergehen: Nehmen Sie Ihr Leben aktiv in die Hand. Beginnen Sie mit einem Fitnessprogramm oder intensivieren Sie Ihre Aktivitäten. Erleben Sie, wie sich durch körperliches Wohlbefinden ein gesundes Selbstbewusstsein entwickelt. Wir möchten Ihnen zeigen, wie einfach der Weg dahin sein kann. Stimmen Sie sich bei der Lektüre dieses Buches Schritt für Schritt ein auf die ursprünglichste Bewegungsform des Menschen, auf das Walking, und entdecken Sie ein neues Lebensgefühl.

Prof. Dr. med. Rüdiger Lange

Bewegung tut gut!

Unser Körper ist ein Wunderwerk. Wir liegen, gehen, rennen, springen, wenn wir uns an Land befinden. Wir schwimmen und tauchen im Wasser. Wir können uns von 0 auf 35 Kilometer pro Stunde auf Touren bringen. Manche Menschen laufen 42,5 Kilometer bei einem Marathon, andere stemmen Kleinwagen mit bloßer Körperkraft in die Höhe, um einen Reifen zu wechseln. Ganz einfache, aber auch höchst komplizierte Bewegungsabläufe sind für unseren Körper kein Problem.

Kopfarbeit

»Ich kann mich heute keinen Schritt bewegen« oder »Ein bisschen Bewegung könnte mir nicht schaden«. Das sind Sätze, die uns bestimmt schon tausendmal durch den Kopf geschossen sind. Bewegung steckt in unserem Körper. Bewegung ist naturgegeben. Bewegung bestimmt unser Leben: so oder so. Und wenn wir ehrlich sind, fühlen wir uns nach einem ausgedehnten Spaziergang oder einem Lauf von 7 Kilometern wesentlich besser als nach 2 Stunden Fernsehen.

Glücksmomente

Eine Teilnehmerin meiner Power-Walking-Gruppe beschreibt das Gefühl während des Walkings so: »Manchmal meine ich zu schweben. Eigentlich sind meine Füße nach einem langen Tag auf den Beinen schwer und müde. Aber innerhalb kürzester Zeit entspannt sich mein Körper und mein Kopf, ich fühle mich leicht und frisch. Mit jedem Schritt werde ich stärker, ich atme gleichmäßig und tief und bald habe ich das Gefühl, als würde ich wie von selbst, unsichtbar angetrieben, vorwärtsstreben.«

Das beste Gesundheitsprogramm

Wir müssen uns bewegen, um gesund zu leben. Seit einiger Zeit erscheint ein Krankheitsbild in den Gesundheitsstatistiken: Rückenschmerzen. Das ist kein neues Problem, es wird aber immer aktueller, da jetzt auch vermehrt junge Menschen unter starken Schmerzen und Bewegungseinschränkungen leiden.

Das ist nur ein Beispiel einer körperlichen Einschränkung, die durch Bewegungsmangel oder falsche Bewegung entstehen kann, aber durch ein geeignetes Übungsprogramm weitgehend therapierbar ist. Menschen, die an Rückenschmerzen leiden, haben außerdem meist schlechte Laune und sind sicherlich nicht glücklich. Es entsteht langsam ein psychosomatisches Krankheitsbild. Ein Teufelskreis beginnt.

Richtige Bewegung hilft Körper, Geist und Seele wieder in die Balance zu bringen. Dazu gehört auch, einmal in den Körper hineinzuhören: Setzen Sie sich nur einige Minuten hin. Atmen Sie zunächst ruhig und bewusst. Und dann stellen Sie sich vor, welche Art der Bewegung Ihnen jetzt gut tun würde. Wenn es möglich ist, sollten Sie gleich heute damit anfangen. Probieren Sie es aus!

Unser Körper ist keine Maschine und doch liegt der Vergleich manchmal nahe: Tausende von kleinen und großen Teilen müssen exakt ineinander passen und zusammenarbeiten. Fällt eines aus, steht die Maschine. Oder eben nicht, wie bei unserem Körper. Der kompensiert, gleicht aus, ersetzt, holt schnell Hilfe von anderen Organen oder Körperkreisläufen. Er versucht den Schaden ohne fremde Hilfe möglichst schnell zu beheben. Allerdings vergisst unser Körper nichts, jede »Reparatur« hinterlässt ihre Spuren. Deshalb ist es so wichtig, unseren Körper zu pflegen und zu »warten«. Nur dann kann er die Leistungen bringen, die wir Tag für Tag von ihm fordern.

Bewegung ist das beste Anti-Aging-Programm

Alt werden bedeutet langsamer zu werden. Das betrifft auch den Stoffwechsel. Die Größe und Anzahl unserer Zellen nimmt ab. Unsere Leistungsfähigkeit sinkt.
Dieser Prozess lässt sich jedoch durch regelmäßige Bewegung und altersgemäße Lebensführung aufhalten. Wer mindestens dreimal in der Woche eine halbe Stunde seine Ausdauer trainiert, reduziert das Risiko einer Herz-Kreislauf-Erkrankung um die Hälfte.

Herzensangelegenheiten

Das Herz ist ein Muskel, den wir, wie alle anderen Muskeln in unserem Körper, trainieren müssen. Ein gesundes Herz ist die Voraussetzung für einen starken und leistungsfähigen Körper.
Regelmäßige Bewegung erhöht das Herzvolumen und der Herzmuskel wird stark und kräftig. Und das wiederum hat positive Auswirkungen auf unser gesamtes Organsystem.

Muskelprotz

Wenn wir uns bewegen, zeigt sich eine gesunde Gesichtsfarbe. Unsere Durchblutung wird angekurbelt. Mehr Blut und auch mehr Sauerstoff und Nährstoffe werden in die Zellen, Fasern, Bindegewebe und damit Muskulatur gepumpt.
Die Ausdauerleistung der Muskulatur nimmt zu, die Sauerstoffverwertung wächst, die Speicherfähigkeit der Zellen für Sauerstoff und Nährstoffe steigt.

Fit im Kopf!

Während ich dieses Buch schreibe, erlebe ich immer wieder Denk-Einbrüche. Es geht einfach nicht weiter. Mein Gehirn ist blockiert. Ich ziehe meine Sportsachen an und gehe oder renne los. Ich komme zurück, fühle mich frisch und aufgefüllt mit neuen Ideen, setze mich an den Computer und los geht's! Es läuft wieder.
Tatsächlich befinden wir uns im Gleichgewicht, wenn alles fließt, wenn auch die Versorgung der kleinsten Zelleinheiten im Gehirn funktioniert und alle Abfallprodukte problemlos abtransportiert werden können.

Bewegung macht schön

»Du siehst aber gut aus!« »Danke, ich mache jetzt regelmäßig Sport!« Das hört man oft und es stimmt, dass ein positiver Nebeneffekt von Sport und Bewegung ein besseres Aussehen und Körpergefühl ist. Sportliche Betätigung verbessert die Figur. In Verbindung mit einer gesunden und sinnvollen Ernährung ist jede Art von Sport das ideale Schönheitsprogramm.

Und los geht's!

Acht gute Gründe sich zu bewegen kennen Sie nun. Es wird bestimmt nicht leicht den Anfang zu finden, wenn Sie sich bisher nicht viel bewegt haben, aber ein kluger Kopf hat einmal gesagt: »Jede Reise beginnt mit dem ersten Schritt.« Beginnen Sie Ihre Reise zu mehr Fitness und Beweglichkeit mit kleinen Veränderungen in Ihrem Tagesablauf.
Benutzen Sie die Treppe und nicht den Lift oder die Rolltreppe oder lassen Sie doch einmal das Auto in der Garage und erledigen Sie die Einkäufe per Fuß oder Rad.
Wenn Sie Lust auf Gesellschaft haben, sollten Sie Mitglied in einem Fitness-Studio werden. Bewegen Sie sich einfach so viel, wie es geht.
Walking bietet vielfältige Möglichkeiten. Es lässt sich leicht in den Alltag einplanen, das Verletzungsrisiko ist im Vergleich zu anderen Sportarten sehr gering. Aus diesem Grund betreiben es immer mehr Menschen dauerhaft mit großen Erfolgen. Aber vor allem, haben Sie Spaß an der Bewegung. Überfordern Sie sich nicht und denken Sie daran, dass Sie sich auch Zeit und Ruhe nehmen.

Walking – kurz und bündig

Am Anfang gab es einfach nur das Gehen. Als Leistungssport hat es eine lange Tradition. Bezahltes Wettgehen, Pedestrianism, war im neunzehnten Jahrhundert in England und den USA ein beliebter Männersport. Die hohen Herrschaften ließen ihre Dienstboten wettkampfmäßig in Sechstagemärschen gegeneinander antreten. In den USA gab es sogar ein »Handbook of Pedestrianism«.

Die Ursprünge des Walking vermutet man in den skandinavischen Ländern.

Lange bevor man in den USA Walking als umfassendes Fitness-Programm für jedermann entdeckte, marschierten die Finnen in Schneeschuhen bergauf und -ab, um nach ihren Tieren zu sehen. Dieses Land hat auch jede Menge Olympiasieger im Skilanglauf hervorgebracht. Und Paavo Nurmi ist sogar der jüngeren Generation noch als Laufwunder ein Begriff. Durch die Lust am Ausdauersport in freier Natur verfügen die Finnen über einen hohen Wissensstand, was Gesundheit und Fitness betrifft. Finnland hat in Europa im Fitnessbereich also eine Vorbildfunktion. Den »Feinschliff« dieser Sportart verdanken wir zu einem großen Teil den Amerikanern und deren Lust an Innovationen und Experimenten.

Bei uns entwickelte sich das Walking aus organisierten Lauftreffs. Wegbereiter war Carl Diem, der 1907 die »Laufgemeinschaft« gründete. Über die Jahre sonderten sich aus den Laufgruppen Sportler ab, die nicht oder nicht mehr laufen konnten. Höheres Alter und/oder körperliche Beschwerden hinderten sie daran. So gingen sie die Strecke und wurden anfangs als kuriose Außenseiter belächelt. Heute sind beim Deutschen Leichtathletikverband neben 2910 Lauftreffs 970 Walkingtreffs registriert. Die Anzahl der Walker schätzt der Verband auf ca. 100000.

Und noch zwei Zahlen: Das Durchschnittsalter beim Walking liegt bei 45 Jahren und Frauen überwiegen mit etwa 70 Prozent.

Achten Sie beim Walken auf eine aufrechte Körperhaltung.

Info

Einfach losgehen!

Walking ist einfach zu erlernen, es hat keine komplizierte Technik. • Walken kann man alleine oder zusammen mit anderen. • Walking kennt keine Altersbegrenzung. • Walking kann man unabhängig vom Leistungsstand sofort beginnen. • Walking kostet keinen Cent. • Walken kann man überall, egal ob in der Stadt oder auf dem Land. • Walking ist bei jedem Wetter möglich. • Walking ist ein geniales Fettverbrennungsprogramm. • Walking trainiert das Herz-Kreislauf-System. • Walking hat ein geringes Verletzungspotenzial. • Für Walking braucht man keine aufwendige Ausrüstung.

»Just do it!«

Es gibt eine Menge gute Gründe zu Walken. Einer davon ist, dass jeder Mensch walken kann. Walking ist sozusagen die Sportart, die uns in die Wiege gelegt wurde.

Bewegungstypen

Jeden Dienstag gehe ich mit einer meiner Walking-Gruppen eine Stunde in den vielleicht schönsten Park der Welt, den Englischen Garten in München. Meine Mitgeher sind ein bunt durcheinander gewürfelter Haufen. Das betrifft nicht nur die Geschlechter, vielmehr sind die Alters- und Leistungsunterschiede das Auffallendste.

Und natürlich hat jeder seine eigenen Vorstellungen, wie und warum er seine Walking-Stunde so und nicht anders gestalten möchte. Eine schwierige Aufgabe alle unter einen Hut zu bringen, möchte man meinen. Nein, Walking in der Gruppe ist trotz der verschiedenen Bewegungstypen kein Problem, wenn man die Teilnehmer genau einschätzen kann. Einige Bewegungstypen möchte ich hier vorstellen.

Der Bewegungsmuffel

Er hat in seinem bisherigen Leben mit Sport nicht viel im Sinn gehabt. Meistens hat ihm dafür die Zeit gefehlt. Das hört man oft, wenn sich diese Menschen dann doch zur Bewegung entschließen. Und dann erfährt man so manche Leidensgeschichte, wie das anfing mit den Rückenschmerzen, weil der Körper mit 20 Kilogramm Übergewicht belastet wurde.

Wenn sich der Bewegungsmuffel aber einmal entschlossen hat mit Sport zu beginnen, dann ist Walking das beste Einsteigerprogramm. Er wird nicht überfordert und gleich zu Anfang kann er sich über sein erstes Erfolgserlebnis freuen.

Der Aktive

Er ist immer in Bewegung. Wenn es möglich ist, treibt er Sport, probiert neue Trends aus und ist interessiert an verschiedenen Bewegungsformen. Er fährt mit dem Rad zur Arbeit und läuft hinauf ins fünfte Stockwerk. Nach dem täglichen Sportprogramm von drei Stunden fühlt er sich noch

immer nicht ausgelastet. Er hat Lust an der Bewegung und will sein Bewegungsspektrum erweitern. Walking bietet diesem Bewegungstyp die ganze Palette an körperlichen Belastungsformen. Er wird sowohl koordinativ als auch neuromuskulär gefordert und hat die Möglichkeit an seine Belastungsgrenze zu gelangen. Der Aktive kann aus den verschiedenen Varianten seinem Leistungsstand entsprechend etwas Geeignetes auswählen.

Der Gestresste

»Ich habe so viel um die Ohren, ich komme gar nicht mehr dazu, Sport zu treiben.«
Der Gestresste ist zwar auch stets in Bewegung, aber sie erfolgt immer unter Druck, in Hetze und Unruhe. Stresshormone werden ausgeschüttet (Adrenalin, Noradrenalin, Kortisol). Der Mensch ist auf Flucht programmiert.
Aber anstatt zu flüchten, bleibt er sitzen und unterwirft sich dem Stress, Distress genannt. Der Betrof-

fene wird auf Dauer krank. Walking ist für den Gestressten das ideale Bewegungsprogramm. Er kann mit einem Minimum an Zeitaufwand ein Maximum an Effekt erzielen. Mit Walking erhält der Gestresste aktive Entspannung durch richtige Bewegung.

Der Vielseitige

Er ist seit Jahren regelmäßig in mehreren Sportarten aktiv und hat möglicherweise an Wettkämpfen teilgenommen. Aufgrund von körperlichen Problemen, zum Beispiel Abnutzungserscheinungen in verschiedenen Gelenken, kann er jedoch einige Sportarten nicht mehr ausführen. Jetzt sucht er nach einer neuen Herausforderung, die sowohl seiner Leistungsfähigkeit als auch seinem körperlichen Vermögen entspricht. Mit Walking kann er seiner »Bewegungskarriere« ohne Probleme eine neue, schonende, aber durchaus anspruchsvolle Sportart hinzufügen.

Bewegungsprofile

Der Anfänger

Sie haben sich dazu entschlossen sich zu bewegen und mit sportlicher Betätigung zu beginnen. Am liebsten würden Sie gleich loslegen. Doch bevor Sie mit Ihrem Gesundheitstraining starten, sollten Sie zu Ihrem Arzt gehen und einen großen Gesundheitscheck machen lassen. Das ist ganz wichtig, wenn Sie schon etwas älter sind oder länger keinen regelmäßigen Sport betrieben haben. Erst nach der Untersuchung wissen Sie mit Sicherheit, ob Sie voll leistungsfähig sind und losgehen können.

Beim Walking werden Sie lernen durch kontinuierliche, zu Anfang mäßige Belastung voranzukommen. Sie werden entdecken, dass Sie von Woche zu Woche weiter gehen und sogar Ihr Tempo dabei erhöhen können. Denken Sie daran, dass nur Regelmäßigkeit, Dauer und Häufigkeit zum Erfolg führen.

Der Fortgeschrittene

Wer schon einen guten Trainingszustand hat, kann eine Walking-Variante wählen, die ihn einer höheren Belastung aussetzt. Als Fitness-Walker absolvieren Sie nicht nur ein geniales Herz-Kreislauf-Training, sondern steigern auch alle Stoffwechselprozesse in Ihrem Körper. Wenn Sie wollen, können Sie dabei Ihr Gewicht reduzieren, in jedem Fall steigern Sie Kraft und Ausdauer. Die Pulsbelastung liegt bei 70 bis 80 Prozent der maximalen Pulsfrequenz (siehe Seite 65). In diesem mittleren Belastungsbereich sollten Sie sich während des Walken über eine längere Zeit (etwa eine Stunde) mit Ihren Mitgehern noch gut unterhalten können.

Der Umsteiger

Sie suchen eine neue Herausforderung. Wahrscheinlich haben Sie schon viele Sportarten betrieben und jemand hat Ihnen von Walking als durchaus anspruchsvolle Sportart etwas vorgeschwärmt. Häufig zwingen verletzungsbedingte körperliche Beschwerden den Freizeitsportler nach Alternativen zu suchen. Viele Umsteiger kommen aus Mannschaftssportarten wie zum Beispiel Fußball oder Handball, die ein relativ hohes Verletzungsrisiko bergen. Oder Sie müssen sich aufgrund Ihres fortgeschrittenen Alters sportlich neu orientieren. Egal aus welchem Grund Sie sich für Walking als alternative Sportart entscheiden, hier können Sie sich richtig »austoben«.

Walking erhält Ihre Beweglichkeit oder schenkt sie Ihnen wieder. Diese Bewegungsform kann Sie Ihr Leben lang begleiten oder Sprungbrett sein in andere Sportarten.

Der Wiedereinsteiger

Meine Freundin Claudia ist der typische Wiedereinsteiger. Sie hat früher regelmäßig Sport getrieben und sogar Wettkämpfe bestritten. Zuerst berufsbedingt und später als zweifache Mutter hat sie ihren Sport langsam aus den Augen verloren. Natürlich hat sie gemerkt, dass sie sich körperlich verändert hat, sie fühlte sich einfach zu schwer und unbeweglich. Es gibt zahlreiche Beispiele und viel zu wenige packen ihr Problem beim Schopf und fangen einfach an sich wieder zu bewegen. Claudia walkt seit einem halben Jahr, spielt mit ihrem kleinen Sohn Fußball und hat ihre alte Power wieder.

Der Profi

Wenn Sie sich zu den Profis in Sachen Sport zählen, kennen Sie sicher die verschiedenen physiologischen und biomechanischen Vorgänge beim Training. Sie haben Ihren eigenen Trainingsplan. Als Profi muss man Ihnen nicht mehr erzählen, was gut oder schlecht für Ihren Körper ist, lange genug haben Sie sich mit dieser Thematik befasst. Für Sie hält das Walking die spannendsten aber auch anstrengendsten Varianten bereit. Power-Walking, Hill-Walking und als Wettkampf betrieben das Race-Walking. Wenn Sie sich mit diesen Walking-Varianten erst anfreunden möchten, probieren Sie doch einmal folgendes Spiel aus: Fünfmal fünf Minuten schnelles Gehen bei 85 bis 90 Prozent des Maximalpulses. (Genaueres über den Maximalpuls erfahren sie auf Seite 65.) Erholen Sie sich dazwischen mit etwas langsameren dreiminütigen Gehpausen bei 60 bis 70 Prozent der maximalen Herzfrequenz. Bei diesem Intervalltraining werden Sie möglicherweise kurzfristig in den anaeroben Bereich (siehe Seite 140) geraten, wenn Sie über eine gute Grundkondition verfügen und sich mit der Technik vertraut gemacht haben.

Der Fitness Check

Mit einer vernünftigen Planung der Belastung kann jeder Walker dafür sorgen, dass er ein ausgewogenes und erfolgreiches Training vor sich hat, das Freude bereitet und nicht zur lästigen Pflicht wird. Dadurch werden Sie nicht zu den Einsteigern gehören, die bereits nach wenigen Wochen mit dem Training aufhören.

Deshalb wird es jetzt höchste Zeit für eine kleine Beurteilung Ihrer »Ist-Situation«. Die Bestimmung der derzeitigen Leistungsfähigkeit erfolgt mit Tests. Außerdem sollten Sie noch die folgenden Fragen beantworten.

• Wie geht es Ihnen jetzt?
• Fühlen Sie sich gesund?
• Wie schätzen Sie Ihre Fitness ein?
• Welche Sportart interessiert Sie und welche Art der Bewegung wäre für Sie die beste?

Um diese Fragen zu beantworten und um Ihr momentanes Leistungsvermögen zu bestimmen, brauchen wir noch einige Informationen.

1. Wie schätzen Sie sich ein: zu dick, zu dünn oder normalgewichtig?
2. Essen und Trinken: Essen Sie viel, wenig, zu fett, zu süß? Wann essen Sie? Trinken Sie genügend (ca. 2 Liter pro Tag)? Trinken Sie zu viel Alkohol?
3. Bewegung: Treiben Sie regelmäßig Sport, mindestens zweimal wöchentlich eine Stunde? Kommen Sie beim Treppensteigen gleich nach der dritten Stufe außer Atem?

Nach dieser ersten Bestandsaufnahme können Sie mit den folgenden Übungen Ihren aktuellen Fitness-Stand überprüfen. Die Auswertung der Tests ist ganz einfach: Kreuzen Sie nach jeder Übung a, b oder c an. Der Buchstabe mit den häufigsten Wertungen entspricht Ihrem aktuellen Fitness-Zustand.

Der Krafttest für den Rücken

Sie liegen mit gestrecktem Körper auf dem Bauch. Ziehen Sie ein Bein im rechten Winkel seitlich in Richtung Körper. Beide Beckenkämme sollen dabei möglichst nahe dem Boden bleiben. Strecken Sie beide Arme nach vorne aus und heben Sie diese ca. 5 Zentimeter vom Boden ab. Die Nase schwebt ebenfalls ca. 5 Zentimeter über dem Boden. Heben und senken Sie nun die gestreckten

Arme um ca. 5 Zentimeter ohne diese zwischendurch auf dem Boden abzulegen (Foto oben). Wie viele Wiederholungen schaffen Sie?

A 0 bis 10.
B 10 bis 20.
C Mehr als 20.

Krafttest für den Bauch

Zu diesem Test legen Sie sich bitte auf den Rücken vor einen Stuhl oder eine Bank. Legen Sie beide Unterschenkel auf die Fläche auf. Hüft- und Kniegelenke sollen jeweils einen rechten Winkel bilden. Heben Sie nun den Oberkörper ohne Schwung zu holen an. Die Arme sind nach vorne gestreckt und Sie versuchen mit den Fingerspitzen die Stuhl- oder Bankkante zu berühren. Die Schultern heben Sie dabei vom Boden ab (Foto unten). Wie viele Wiederholungen haben Sie ausgeführt?

A 0 bis 15.
B 15 bis 30.
C Mehr als 30.

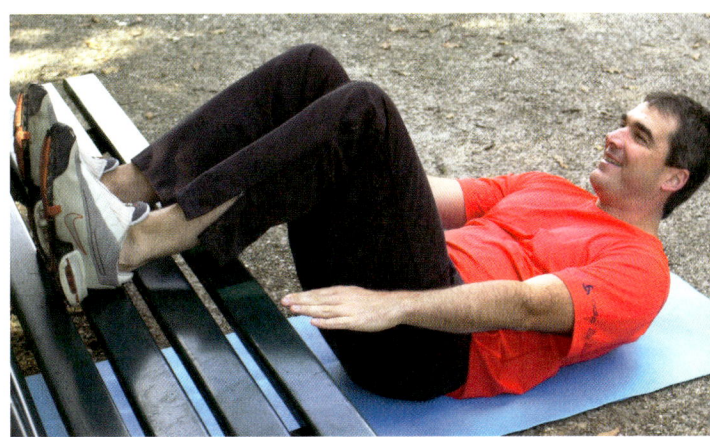

Krafttest für die Beine

Die Beine sind hüftbreit geöffnet, die Fußspitzen zeigen leicht nach außen. Strecken Sie die Arme waagerecht nach vorn, damit Sie besser das Gleichgewicht halten können. Gehen Sie nun langsam in die Hocke, Ihre Fersen bleiben dabei am Boden (Foto links). Wie lange können Sie in dieser Position bleiben?

A Bis 15 Sekunden
B Bis 30 Sekunden
C Eine Minute und länger.

Beweglichkeitstest für die Brust

Stellen Sie sich aufrecht hin. Ihre Knie sind dabei leicht gebeugt, die Beine hüftbreit geöffnet. Führen Sie die Hände hinter den Rücken und flechten Sie die Finger ineinander. Strecken Sie jetzt die Arme und führen Sie sie nach oben, ohne den Oberkörper weiter nach vorne zu neigen (Foto links unten).

A Es gelingt Ihnen nur mit Mühe, die Hände hinter dem Rücken zu fassen.
B Sie können Ihre Hände hinter dem Rücken fassen, die Arme sind dabei gestreckt.
C Die Hände sind hinter dem Rücken gefasst, die Arme sind gestreckt und dabei ca. 20 Zentimeter vom Gesäß entfernt.

Beweglichkeitstest für die Beine

Für diesen Test legen Sie sich bitte ein Handtuch bereit. Sie liegen auf dem Rücken und stellen beide Beine auf. Heben Sie nun ein Bein an und legen Sie das zusammen gerollte Tuch über die

Fußsohle. Strecken Sie das Bein im rechten Winkel nach oben. Jetzt strecken Sie auch das andere Bein (Foto Seite 16 rechts unten).

A Es gelingt Ihnen nicht, ein Bein im rechten Winkel nach oben zu strecken.

B Es gelingt Ihnen, ein Bein im rechten Winkel nach oben zu strecken, dabei hebt das andere Bein aber vom Boden ab.

C Es gelingt Ihnen, beide Beine gestreckt im rechten Winkel zu halten, ohne dass dabei das untere vom Boden abhebt.

Beweglichkeitstest für Schulter und Brust

Diese Übung wird im Stehen ausgeführt. Winkeln Sie Ihre Unterarme von oben und unten so weit hinter Ihrem Rücken ab, dass sich die Fingerspitzen beider Hände hinter dem Rücken berühren. Halten Sie den oberen Arm senkrecht, dass die Ellbogenspitze nach oben zeigt. Sie sollten die Ellbogenspitze nicht mehr sehen können (Foto rechts oben). Ein Partner kann Ihnen dabei vorsichtig Hilfestellung leisten. Testen Sie beide Seiten, sicher haben auch Sie eine Schokoladenseite.

A Sie erreichen mit Ihrer unteren Hand nur die Gürtellinie und können die Ellbogenspitze des anderen Armes sehen.

B Die untere Hand kann das Schulterblatt berühren, aber die Finger beider Hände haben keinen Kontakt.

C Die Fingerspitzen beider Hände berühren sich oder können sich sogar greifen.

Der Konditionstest

Nun müssen Sie Treppensteigen. Das können Sie auf einem Trainingsgerät in Ihrem Fitness-Center oder Sie suchen sich ein mehrstöckiges Gebäude. Sie sollen ca. 100 Stufen bewältigen (Foto rechts unten). Ziehen Sie sich Ihre Sportschuhe an und messen Sie vorher Ihren Puls. Wie das geht, lesen Sie bitte auf Seite 64. Merken Sie sich, wie oft Ihr Herz in der Minute schlägt. Gehen Sie nun in einem gemäßigten Tempo und möglichst gleichmäßig los. Oben angekommen messen Sie erneut Ihren Puls. Wie hoch ist Ihr Puls nach der Anstrengung?

A Sie sind völlig außer Atem und mussten unterwegs eine Pause einlegen. Ihr Herz klopft über 40-mal mehr in der Minute.

B Ihr Atem geht schneller und Ihr Puls ist um 30 bis 40 Schläge erhöht, aber Sie haben es in einem Durchgang geschafft.

C Sie haben ohne Probleme Ihr Ziel erreicht. Puls und Atmung sind nur leicht erhöht. Sie zählen maximal 20 Pulsschläge mehr als zu Beginn der Übung.

Das Testergebnis

A-Werte bedeuten nichts Gutes. Es wird höchste Zeit, dass Sie etwas für Ihre Gesundheit und Ihren Körper tun! In diesem Buch finden Sie dazu genügend Anregungen.

B-Werte stehen für einen befriedigenden Fitness-Zustand. Allerdings sollten Sie ihn durch regelmäßiges Sporttreiben weiter verbessern, zum Beispiel mit Fitness-Walking (siehe Seite 103).

C-Werte zeichnen einen Fitness-Profi aus. Ihr Körper ist gut bis sehr gut trainiert und Sie können sich durchaus eine anspruchsvollere Walking-Variante aussuchen. Lesen Sie im Kapitel »Walking in allen Varianten« (Seite 103) nach.

Tests haben grundsätzlich ihre Berechtigung und sind wichtig, weil mit den Resultaten Schwachstellen erkannt werden. Nur so ist eine vernünftige Trainingsplanung möglich. Manchen Menschen

bereitet die Durchführung dieser Tests Freude, andere befürchten, dass damit eigentlich nur das bestätigt wird, was sie schon vermutet haben – nämlich dass sie nicht fit sind. Entscheiden Sie selbst, ob Sie sich testen möchten. Nach einer gewissen Zeit sind Leistungsüberprüfungen aber notwendig, um die Trainingserfolge messbar zu machen. Das betrifft sowohl die Kraft-, Beweglichkeits- und Konditionstests auf den Seiten 15 bis 18 als auch den Walking-Test auf den Seiten 76 und 77.

Egal, wie Ihre Testergebnisse ausfallen: Für einen Start in ein aktives Leben ist es nie zu spät. Vergleichen Sie Ihre Ergebnisse aber nicht mit den Leistungen Ihrer Freundin, Ihres Freundes oder eines Leistungssportlers. Jeder Mensch ist ein Individuum mit persönlichen Vorstellungen, Möglichkeiten und Veranlagungen. Sie müssen nicht das erreichen, was andere bereits geschafft haben. Sinnvoller ist es, wenn Sie sich eigene realistische Ziele stecken. Planen Sie in kleinen Schritten und ändern Sie gewohnte Verhaltensweisen behutsam. Denken Sie auch daran, dass es im Leben nicht nur bergauf gehen kann. Lassen Sie sich auf keinen Fall von Rückschlägen entmutigen. Beim nächsten Training oder Test erzielen Sie bestimmt schon viel bessere Resultate.

Alle können mitmachen!

»Take it easy!«, nehmen Sie es leicht! Das ist am Anfang der wichtigste Rat für den Ausflug in die Walking-Welt. Erwarten Sie nicht, dass beim ersten Mal alles so klappt, wie Sie es sich vorstellen. Vielleicht stimmt die Technik noch nicht so richtig oder Sie sind schon nach 50 Metern außer Atem. Nur nicht aufgeben! Jahrelanges Nichtstun hat seinen Preis. Haben Sie Geduld mit sich und muten Sie Ihrem Körper am Anfang nicht zu viel zu. Sonst verlieren Sie schnell die Lust an der Bewegung. Was man über viele Jahre vernachlässigt hat, kann man nicht innerhalb einiger Tage aufholen. Trainieren Sie regelmäßig, das bedeutet über das ganze Jahr hinweg. Walking ist von keiner Jahreszeit und keinem Wetter abhängig. Eine gute Fitness ist das Resultat von stetem Training über Jahre hinweg.

Wer sich regelmäßig sportlich bewegt hat, Rad gefahren oder gelaufen ist, hat sicherlich bessere konditionelle Voraussetzungen als ein Übergewichtiger, der lange keinen Sport mehr getrieben hat. Walking macht am meisten Spaß, wenn Sie es in einer Gruppe beginnen. Gemeinsam kann man sich viel besser motivieren, alleine rafft man sich viel schwerer auf. Vielleicht lässt sich Ihr Partner oder gleich die ganze Familie als Mitstreiter gewinnen. Und wie wäre es, wenn Frau und Mann sich den wöchentlichen Stammtisch vorher mit einer Stunde Walking verdienen würden?

Fangen Sie langsam an. Gehen Sie gemächlichen Schrittes und versuchen Sie jede Bewegung Ihres Körpers bewusst zu spüren. Während der Gehbewegung machen Sie sich auf eine Reise durch Ihren Körper. Spüren Sie den Rhythmus Ihrer Schritte und die verschiedenen Reaktionen in Ihrem Körper, die diese Bewegungen auslösen.

Für Walking ist man nie zu alt!

Gehen als Sportart wird immer populärer. Das entscheidende Argument, warum das Walken gerade für Senioren so ideal geeignet ist, stellt für mich die gute Steuerbarkeit der Belastungsintensität dar. Prinzipiell könnten Sie natürlich auch Joggen oder Schwimmen. Beide Sportarten bergen aber gerade für Einsteiger das Risiko, dass Sie sich

Der Experte

Dr. med. Walter Eichinger arbeitet als Herzchirurg im Deutschen Herzzentrum, München.

Alle Laufsportarten, Skilanglaufen und Eishockey aber auch Radsport und verschiedene Wassersportarten sind feste Bestandteile seines Trainingsprogrammes. Walken und Laufen gehören ebenfalls dazu. Auch wenn es in der Klinik einmal länger dauert, nimmt er sich Zeit für eine stressfreie Walkingrunde im Park. Im Klinikalltag trifft er überwiegend auf ältere Patienten, die ihn oft nach einem altersgerechten Bewegungsprogramm fragen. Seine Erfahrungen über Walking als Sportart für Senioren lesen Sie auf den nächsten Seiten.

unkontrolliert überlasten. Die Gefahr ist, dass Ihnen bereits nach 10 Minuten die Puste ausgeht, das Herz rast und Sie die Lust am Training verlieren. Nur ein ausgesprochen guter Schwimmer schafft

es in der Regel über einen längeren Zeitraum unterhalb seiner Dauerleistungsgrenze zu bleiben. Für das Joggen gilt ähnliches. Probieren Sie ganz bewusst beim Walken verschiedene Trainingsintensitäten aus. Sie werden spüren, wie Sie sich ohne Stehenbleiben bei niedrigerer Belastungsintensität erholen und auch wieder Lust auf mehr bekommen. Ideal für die Steuerung der Belastung wäre ein Pulsmessgerät. Wenn Sie keines besitzen, verlassen Sie sich auf Ihr Körpergefühl. Auch das wird Ihnen sagen, wann Sie Erholungsphasen einlegen sollten.

Und was auch noch zählt ...

Ein Wort zu einem Thema, das bei älteren Menschen immer noch unter vorgehaltener Hand diskutiert wird, die Inkontinenz. Auch hier ist die Ursache ein muskuläres Problem. Die haltende und stützende Muskulatur all unserer Organe im Unterbauch, unter anderem auch der Blase und der Harnwege, die Beckenbodenmuskulatur, lässt nach und verliert die Kraft eine gefüllte Blase zu stützen. Betroffene trauen sich manchmal nicht einmal mehr zu niesen. Walking ist ein ideales Training für diese Patientengruppe. Es stärkt und durchblutet die Muskulatur und die Blase wird nicht erschüttert.

Auch Ihre Gelenke und Knochen werden es Ihnen danken, wenn Sie bis ins hohe Alter körperlich aktiv sind. Was die Knochen betrifft, ist der Organismus ähnlich rigoros wie mit ungenutzter Muskulatur. Was man nicht gebraucht, wird abgebaut. Ältere Menschen sind von vielen Krankheitsbildern bedroht, die den Bewegungsapparat betreffen. Die Osteoporose ist eines davon. Besonders ab vierzig Jahren sollten Sie auf ausreichende Bewegung und körperliches Training achten, denn jährlich gehen ab diesem Zeitpunkt ca. eineinhalb Prozent Kalzium durch den natürlichen Abbauprozess verloren. Ab drei bis vier Prozent Kalziumverlust entwickelt sich eine Entkalkung, die Osteoporose. Unsere Knochen sind nicht so starr und hart, wie

Drei Generationen Walker: Viele Familien haben Walking als gemeinsames Sportvergnügen entdeckt.

Fit sein kann man auch im höheren Alter. Mit regelmäßigem Walking schaffen Sie dafür die besten Voraussetzungen.

sie erscheinen. Das ganze Leben hindurch werden sie auf-, um- und abgebaut. Mit dem 30. Lebensjahr erreicht die Knochenmasse ihre höchste Stabilität. Je mehr Sport Sie bis dahin getrieben haben und sich dabei »knochenfreundlich« ernährt haben, desto bessere Voraussetzungen haben Sie für ein gesundes und vitales Alter. Als vorbeugende Maßnahme wird unter anderem die prophylaktische Einnahme von Kalzium empfohlen. Nehmen Sie Kalzium jedoch nur ein, wenn wirklich ein Mangel nachgewiesen ist. Auch die Frage, ob Milchprodukte der Osteoporose entgegenwirken, ist noch nicht beantwortet. Gerade in unseren Breitengraden, wo Milch und Milchprodukte in größeren Mengen konsumiert werden, ist Osteoporose weit verbreitet. In Afrika zum Beispiel, wo fast keine Milch getrunken wird, ist Osteoporose weitgehend unbekannt. Wer zu viel Milchprodukte zu sich nimmt, kann möglicherweise genau das Gegenteil bewirken. Unser Körper wird übersäuert und das stört auch das alkalische Gleichgewicht in unseren Knochen. Der Knochenabbau bei Frauen ist schwer wiegender als bei Männern, da ihn der Hormonverlust in den Wechseljahren stark begünstigen kann. Viele Ärzte empfehlen die Einnahme von Östrogenen gegen den Knochenabbau. Wissenschaftlich ist es aber noch nicht erwiesen, dass Hormongaben nach den Wechseljahren das Osteoporoserisiko wirklich senken. Sie dachten Osteoporose kommt nur bei Frauen vor? Nein, auch Männer leiden an dieser Krankheit. Jeder sechste Mann und jede dritte Frau über 50 Jahre sind betroffen. Das Osteoporoserisiko steigt bei Frauen und Männern gleichermaßen mit zunehmenden Alter, bei familiärer Veranlagung, langer Einnahme von Medikamenten wie Kortison, Hormonstörungen und schlecht eingestelltem Diabetes sowie chronischen Erkrankungen von Magen, Darm, Leber und Niere. Auch übermäßiger Alkoholkonsum, Rauchen, Bewegungsmangel und Fehlernährung begünstigen den Abbau der Knochenmasse. Die Folgen sind Schmerzen, eingeschränkte Mobilität und Brüche. Beugen Sie der Osteoporose durch gezieltes Trai-

ning vor. Verhindern Sie, dass Ihre Gelenke »einrosten«, indem Sie sie bewegen. Vergleichen Sie einmal bewusst den Bewegungsablauf beim Walken mit dem des Joggens und Sie werden merken, wie sanft die Beine beim Walken am Boden aufsetzen. Sie werden auch feststellen, dass Ihre Wirbelsäule kaum Stoßbelastungen ausgesetzt ist, die ja vielen Joggern die Freude an der Sportart gründlich verdorben haben.

Und noch ein letztes Wort

Haben Sie schon einmal eine Sportart erlebt, bei der Sie so gut entspannen und nachdenken können oder aber Ihre ganze Familie dabei haben können? Ich nicht!

Der Experte

Prof. Dr. med. Rüdiger Lange ist Lehrstuhlinhaber des Fachbereiches Herz, Thorax und Gefäßchirurgie des Deutschen Herzzentrums, einer Klinik an der Technischen Universität München. Er ist eine international anerkannte Kapazität auf dem Gebiet der Herzchirurgie und Sportler aus Leidenschaft. Seinen Weg zur Klinik legt er täglich mit dem Rennrad zurück und auch die Laufschuhe sind sowohl im Sommer als auch im Winter einsatzbereit. Seine Patienten klagen oft über Beschwerden, die bei ausreichender Bewegung vermeidbar wären. Was er ihnen, aber auch gesunden Menschen rät, hat er auf den nächsten Seiten beschrieben.

Walking – auch eine Herzenssache

Ewig leben wollen wahrscheinlich die wenigsten von uns, oder? Aber es ist doch das Ziel der meisten Menschen, ein möglichst langes und erfülltes Leben bei körperlicher Gesundheit und geistiger Leistungsfähigkeit zu verbringen. Dabei kann der Einzelne die Dauer und die Qualität seines Lebens nicht unerheblich beeinflussen.

Bestimmte Risikofaktoren erhöhen erheblich die Gefahr, an einem der häufigsten Herzleiden, der Herzkranzgefäßverengung, zu erkranken. Solche Verengungen in den Herzkranzarterien können zu der so genannten »Angina Pectoris« und zum Herzinfarkt führen. Einige Risikofaktoren, wie zum Beispiel der erhöhte Blutdruck, hohe Blutfettwerte, Zuckererkrankung (Diabetes), Übergewicht, mangelnde Bewegung oder außergewöhnliche Stressbelastungen können durch ein regelmäßiges Übungs- oder Fitnessprogramm, günstig beeinflusst werden. Damit verringert sich die Wahrscheinlichkeit an einem Herzleiden zu erkranken. Das Fortschreiten einer schon vorhandenen Herzerkrankung kann dadurch verlangsamt oder aufgehalten werden.

Auch nach einer Herzerkrankung oder einer Herzoperation sollte man sich auf keinen Fall geschwächt und verunsichert aus dem aktiven Leben zurückziehen. Jetzt ist es besonders wichtig, durch körperliche Aktivität die Kräfte erneut aufzubauen und das Vertrauen in einen aktiven Lebensstil und in den eigenen Körper wieder zu erlangen.

Was bewirkt regelmäßiges Walking?

Es verbessert die Fähigkeit des Herzens Blut zu pumpen. Die Herzfrequenz sinkt und ein erhöhter Blutdruck wird normalisiert. Gerade der Bluthochdruck ist ein wesentlichen Risikofaktor. Der normale Blutdruck liegt bei 120/70 mmHg, ist aber nie konstant, sondern verändert sich ständig bei körperlicher Belastung oder bei Stress. Bei Patienten mit Bluthochdruck sind die Werte konstant erhöht, wobei man einen systolischen (1. Wert) Blutdruckwert und einen diastolischen (2. Wert) unterscheidet. Bei Blutdruckwerten über 140 mmHg systolisch und über 90 mmHg diastolisch spricht man von Bluthochdruck.

Auch der Cholesterinspiegel wird durch regelmäßiges Walking gesenkt. Dabei sollte das Gesamt-

Für Menschen, die an einer Herzerkrankung leiden, ist das Walking der beste Wiedereinstieg in ein bewegtes Leben.

cholesterin unter 200, der so genannte LDL-(»schlechter«) Cholesterinwert unter 130 und der HDL-(»guter«) Cholesterinwert über 45 liegen. Walking kann außerdem dazu beitragen das Körpergewicht zu normalisieren und Stress besser zu verarbeiten. Regelmäßiges Walking erhöht die Belastungsgrenze und dadurch die Fähigkeit, körperliche und geistige Arbeit zu verrichten und Müdigkeit, Anspannung und Angstzustände zu reduzieren. Und nicht zu vergessen: Es verbessert die äußerliche Erscheinung und das allgemeine Wohlbefinden.

Verbessern Sie Ihr Aktivitätsniveau

Unser Körper ist so angelegt, dass jede Anstrengung, die über das normale Maß hinaus geht, zu einer Verbesserung der allgemeinen Belastbarkeit führt. Dabei ist kein besonders hartes Übungsprogramm notwendig, um die allgemeine Fitness zu erhöhen! Die Gesamtübungsintensität und -dauer ist für den Körper viel wichtiger als die Belastung auf sehr hohem Niveau. Leichte Übungsaktivität dreimal pro Woche ist ausreichend, um das allgemeine Fitnessniveau deutlich zu erhöhen. Außerdem werden Sie ein moderates Übungsprogramm mit mehr Freude durchführen und ihm länger treu bleiben. Aber Achtung! Nur Übungen, die im aeroben Bereich durchgeführt werden, erhöhen die Herz-Kreislauf-Fitness. Aerobe Aktivitäten sind solche, bei denen die Muskeln zu jeder Zeit mit genügend Sauerstoff und Nährstoffen versorgt werden, wie es beim Walking der Fall ist. Anspannungsübungen wie Klimmzüge oder Gewichtheben sind für Menschen mit Erkrankungen des Herz-Kreislauf-Systems nicht geeignet. Wichtig ist, dass bei Vorliegen einer Herz-Kreislauf-Erkrankung ein körperliches Übungsprogramm sehr individuell gestaltet wird und die Empfehlungen des Arztes berücksichtigt werden.

Bevor Sie mit dem Walking beginnen!

Wenn Sie bisher kein regelmäßiges Bewegungsprogramm durchgeführt haben und über 40 Jahre alt sind, sollten Sie die folgenden Fragen für sich beantworten, bevor sie loslegen:

• Leiden Sie an einer Herz- oder Lungenerkrankung, an Zucker (Diabetes), Arthritis oder einer Nierenerkrankung?

• Sind Sie übergewichtig?

• Haben Sie Eltern oder Geschwister, die vor dem 55. Lebensjahr eine koronare Herzerkrankung entwickelt haben?

• Sind Sie bezüglich Ihres Gesundheitszustandes unsicher? Haben Sie schon einmal Beschwerden in der Herzgegend oder Atemnot bei Belastung verspürt?

Trifft eine der Fragen auf Sie zu, wird Ihr Arzt einen Belastungstest mit einem EKG bei Ihnen durchführen und mit Ihnen die Möglichkeiten eines körperlichen Übungsprogrammes besprechen.

Ein Fitnessplan für Ihr Herz

Mit einem Herz-Kreislauf-Fitnessprogramm erzielen Sie einen Trainingseffekt, wenn die Übungen häufig genug, intensiv genug und zeitlich lang andauernd ausgeführt werden. Gerade für Patienten mit Herz-Kreislauf-Erkrankungen ist es sehr wichtig, die Intensität der körperlichen Aktivität selber zu beurteilen. Normalerweise wird die Übungsintensität als Prozentsatz der maximalen Übungskapazität ausgedrückt und von namhaften Sportphysiologen wird für Gesunde eine Intensität von 50 bis 80 Prozent der maximalen Intensität empfohlen. Die einfachste Methode, die Belastungsintensität zu überprüfen, ist die Bestimmung der Pulsfrequenz. Die Pulsmessung kann durch Ertasten des Pulses am Handgelenk erfolgen. Viel schneller und einfacher ist es aber heute (und in jedem Falle zu empfehlen!), ein modernes Herzfrequenz-Messgerät mit Brustgurt zu benutzen. Man kann die Pulsober- und -untergrenzen einstellen, die jeweils durch einen Warnton angezeigt wird. Wie Sie Ihren Trainingspuls ermitteln können, erfahren Sie auf Seite 64. Ein 40-Jähriger sollte zum Beispiel zwischen 130 und 150 Schlägen pro Minute trainieren. Für Patienten mit Herz-Kreislauf-Erkrankungen können diese Werte allerdings wesentlich niedriger angesiedelt werden. Deshalb sollte im Einzelfalle unbedingt der betreuende Arzt zu Rate gezogen werden.

Achtung, ein moderates Übungsprogramm darf nicht als unangenehm empfunden werden! Sie sollten sofort mit der Belastung aufhören und Ihren Arzt informieren, wenn eines der folgende Symptome auftritt:
– Ziehen, Brennen oder Drücken in der Brust mit Ausstrahlung in die Arme.
– Starker Luftmangel und Kurzatmigkeit.
– Unregelmäßiger Puls.
– Erschöpfende Müdigkeit.
– Starke Gelenk- oder Muskelschmerzen.
– Übelkeit, Schwindel oder kurzzeitiger Bewusstseinsverlust.
Die Belastungszeit sollte in der Regel ungefähr 30 Minuten betragen, aber auch kürzere Belastungszeiten können einen positiven Effekt haben. Wenn Sie lange Zeit keinen Sport ausgeführt haben, sollten Sie mit einer Belastungszeit von fünf Minuten oder weniger beginnen. Wichtiger ist es, die Belastungszeit- und -intensität langsam und angenehm zu steigern. Eine solche Einzelbelastung sollte mindesten dreimal pro Woche durchgeführt werden. Die letzte Phase des Übungsprogrammes sollte nach der Belastung immer eine Abkühlphase beinhalten. Während Sie drei bis fünf Minuten nach jeder Ausdauerbelastung langsam gehen, geht die Herzfrequenz wieder Richtung Ausgangsniveau zurück, sie kann aber auch nach der Belastung noch eine Zeit lang etwas erhöht bleiben. Anschließend dehnen Sie die Muskeln, um sie zu entspannen und einem Muskelkater vorzubeugen.

Wie viel Walking ist gut für mich?

Patienten wollen nach einer Herzoperation oder einem Herzinfarkt oft ihr Leben verändern, und dann auch mit regelmäßiger körperlicher Aktivität beginnen. Dann ist die wichtigste Frage: Woher weiß ich, wie hoch ich mich belasten darf? In diesen Fällen erkläre ich in der Regel die Bedeutung von Puls, Atmung und Blutdruckverhalten während der Belastung. Aber das allerwichtigste ist: Ihr eigener Körper sagt Ihnen, wann es genug ist! Genauso, wie man nicht jeden Tag gleich gut gelaunt aufwacht, ist man nicht jeden Tag gleich fit. Wenn Sie spüren, das es heute »nicht so gut geht«, die Beine schwerer als sonst sind, die Atmung nicht so frei, die Muskeln verspannt, dann gehen sie mit der Belastungsintensität zurück oder hören sie für heute auf. Den inneren Schweinehund zu überwinden ist eine Sache, aber die »Notrufe« des Körpers zu überhören ist gefährlich. Fitness darf keine Qual sein, sondern soll Spaß machen!

Die Motivation zählt

Keine bestimmte Form der aeroben Belastung ist die beste. Um erfolgreich zu sein, muss jeder die Aktivität wählen, die seiner Persönlichkeit und seinem Lebensstil am nächsten kommt. Wenn Sie sich für Walking entscheiden, versuchen Sie es in Ihr tägliches Lebensprogramm zu integrieren. Mit der entsprechenden Motivation, ein wenig Zeit-Management und Kreativität können Sie in jedem Falle erfolgreich sein.

Walking – ein Kinderspiel!

Der angeborene Bewegungsdrang der Kinder ist leider sehr bald vorbei. Deutsche Schulkinder bewegen sich nur noch etwa eine Stunde am Tag. Im Rahmen einer Studie über Herz- und Gefäßerkrankungen bei Kindern wurden bereits bei 6-Jährigen arteriosklerotische Gefäßveränderungen festgestellt. Als Entstehungsfaktoren wurden fettreiche Ernährung und mangelnde Bewegung genannt. Diese Kinder sind potenzielle Infarktkranke von morgen! Aktuelle wissenschaftliche Erkenntnisse belegen, dass Übergewicht im Kindesalter in enger Verbindung mit Herzerkrankungen steht und im Alter tatsächlich zur Koronaren Herzerkrankung führt. Erschreckend ist die Tatsache, dass bereits 10-jährige Mädchen über eigene Erfahrungen mit Diäten und Fastenverhalten verfügen.

Studien der Stadt München zeigen, dass zum Zeitpunkt der Einschulung bereits sechs Prozent der Kinder übergewichtig sind. Von den Kindern, die auch noch mit 14 Jahren an Übergewicht leiden, werden etwa 60 Prozent dieses Gewicht auch ins Erwachsenenalter tragen und somit zu einer Hochrisikogruppe gehören. Übergewicht und Bewegungsmangel sind mittlerweile bei jedem zehnten Kind Gründe für Haltungsschwächen, die ärztlich behandelt werden müssen. Bei der Einschulung sind bereits sieben Prozent der Kinder motorisch beeinträchtigt, was auch mit der Abnahme der täglichen Bewegung zu tun hat. Durchschnittlich verbringen die Kinder mehr als 40 Stunden pro Woche vor dem Fernseher. Es fehlt an Platz, Motivation und spielerischer Anleitung zur Bewegung. Die Folgen sind verheerend. Immer weniger Kinder beherrschen ihren Körper. Sie können ihr Gleichgewicht nicht halten, haben verzögerte Reaktionen und haben oft Schwierigkeiten rückwärts zu gehen. Körperschule bedeutet auch Training für den Kopf, aber nahezu jedes zweite Schulkind leidet an Konzentrationsschwäche. Gerade im Grundschulalter werden wesentliche sensorische Fähigkeiten gebildet.

Viele Kinder beginnen frühzeitig mit dem Rauchen. Im Alter von 13 bis 14 Jahren rauchen in München bereits 15 Prozent aller Jugendlichen, bei den 18- bis 20-Jährigen sind es 45 Prozent der männlichen und 35 Prozent der weiblichen jungen Erwachsenen. In jungen Jahren wird der Grundstein für schwere Krankheitsbilder im Alter gelegt!

Die Expertin

Frau Prof. Dr. med. Renate Oberhofer ist leitende Oberärztin der Kinderklinik und Poliklinik der Technischen Universität München und Kinderkardiologin.

In ihrem Beitrag beschreibt sie Erfahrungen ihrer täglichen Arbeit mit Kindern und berichtet über Studien, die nur einen Schluss zulassen: Kinder brauchen Bewegung! Auf diesen einfachen Nenner gebracht, spielt die sportliche Betätigung auch in ihrem Privatleben eine wichtige Rolle. Zwei äußerst aktive Kinder im Schulalter sind Mittelpunkt der Familie Oberhofer und sorgen auch an arbeitsfreien Tagen wie Wochenende oder Urlaub für ausreichend Bewegung.

Laufen, Springen, Toben: Für Kinder ist die Bewegung an der frischen Luft wichtiger denn je. Walken ist nicht nur gesund, es macht auch jede Menge Spaß.

Unsere Kinder müssen Sport treiben und sich wieder mehr bewegen! Es ist höchste Zeit, die medizinische Aufklärung in die Schulen zu bringen. Ein Gesundheitsprojekt, bei dem Ärzte und medizinisches Fachpersonal an einzelne pädagogische Einrichtungen kommen, wurde in München getestet. Dabei wurde der enge Zusammenhang zwischen Gesundheit und Bewegung in einigen zehnten Klassen verschiedener Gymnasien aufgezeigt. »Durch solche Präsentationen werden die Jugendlichen hellhörig,« hoffen die beteiligten Ärzte und Lehrer. Ihre Botschaft lautet deshalb: »Wer durch gute Ernährung, Nichtrauchen und fun-sports fit bleibt, ist cool.«

Fit in der Schule?

Für die meisten Kinder bietet die Schule die einzige Möglichkeit Bewegung zu erfahren. Doch der Schulsport allein reicht nicht aus. In den meisten Bundesländern stehen nur zwei Stunden Schulsport pro Woche auf dem Stundenplan. In der Fortsetzung verliert das Studienfach Sport zunehmend an Bedeutung. Sport ist nicht nur gesund für die Kinder, er lehrt auch soziale Fähigkeiten wie Teamgeist und Disziplin. Er hilft Kindern und Jugendlichen Aggressionen abzubauen und mit Frustsituationen umzugehen.

Kinder brauchen Bewegung!

Kinder sollen lernen, dass Bewegung Spaß macht. Wenn Sie als Eltern bisher wenig mit Sport im Sinn gehabt haben, Ihren Kindern aber einen richtigen Start in ein bewegtes und gesundes Leben ermöglichen wollen, dann sollten Sie mit dem Walken beginnen.
Gehen Sie mit Ihren Kindern hinaus ins Freie und los! Walking ist das ideale Einsteigerprogramm für die ganze Familie. Walking können Sie je nach Lust und Laune ganz relaxed oder anstrengend gestalten. Sie werden sehen, wie viel Spaß es macht, sich bei einer Sportart zu bewegen, die auch Kinder begeistert.

Zum Idealgewicht mit Walking!

Jeder Betroffene weiß, dass Übergewicht (medizinisch Adipositas, Fettsucht) eine Last ist. Aber beginnen wir mit der Definition: Alles was mehr ist als Idealgewicht, ist zu viel. Aber was ist Idealgewicht? Erscheint die Frage, ob 65 oder 75 Kilogramm für einen 170 Zentimeter großen Menschen »ideal« sind, noch müßig, so ist jedoch klar: Spätestens bei 90 Kilogramm hört der Spaß auf und fängt der Frust an, entweder beim Blick auf die Waage oder in den Spiegel. Man fühlt sich träge, unförmig und gerät beim Treppensteigen aus der Puste. Außerdem: Das Risiko von Stoffwechselerkrankungen wie Diabetes mellitus (Zuckerkrankheit), Gicht sowie Herz- und Kreislauf-Erkrankungen steigt bei Übergewicht. Über- und Fehlbelastungen von Gelenken führen zu vorzeitigen Verschleißerscheinungen. Abhilfe tut also Not – aber wie?

Grundsätzlich ist es natürlich besser, einen solchen Zustand erst gar nicht zu erreichen. Aber wie kommt es zu diesem kontinuierlichen Anstieg des Körpergewichts über Jahre? Hier hilft uns ein kleiner Ausflug in die Grundlagen des menschlichen Stoffwechsels (Metabolismus). Unsere Nahrungsmittel enthalten drei Energieträger: Kohlenhydrate (Zucker), Fett und Proteine (Eiweiß). Bei Bedarf (zum Beispiel Muskelarbeit) liefern diese Nährstoffe Energie, messbar in Kilokalorien (kcal). So liefert ein Gramm Fett neun Kilokalorien, Kohlenhydrate und Proteine jeweils vier Kilokalorien pro Gramm. Eiweiße werden außerdem für Wachstums- und Erneuerungsprozesse des Körpers benötigt, quasi als »Baustoffe« für den Muskelaufbau oder die Blutbildung. Nun verhält es sich mit dem Energiestoffwechsel im Prinzip nicht anders als mit unserem Girokonto: Es ist alles eine Frage der Bilanz zwischen Einnahmen und Verbrauch. Wird über einen längeren Zeitraum mehr Energie in

Übergewicht:

Ursachen: • Aufnahme von mehr Kalorien als benötigt • Essen aus Frust • Vererbung • Niedriger Grundstoffwechsel (Muskulaturverlust, im Alter)

Folgen: • hoher Blutdruck • Verkalkung der Gefäße • Diabetes mellitus (Typ 2) • Gallensteine • Gelenkbeschwerden • Atemnot

Der Experte

Dr. med. Gerd Dilthey arbeitet als Anästhesist im Deutschen Herzzentrum, München.

Seit dreißig Jahren ist er aktiver Ausdauersportler. Angefangen hat alles mit dem Laufen. Seine Marathon-Laufzeit beträgt knapp zweieinhalb Stunden. Dann kam das Skilanglaufen dazu und 1998 wurde er als Radrennfahrer Ärzteweltmeister im Zeitfahren. Als Vollblutsportler, aber auch als Feinschmecker kennt er die Problematik der Gewichtszunahme nach kleinen »Sünden«. Auf den folgenden Seiten beschreibt er die Möglichkeiten, wie man dennoch sein Idealgewicht erreichen kann.

Wer beim Walking abnehmen möchte, muss regelmäßig, nicht zu schnell, aber länger unterwegs sein. In Verbindung mit sinnvoller Ernährung können Sie mit Walking Ihr Idealgewicht erreichen.

anzuschließen, nur um auch dabei zu sein, reicht nicht. Das Zauberwort im Sport heißt Regelmäßigkeit, egal ob es um Leistungssteigerung, Gesundheit oder einfach um Abnehmen geht. Was sich über Jahre angesammelt hat, lässt sich nicht durch ein paar sommerliche Joggingrunden im Park abbauen.

Und noch etwas: Hält man sich vor Augen, dass bei einem Marathonlauf »nur« ca. 2000 Kilokalorien verbraucht werden, bei einer Stunde Walking 300 bis 400 Kilokalorien, so wird klar, dass Bewegung allein ein beschwerlicher und schweißtreibender Weg zum erwünschten Gewicht ist. Das Fazit lautet: Ohne Änderung der Essgewohnheiten geht gar nichts (siehe Seite 134)!

Wie verbrennt der Körper Fett?

Wie reagiert unser Organismus auf körperliche Aktivität, das heißt auf Muskelarbeit? Die für die Muskelarbeit benötigte Energie stellt der Organismus durch Verbrennung der Energieträger (Nahrungsstoffe) bereit. Dieser als Stoffwechsel bezeichnete Vorgang benötigt Sauerstoff, der durch die Atmung und den Blutkreislauf zu den arbeitenden Muskelzellen gelangt. Dies erklärt die gesteigerte Atmung und Herz-Kreislauf-Tätigkeit unter Belastung. Je nach Art der geforderten Leistung, reagiert der Energiestoffwechsel unterschiedlich: Bei kurzen, sehr intensiven Belastungen (Sprint, Mittelstreckenlauf) ist das Kreislaufsystem oft nicht in der Lage, ausreichend Sauerstoff zu den arbeitenden Muskeln zu transportieren. Dann verbrennt der Organismus überwiegend Kohlenhydrate, da dieser Stoffwechselweg auch bei Sauerstoffmangel möglich ist (anaerober Stoffwechsel). Bei länger dauernden, weniger intensiven Belastungen hingegen reicht die Sauerstoffzufuhr aus und die Muskeln verstoffwechseln überwiegend Fette (aerober Stoffwechsel). Diese Reaktion des Organismus erscheint sinnvoll, da Fette im Körper in ausreichender Menge zur Verfügung stehen und deshalb in

Form von Nahrung zugeführt als durch körperliche Aktivität verbraucht, speichert der Körper diese überschüssige Energie in Form von Fett. Auch ein Zuviel an Kohlenhydraten wird in Fett umgewandelt und findet sich dann genau dort, wo es unserem Schönheitsideal am wenigsten entspricht: am Bauch, Po und an den Oberschenkeln. Die Lösung des Problems erscheint logisch: Es geht um die Verbesserung der Energiebilanz – weniger aufnehmen und mehr verbrauchen.

Zauberwort »Regelmäßigkeit«

Mit Sport soll nun also alles besser werden. Sport kann ein Allheilmittel sein, suggerieren uns Aerobic-, Jogging-, Inline-Skating- oder Wellnessfreunde seit Jahren. Aber Vorsicht vor falscher Euphorie: Sich für einige Zeit einer Modeströmung

erster Linie für lang andauernde Leistungen herangezogen werden. Kohlenhydrate dagegen können nur in relativ geringer Menge in der Muskulatur und der Leber gespeichert werden.

So wird Fett verbrannt

Der Trick, vor allem das ungeliebte Fett zu verbrennen, besteht also darin ausreichend lange und mit niedriger Intensität zu trainieren. Gerade für den Sportanfänger erscheint Walking deshalb ideal. Aber warum ist nun der Übergewichtige nicht automatisch auch der beste Dauerleister, verfügt er doch in seinem Speckgürtel über die größten Energievorräte? Das Problem besteht darin, dieses Fett zu mobilisieren, das heißt in den Muskelzellen unter Energiegewinnung zu verstoffwechseln. Dem Untrainierten fehlen hierzu schlicht die Mittel, nämlich fettabbauende Enzyme (Stoffwechselbeschleuniger) in ausreichender Menge. Diese jedoch bildet der Organismus, wenn wir ihn durch lang andauernde Belastungen dazu zwingen, Fett zu verbrennen. So wird mit der Zeit der Fettstoffwechsel immer effektiver und die ungeliebten Pölsterchen schmelzen wie Schnee an der Sonne. Im Gegensatz zum Sprinter oder Kraftsportler ist der Langstreckler kein Muskelprotz, sondern ein Stoffwechselathlet: Energiegewinnung ist Trumpf!

Fett verbrennen wie im Schlaf!

Sehr wirksam ist übrigens ein Training vor dem Frühstück. Da nach ca. 12 Stunden Fasten über Nacht die Kohlenhydratspeicher schon teilweise entleert sind, wird die Fettverbrennung besonders schnell gefordert. Noch eine gute Nachricht: Die trainingsbedingte Stoffwechselsteigerung endet nicht unter der Dusche. Der Stoffwechselumsatz bleibt noch über Stunden um bis zu 25 Prozent erhöht. Abnehmen im Fernsehsessel und im Schlaf sind die Folge.

Wie das Feuer im Kamin benötigen auch die Verbrennungsprozesse in der Muskelzelle Sauerstoff. Dieser wird mit der Atmung in die Lunge transportiert, dort an das Blut abgegeben, das dann vom Herzen in die Körperperipherie gepumpt wird. Es ist einleuchtend, dass regelmäßiges Ausdauertraining zu Anpassungserscheinungen der Atmung und vor allem des Herz-Kreislauf-Systems führen muss. Das Herz wird (im Laufe von Jahren) größer,

pumpt kräftiger und effektiver. Sinkt der Ruhepuls zum Beispiel von 80 auf 60 Schläge pro Minute, muss das Herz Tag für Tag 30000-mal weniger schlagen – eine beachtliche Entlastung unseres »Motors«. Reduzierte Blutfette und ein niedriger Blutdruck verringern zudem beträchtlich das Risiko der Arterienverkalkung mit den oft tödlichen Konsequenzen Herzinfarkt und Schlaganfall.

Essen nach Lust und Laune!

Und das alte Problem, die Esslust? Mit der Zeit entwickelt der Sportler aus der Erfahrung von Ermüdung und Erholung sowie gesteigerter Leistungsfähigkeit ein (oft verloren gegangenes) Körpergefühl. Übergewicht wird jetzt bewusster wahrgenommen und als lästig empfunden. Aktive Menschen greifen eher zu Nahrungsmitteln, die der Körper benötigt: Kohlenhydrate, Vitamine, Mineralstoffe. Dick und träge machende Fette werden zunehmend gemieden.

Ernährungstipps

• Achten Sie auf frische und natürliche Nahrung. Essen Sie so wenig wie möglich industriell aufbereitete Nahrungsmittel. Es ist zum Beispiel ein großer Unterschied, ob Sie Kartoffeln gekocht oder in Form von Chips zu sich nehmen, die reichlich Fett, Salz, Geschmacksverstärker und vielleicht noch Konservierungsstoffe enthalten.

• Essen Sie Rohkost! Auch das macht Spaß und schmeckt sehr gut. Knabbern Sie am Abend frische Karotten oder Paprikaschoten anstelle von Schokolade oder Keksen. Wahrhaftige Vitaminbomben sind Rohkostsalate mit kalt gepresstem Olivenöl. Am heimischen Fensterbrett gezogene frische Keimlinge oder Sprossen geben ebenso wie Kräuter einem Salat den letzten Kick.

• Bei der gesunden Ernährung kommt es auch auf die sinnvolle Zusammenstellung der einzelnen Nahrungsmittel an. Die Deutsche Gesellschaft für Ernährung empfiehlt 55 bis 60 Prozent Kohlehydrate (vorwiegend ballaststoffhaltig), 30 Prozent Fette und Öle sowie 10 bis 15 Prozent Einweiß.

• Essen Sie mehrere kleine, über den Tag verteilte Mahlzeiten. Sie erfordern weniger Verdauungsarbeit und wir werden, im Gegensatz zu ein oder zwei großen Hauptmahlzeiten, nicht so müde und träge.

Der Experte

Dr. med. Harry Tschebiner ist Gynäkologe und Anti-Aging-Mediziner in München.

In diesem Buch beschreibt er zum einen seine Anti-Aging-Strategie (siehe Seite 50), zum anderen erhalten Sie auf den folgenden Seiten Tipps und Informationen rund um das Thema »Schwangerschaft und Bewegung«. Für Dr. Tschebiner hat Sport eine entscheidende Bedeutung im Gesundheitsprogramm seiner Patienten. Er selbst ist begeisterter Golfspieler und Läufer.

Die Idee Walking als Ausdauersportart für Schwangere zu empfehlen, hat er schon vor einiger Zeit mit großem Erfolg in seiner Praxis umgesetzt.

Mit Walking fit für's Baby!

Sport in der Schwangerschaft war in früheren Jahren absolut tabu. Unsere Großmütter versuchten sich mit möglichst wenig Bewegung, viel Essen – denn jetzt soll es für zwei reichen – und jeder Menge Riechsalz über die Runden der Schwangerschaft zu retten. Damals rieten die Ärzte von jeder Anstrengung ab. Die Naturvölker haben uns eines Besseren belehrt. Schwangere Nomadinnen zum Beispiel gehen wie alle anderen des Stammes der gleichen Arbeit nach, treiben die Herden zusammen oder bauen ihre Zelte ab und wieder auf. Es gibt kaum eine Arbeit, die nicht getan wird, und wenn die Zeit der Geburt näher rückt, gönnen sich die Frauen nur eine kurze Ruhepause. Meist sind es nur wenige Tage, dann geht es weiter!

Eine ehemalige Weltrekordlerin im Marathonlauf lief noch im fünften Monat ihrer Schwangerschaft ein Rennen und gewann. Sie joggte bis kurz vor der Geburt ihres Kindes und nahm das Training bereits eine Woche danach wieder auf. Manche Spitzensportlerinnen erreichen ihre Höchstform sogar erst nach einer Schwangerschaft.

Auch für viele Leistungssportlerinnen sind gerade die sanften Ausdauersportarten wie Walking, Radfahren oder Schwimmen in den Monaten vor der Entbindung ideale Alternativen.

Walking bietet sich vor allem für die Frauen an, die vor der Schwangerschaft kaum gejoggt sind oder die das Laufen mit Bauch als zu beschwerlich empfinden. Alle, die gern Sport an der frischen Luft treiben, finden mit Walking eine geeignete Sportart.

Walking hat noch einen weiteren Vorteil: Weil sich immer ein Bein auf dem Boden befindet, kommt es im Gegensatz zum Jogging nicht zu einer Flugphase.

Schwangere Frauen müssen sich deshalb beim Walken keine Sorgen um ihr Baby machen, es ist keinen unsanften Stößen ausgesetzt. Im Gegensatz zu den hart aufgesetzten Schritten beim Joggen werden die Schritte durch die Walkingtechnik sanft abgefedert. Die Gelenke und Bänder werden geschont.

Walken Sie so viel und so oft, wie Sie wollen. Hören Sie beim Training aber auf Ihren Körper. Wenn Sie sich nicht sicher sind, wie stark Sie sich belasten sollen, sprechen Sie mit Ihrem Gynäkolo-

Auch Schwangere können walken – jedoch in gemäßigtem Tempo, weil sie einige Kilogramm zusätzlich tragen müssen.

gen. Sie sollten jedoch vor allem bei Hitze langes und zu intensives Training vermeiden. Walken Sie in gemäßigtem Tempo, Sie tragen mittlerweile ein paar Kilogramm mehr mit sich herum. Achten Sie auf gut gedämpftes Schuhwerk, Ihre Füße und Ihr Rücken werden es Ihnen danken. Kontrollieren Sie immer zwischendurch Ihren Puls, am besten mit einer Pulsuhr. Er sollte 75 Prozent des Maximalpulses (siehe Seite 65) nicht übersteigen. Solange Sie sich unterhalten können, ist das Tempo richtig. Wenn Ihnen die Luft ausgeht, gehen Sie einfach langsam weiter. Es ist auch kein Problem, wenn das Walking zum Spaziergang wird. Jede Frau hat beim Walken die Möglichkeit, ihr eigenes »Wohlfühltempo« zu bestimmen. Bauch- und Rückenmuskulatur sind jetzt Extrembelastungen ausgesetzt, weshalb Sie ein muskelstärkendes Übungsprogramm durch die Schwangerschaft begleiten sollte. Vergessen Sie in dieser Zeit auch nicht die Beckenbodenmuskulatur! Viele Mütter klagen nach der Geburt ihres Kindes über Inkontinenz. Das Rückbildungsprogramm nach der Geburt reicht oft nicht aus, um die Beckenbodenmuskulatur wieder stark und elastisch zu machen. Übungen zur Kräftigung dieser wichtigen Muskelgruppe können Sie auch während des Walkens ausführen. Mittlerweile gibt es eine Reihe von guten Büchern, in denen Sie richtige Anleitungen für das Training des Beckenbodens finden (siehe Seite 142).

Walkerinnen erleben die Schwangerschaft meist entspannter. Sie nehmen weniger an Gewicht zu, haben oft leichtere Geburten und sind danach schneller wieder fit. Beachten Sie dabei bitte folgende Punkte: Legen Sie mehr Pausen als gewohnt ein. Trinken Sie regelmäßig während und nach dem Walken. Dehnen Sie besonders vorsichtig, denn während der Schwangerschaft sind Muskeln und Gelenke beweglicher als sonst. Achten Sie nach dem Walken auf eine ausreichende Regenerationsphase, bevor Sie die nächsten Unternehmungen angehen. Und nun – viel Spaß beim Ausprobieren!

Der Experte

Privatdozent Dr. med. Robert Bauernschmitt ist Oberarzt im Deutschen Herzzentrum in München. Er betreibt hauptsächlich Kraft- und Kampfsportarten. Mehrere Sportverletzungen führten ihn letztendlich zum Walken. Für einen Sportler ist die oftmals lange Zeit der Rekonvaleszenz eine harte Geduldsprobe. Mit Walking konnte er die Zeit bis zur vollen Leistungsfähigkeit verkürzen und das gewohnte Trainingsprogramm schneller wieder aufnehmen. Seine Erfahrungen und viele wertvolle Vorschläge zum Thema »Schneller wieder fit werden nach einer Verletzung« erzählt er Ihnen auf den Seiten 32 und 33.

Walking nach Verletzungen

»Der sicherste Weg zur Gesundheit ist es, jedem Menschen möglichst genau die erforderliche Dosis an Nahrung und Belastung zu verordnen, nicht zu viel und nicht zu wenig« (Hippokrates 460 bis 377 v. Chr.).

Fast zweieinhalb Jahrtausende nach dieser Feststellung benennen die meisten Menschen Sport als wichtigste Maßnahme ein gesundes und aktives Leben zu führen.

Die Lust an der Bewegung wächst sowie der Wunsch nach einem kräftigen, vitalen und durchtrainierten Körper. Nehmen wir an, Sie haben lange keinen Sport mehr getrieben oder beginnen sogar erst damit. Die Motivation ist hoch, Sie fangen mit dem Training an, am besten gleich von 0 auf 100. Oder nehmen wir an, Sie haben Zeit Ihres Lebens Sport betrieben und das nicht zu knapp, und sind aber immer noch nicht zufrieden mit Ihrem Körper und dem Ergebnis jahrelanger, harter Muskelarbeit. Beide Beispiele lassen die weiteren sportlichen Maßnahmen zum Erreichen des ersehnten Zieles erahnen. Der Erwartungsdruck steigt bei manchen Menschen ins Unermessliche und damit auch die Gefahr einer Verletzung. Diese Entwicklungen führen zur zunehmenden Herausforderung an die Sportmedizin.

Glücklicherweise ist die Zahl der Sportunfälle bisher nur unwesentlich gestiegen, vielleicht auf Grund der stetigen Verbesserung der Trainingsmethodik und der Sportausrüstung. Dagegen hat jedoch die Zahl der Überlastungsschäden deutlich zugenommen. Heute nehmen Freizeitsportler an Wettbewerben teil, die früher nur wenigen Athleten vorbehalten blieben. In meinem Bekanntenkreis hat bereits jeder zweite an einem Marathonlauf teilgenommen oder läuft zumindest jeden Tag zwei Stunden. Wer aber mit dem Sport übertreibt, strapaziert seinen Körper und erkennt die Grenzen der Belastbarkeit nicht mehr. Der Körper reagiert. Zuerst zieht und zwickt es. Dann kommen der Schmerz und die Verletzungen. Am Ende steht der Verschleiß oder die Operation.

Beginnen Sie Ihr Bewegungsprogramm richtig oder stellen Sie es auf ein vernünftiges und regelmäßiges Maß um.

Dazu gehört Körpergefühl. Achten Sie auf die Signale, die Ihnen Ihr Körper zeigt.

Verletzt – was tun?

Die ersten Minuten und Stunden entscheiden maßgeblich über den Heilungserfolg und darüber, wie lange sie eine Verletzung spüren werden. Erste-Hilfe-Maßnahmen bei verschiedenen Verletzungen sind ab Seite 55 aufgeführt.

Die sportmedizinische Rehabilitation

Das Rehabilitationstraining wird in zwei Phasen durchgeführt. In der ersten Phase werden in hohem Umfang die gesunden Körperteile trainiert. Der verletzte Körperteil führt nur krankengymnastische Übungen durch. In der zweiten Phase erfolgt eine allmähliche Einbeziehung der geschädigten Körperregionen in die Übungen. Walking stellt durch seine komplexen Bewegungsabläufe in der Regel erst in diesem Stadium der Rehabilitation einen sinnvollen Bestandteil des Gesamtkonzeptes dar. Im Vordergrund steht die Kräftigung des Herz-Kreislauf-Systems durch möglichst lange Trainingsintervalle mit einer Belastungsfrequenz von etwa 70 bis 80 Prozent des Maximalpulses. Kaum eine andere Sportart ermöglicht auch dem Unerfahrenen eine so einfache und präzise Steuerung der Belastungsintensität und damit der Herzfrequenz wie das Walking.

Trotz Verletzung in Bewegung bleiben!

Die meisten Sportler erleben jedoch nach einer Verletzung den zunehmenden Abbau der Muskulatur und schwindende Fitness. Zusätzlich zur Sorge um die Verletzung setzt jetzt der Frust ein sich nicht mehr richtig bewegen zu können und den Erfolg jahrelangen Trainings schwinden sehen zu müssen. Die Stimmung sinkt auf den Nullpunkt. Auch diese Art der psychischen Belastung kann einen Heilungserfolg gefährden oder zumindest verzögern.

Fangen Sie wieder an sich zu bewegen, sobald Sie Lust dazu haben und warten Sie nicht zu lange. Hat der Arzt die Verletzung versorgt und Ihnen nicht ausdrücklich Bewegung untersagt, können Sie bereits nach einer kurzen Regenerationsphase von zwei bis drei Tagen mit einem leichten Aufbautraining beginnen.

Die Gefahr zu früh mit einem Bewegungsprogramm zu beginnen, besteht nicht, wenn Sie auf Ihren Körper hören und seine Signale beachten.

Der Schmerz ist immer das Zeichen aufzuhören! Ruhen Sie sich aus und beginnen Sie zu einem späteren Zeitpunkt erneut mit dem Training. Übertreiben Sie nicht, auch wenn es gerade gut läuft. Steigern Sie langsam, aber stetig und trainieren Sie regelmäßig. Geben Sie in den ersten Tagen, manchmal auch Wochen, dem verletzten Bereich »trainingsfrei.«

Danach sollte das Training durch Stretching und gezielten Muskelaufbau im verletzten Bereich ergänzt werden.

Bauen sie langsam und in Ruhe ihre Leistungsstärke wieder auf, sie werden sich dadurch stabiler und schneller wieder fit fühlen.

Während sich einige Ausdauersportarten bei Rücken- oder Knieverletzungen von selbst verbieten (zum Beispiel Radfahren und Rudern), die Wirksamkeit des Schwimmens nach wie vor kontrovers diskutiert wird und Joggen manchmal wegen der durch die Stoßbelastung auftretenden Kräfte nicht empfohlen wird, bewirken die relativ sanften Bewegungen beim Walking die Verbesserung des Trainingszustandes.

Auch nach Rücken- oder Knieverletzungen ist Walking zum Trainingsbeginn sehr zu empfehlen. Ich selbst habe nach einer Rückenverletzung mein Genesungsprogramm mit leichtem Walking begonnen und damit die lange Zeit der Rekonvaleszenz verkürzt. Denken Sie daran, dass Sie während der Aufbauphase nach einer Verletzung stets Kontakt zu Ihrem Arzt halten.

Verletzungen vermeiden

Ebenso wichtig wie das Heilen von Verletzungen oder Überlastungsschäden ist das Vermeiden von beiden. Achten Sie deshalb beim Sport auf Warnsignale, die eine Überlastung anzeigen: Schmerzen, Mattigkeit, Trainingsunlust, beschleunigter Puls in Ruhe oder Schlafstörungen. Wenn Sie diese Anzeichen nicht beachten, sind Verletzungen vorprogrammiert.

Dosieren Sie Ihr Training, ergänzen Sie es durch regelmäßige Gymnastik und Stretching. Nehmen Sie sich ebenfalls Zeit für die Regeneration. Steigern Sie langsam und ohne übertriebenen Ehrgeiz Ihr Trainingsprogramm. Wenn Sie die Ratschläge beachten, minimieren Sie das Risiko einer trainingsbedingten Verletzung.

Unser Körper

Unser Körper ist eine unglaublich leistungsstarke, robuste und zugleich fragile Konstruktion. 206 Knochen, 656 Muskeln, 326 davon Skelettmuskulatur, 1,6 Quadratmeter Haut, über 100 Milliarden Nervenzellen und rund 12 Kilogramm Bindegewebe bilden den Menschen. Alle Einzelteile passen perfekt zusammen, und arbeiten ohne Pause viele Jahrzehnte lang. Über die meisten unserer Bewegungen denken wir nicht nach, sie erfolgen automatisch.

Viele von uns nehmen Ihren Körper leider erst dann wahr, wenn er nicht mehr richtig funktioniert. Dann wird nicht über Versäumtes nachgedacht oder darüber, was man seinem Körper über die Jahre alles angetan hat, sondern der Arzt muss her, um alles wieder ins rechte Lot zu bringen. Aber was viele Jahre lang versäumt wurde, hinterlässt Spuren. Wer seinen Körper, gleich einer hochempfindlichen Maschine, nicht regelmäßig pflegt und wartet, kann irgendwann einmal nicht mehr auf seine volle Leistungsfähigkeit zählen. Im Gegensatz zu einer Maschine braucht unser Körper die regelmäßige Bewegung, die alle Lebensfunktionen am Laufen hält. Wer schon einmal nach einer Verletzung sein Bein oder seinen Arm nicht mehr bewegen konnte oder über einen längeren Zeitraum einen Verband tragen musste, weiß, wie schwer es ist und wie lange es dauert, das betroffene Gelenk wieder »in Schwung zu bringen«. Jede Art der Zuwendung dankt uns unser Körper. Nicht umsonst hätscheln und pflegen Hochleistungssportler ihren Körper. Sie haben ein spezielles Kräftigungsprogramm und ein ausgeklügeltes Ernährungskonzept. Dem Körper wird alles an Hilfeleistungen zur Verfügung gestellt, damit eine Ab-folge von Bewegungen perfekt gelingt und damit auch der Erfolg gesichert ist.

Unser Körper vollbringt täglich Höchstleistungen. Auch das lange Sitzen vor dem Computer und das Blicken auf den Bildschirm ist anstrengend für die Augen, den Rücken und den Geist. Da wir dabei still sitzen müssen, braucht unser Körper irgendwann Bewegung. Erst wenn wir in der Lage sind, beides sinnvoll zu verbinden und einen Ausgleich von Ruhe und Bewegung zu schaffen, befindet sich unser Körper in der Balance. Und die braucht er, um den täglichen Anforderungen gerecht zu werden.

Der Bewegungsapparat
Dr. med. Walter Eichinger

Knochen: hart und unbeweglich?
Knochen sind nicht hart und unbeweglich, sondern auch elastisch. Sie bestehen zu 60 Prozent aus Magnesium, Phosphat, Spurenelementen und Kalk sowie zu 30 Prozent aus kollagenen Fasern. Die restlichen zehn Prozent teilen sich Wasser, Gefäße und Zellen.

Info

Muskelkater

Muskelkater nach einer intensiven oder ungewohnten Belastung ist kein gutes Zeichen für ein richtiges Training.

Muskelkater ist eine Schädigung der Gewebestrukturen im Bereich der Muskelfasern. In der kleinsten Muskelfasereinheit, den Muskelfilamenten, entstehen Verletzungen, die mit Entzündungen einhergehen. Zusätzlich übersäuert die Muskulatur durch die Überbeanspruchung. Milchsäure und Abfallprodukte setzen sich an, stören das Gewebe und behindern die Durchblutung.

Hat Sie der Muskelkater einmal erwischt, muss die harte Muskulatur wieder gelockert werden. Dabei hilft leichte Bewegung, die den Muskel erwärmt. Die Durchblutung und der Stoffwechsel können wieder in Gang gebracht werden.

Und für das nächste Training empfehle ich als Vorbeugemaßnahme das Stretching nach der Belastung. Oft lässt diese Muskelpflege einem Muskelkater erst gar keine Chance.

Unsere Knochen haben verschiedene Formen. Je nach Funktion sind sie lang und rund wie der Oberschenkelknochen oder kurz und quaderförmig wie die Wirbel unserer Wirbelsäule. Oder sie bilden flache Schaufeln wie unsere Schulterblätter. Knochen haben viele Aufgaben zu erfüllen. Sie müssen uns tragen und sind Ansätze für Muskeln, Sehnen und Bänder. Sie bilden das Knochenmark und sorgen für die Blutzellenproduktion. Sie speichern Kalzium und Phosphate, die lebenswichtig für die anderen Organe sind. Zum Beispiel wird Kalzium für die Muskelarbeit gebraucht, denken Sie an den Herzmuskel, der diesen Mineralstoff für die Kontraktion braucht. Phosphate sind entscheidend an der Energiebereitstellung für die Zellen beteiligt.

Bewegung unterstützt die Versorgung der Knochen. Mehrere Untersuchungen haben gezeigt, dass Menschen, die über einen längeren Zeitraum große Lasten zu tragen hatten, deutlich mehr Mineralstoffe in ihren Knochen gespeichert hatten. Umgekehrt verliert der Körper an Mineralien, wenn ihm die nötige Bewegung fehlt. Besonders Kalzium baut ein Körper in Bewegungslosigkeit sehr schnell ab. Vor allem ältere Menschen müssen auf ausreichende Bewegung achten, weil allein durch den natürlichen Abbauprozess jährlich 1,5 Prozent des wichtigen Minerals verloren geht. Steigt der Verlust auf mehr als vier Prozent, entsteht eine Entkalkung, die Osteoporose. Die Knochen brechen dann leicht.

Es gibt jede Menge therapeutischer und medikamentöser Ansätze dieser Entwicklung entgegenzuwirken. Bei jeder Form der Therapie treten neben den Wirkungen auch unerwünschte Nebenwirkungen auf. Tatsache ist, dass nur ausreichende Bewegung dem Knochenabbau entgegenwirkt und somit der Schlüssel zum Erfolg ist.

Gelenke
Das Kniegelenk – Dreh- und Angelpunkt

Egal ob Sportler oder Nichtsportler, junge oder alte Menschen, an Knieproblemen leiden zahlreiche Personen. Kein Wunder, diese höchst komplizierte Konstruktion hat uns vom Vierfüßler zum Zweibeiner gemacht. Das Gelenk hat den Mechanismus eines Scharniers, funktioniert aber dennoch in mehreren Bewegungsebenen. Es kann beugen,

Die schematische Darstellung des Kniegelenks mit Kniescheibe, Bändern und
Menisken.

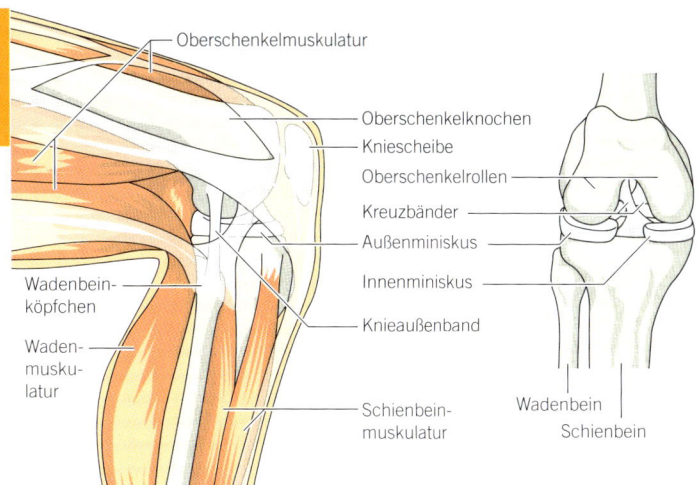

Die schematische Darstellung des Kniegelenks mit Kniescheibe, Bändern und Menisken.

strecken, drehen und gleiten. Das Gelenk verbindet Ober- und Unterschenkel und hält enorme Lasten aus. Die Kniescheibe ist ein knöchernes Gebilde, eingebettet in Sehnen, Bänder und Bindegewebe. Die Kniescheibe kann bei einer Fehlfunktion, die oftmals angeboren ist, für schmerzhafte Knorpelschäden verantwortlich sein. Die Kniescheibe sorgt mit den beiden Menisken (Innen- und Außenmeniskus) für eine bessere Beweglichkeit im Knie. Die Menisken sind außerdem für eine ausreichende Dämpfung im Gelenk verantwortlich. Wenn man bedenkt, dass beim Laufen ein Vielfaches des eigenen Körpergewichtes auf beiden Kniegelenken lastet, kann man froh sein um jede Dämpfung, die der Körper eingerichtet hat. Zusätzlich befinden sich im Gelenk die Schleimbeutel, sie haben eine schützende Funktion und sorgen dafür, dass Sehnen und Bänder nicht am Knochen reiben. Das Innen- und das Außenband sind für die Seitenstabilität des Knies verantwortlich. Sie verbinden Ober- und Unterschenkel. Das vordere und das hintere Kreuzband sorgt für die Stabilität des Knies bei Vorwärts- und Rückwärtsbewegungen. Sie befinden sich innerhalb des Gelenks und bestehen aus festen, kaum elastischen Fasern.
Verletzungen der Kreuzbänder passieren oft bei Skiunfällen und Fußballspielen. Sie entstehen in neuerer Zeit aber auch bei den Trend-Sportarten wie Inline-Skaten, Surfen oder Snowboarden.

Die Wirbelsäule – filigranes, aber starkes Gerüst

Am Montag operiert, am Freitag das erste Mal aufs Laufband – und das soll gesund sein? Ja, sagen Wissenschaftler und diesmal sind sich sowohl Mediziner als auch Forscher einig. Ergebnisse mehrer Studien zeigen, dass der Heilungsprozess durch Ruhe und Liegen nicht gefördert, sondern verzögert wird. Eine spezielles Bewegungsprogramm nach der Operation beschleunigt die Genesung um ein Vielfaches. Unsere Wirbelsäule wirkt wie ein mächtiger Stoßdämpfer. Genau darin liegt auch

eine ihrer Hauptaufgaben. Sie muss Stöße und harte Schläge abfangen. Geschützt in ihrem Wirbelkanal befindet sich das Rückenmark. Unsere Wirbelsäule setzt sich aus 24 beweglichen Wirbeln, neun bis zehn miteinander verknöcherten und unbeweglichen Wirbeln sowie dem Kreuz- und Steißbein zusammen. Die beweglichen Wirbel teilen sich auf in sieben Halswirbel, zwölf Brustwirbel und fünf Lendenwirbel. Dazwischen liegen die Bandscheiben als Puffer. Diese faserknorpeligen Scheiben enthalten einen gallertartigen Kern, der Druckbelastungen ausgleicht, die nicht genau von oben oder unten auf die Bandscheibe einwirken. Eigentlich ist der Kopf viel zu schwer für den Hals. Doch die Halswirbel sind in ein starkes Muskelnetz eingebettet und somit können wir erhobenen Hauptes durchs Leben gehen. Dieser Teil unserer Wirbelsäule ist besonders beansprucht durch die Vielzahl von Bewegungen, die wir ausführen ohne groß darüber nachzudenken. Wir drehen, kippen, neigen und schütteln den Kopf, wir brauchen seine Beweglichkeit, um uns zu orientieren und zum Schutz für Sinnesorgane und Gehirn. Alle Anweisungen unseres Gehirns laufen über das Rückenmark und die peripheren Nerven zu den jeweiligen Organen. Rückenmark, Nerven und wichtige versorgende Gefäße liegen geschützt in einem Kanal im Inneren unserer Wirbel. Die Wirbel sind durch ein kompliziertes Netz aus Muskeln, Sehnen und Bändern miteinander verbunden. Diese gewährleisten die hohe Beweglichkeit der Halswirbel, bieten aber auch Schutz und Stabilität. Trotzdem ist die Halswirbelsäule, gemessen an

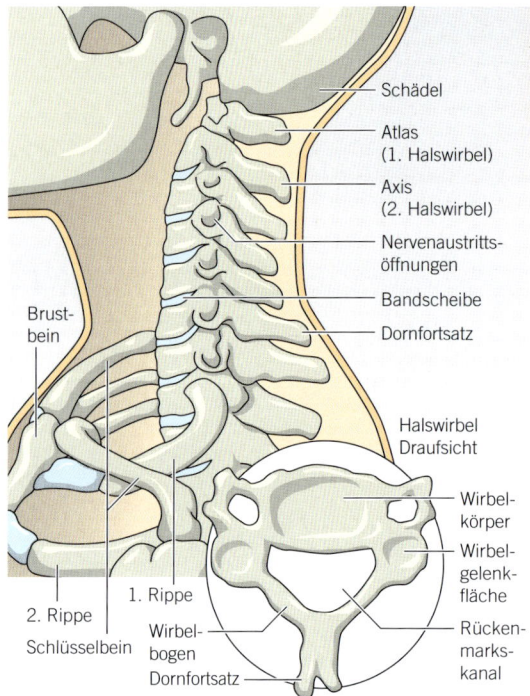

Schädel

Atlas
(1. Halswirbel)

Axis
(2. Halswirbel)

Nervenaustritts-
öffnungen

Bandscheibe

Dornfortsatz

Brust-
bein

Halswirbel
Draufsicht

Wirbel-
körper

Wirbel-
gelenk-
fläche

2. Rippe   1. Rippe

Schlüsselbein   Wirbel-
bogen
Dornfortsatz

Rücken-
marks-
kanal

erscheinungen, muskuläre Dysbalancen oder eine Fehlhaltung über einen großen Zeitraum hinweg. Aber auch ein zu weiches Kissen oder Zugluft gehören zu den Ursachen. Schlimmstenfalls entsteht aufgrund eines Schleudertraumas eine Verspannung, die manchmal erst Jahre später zu massiven Beschwerden führt.

Die fünf Lendenwirbel tragen den Rumpf. Auf ihnen lastet das meiste Gewicht, wenn der Mensch steht, geht, läuft oder springt. Bandscheibenabnutzungen zwischen dem dritten und vierten Lendenwirbel können durch Irritationen der dort auftretenden Nervenwurzeln zu einer Schwächung des Oberschenkelstreckmuskels führen. Schädigungen der Bandscheibe zwischen dem vierten und fünften Lendenwirbel haben eine Fußhebeschwäche zur Folge. Schäden zwischen dem fünften Lendenwirbel und dem Steißbein schwächen die hintere Oberschenkel- und Wadenmuskulatur.

Viele Patienten klagen über Rückenschmerzen und häufig deutet alles daraufhin, dass die Ursache im Iliosakralgelenk zwischen Kreuzbein und Becken liegt, ausgelöst durch einen Beckenschief-

ihrer Aufgabe, der sensibelste und zugleich beweglichste Teil der gesamten Wirbelsäule. Die prominentesten Wirbel heißen Atlas und Axis. Beide haben sich im Laufe der Evolution zu einem perfekten, multifunktionalen Gelenk vereinigt. Die übrigen Halswirbel führen die von diesen beiden Wirbeln ausgehenden Bewegungen weiter aus. Wir kennen Bandscheibenvorfälle vornehmlich im Lendenwirbelbereich. Doch auch im Halswirbelbereich sind Bandscheibenvorwölbungen- oder Vorfälle keine Seltenheit. Zwischen dem vierten und fünften Halswirbel kann es zu Störungen der Atmung kommen. Auch die Leistungsfähigkeit der Oberarmmuskulatur kann beeinträchtigt werden. Kommt es zum Bandscheibenvorfall zwischen dem fünften und sechsten Halswirbel, können unter anderem Taubheit und Schmerzen am Daumen die Folge sein. Häufige Beschwerden im Bereich der Halswirbelsäule sind Nackenverspannungen, aufgrund vielfältiger Ursachen. Diese sind Verschleiß-

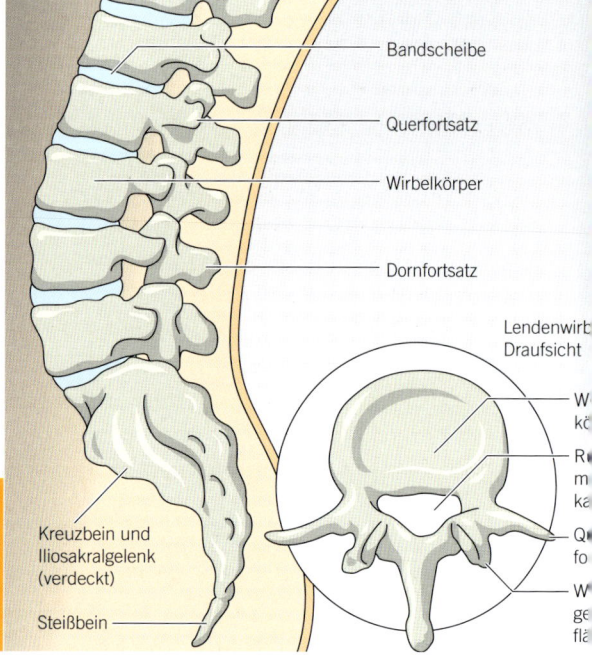

Bandscheibe

Querfortsatz

Wirbelkörper

Dornfortsatz

Lendenwirb
Draufsicht

Kreuzbein und
Iliosakralgelenk
(verdeckt)

Steißbein

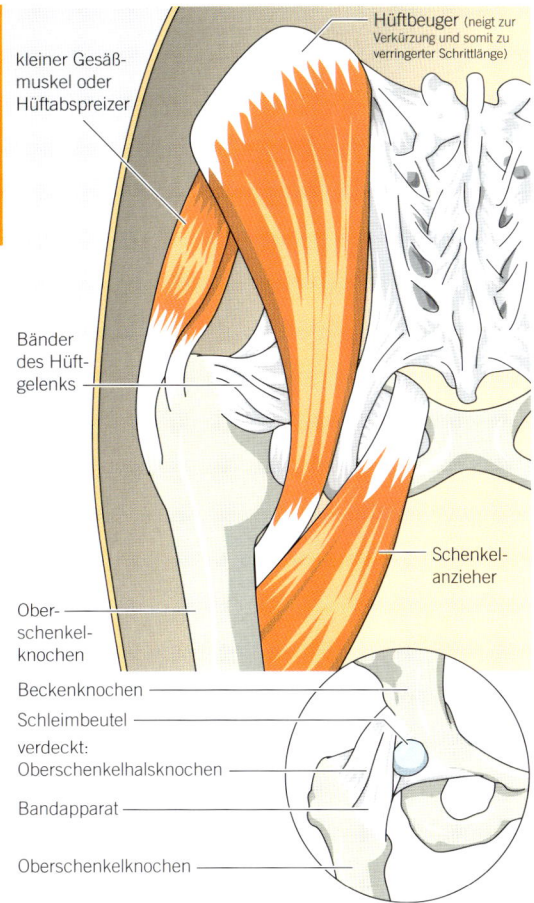

Hüftbeuger (neigt zur Verkürzung und somit zu verringerter Schrittlänge)

kleiner Gesäßmuskel oder Hüftabspreizer

Bänder des Hüftgelenks

Schenkelanzieher

Oberschenkelknochen

Beckenknochen

Schleimbeutel

verdeckt: Oberschenkelhalsknochen

Bandapparat

Oberschenkelknochen

stand und/oder Fehlbelastungen zum Beispiel durch falsche Technik bei sportlicher Belastung. Das Steißbein ist das Stiefkind unserer Wirbelsäule und macht sich erst schmerzhaft bemerkbar, wenn wir darauf fallen. Und da zeigt sich, dass es nicht nur ein vergessenes Stück Knochen ist.

Das Hüftgelenk und der aufrechte Gang

Das Hüftgelenk ist eines der größten Gelenke unseres Körpers. Im Laufe der Evolution hat es sich so weit verändert, dass uns der aufrechte Gang ermöglicht wurde. Das Hüftgelenk bildet die bewegliche Verbindung zwischen Oberschenkel und Becken. Am Beckenring ist die Wirbelsäule über einen stabilen Bandapparat befestigt. Bei diesen hochkomplizierten Konstruktionen muss die Statik stimmen, sonst ist vorzeitiger Verschleiß vorprogrammiert. Wenn man sich vorstellt, dass das gesamte Gewicht des Oberkörpers inklusive Kopf auf den Hüftgelenken lastet, kann jeder ermessen, was jedes zusätzliche Kilogramm für die Hüftgelenke bedeutet.

Das Becken beherbergt verschiedene Organe, hält sie durch seine Muskelanordnung an Ort und Stelle. Die Beckenmuskulatur bildet einen stabilen Boden, der sich zwischen die Hüftgelenke spannt, nach vorne mit der Bauchmuskulatur verzahnt ist und nach hinten an der Rückenmuskulatur ansetzt. Auch diese Muskulatur braucht Training. Erschlafft das Bindegewebe rutschen die Organe nach unten. Inkontinenz oder Leistenbruch sind die Folge. Das sind unangenehme Zustände, denen wir mit wenig Aufwand entgegenwirken können. Durch Bewegung können wir die Durchblutung des Gelenkes und den Stoffwechsel ankurbeln. Das hat zur Folge, dass die Versorgung des Gelenkes wieder besser funktioniert, die Gelenkinnenhaut mehr Gelenkschmiere bildet und somit der Verschleißprozess gebremst wird. Ohne Bewegung erfolgt keine ausreichende Versorgung,

das Gelenk wird nicht mehr genug geschmiert. Wir alle können gesund alt werden, wenn wir uns sinnvoll bewegen. Und dafür ist das Walking als sanfte Ausdauersportart die beste Vorsorge.

Das Schultergelenk – Lastesel unter den Gelenken

Das Schultergelenk ist ein kompliziertes Geflecht aus unzähligen Bändern, Sehnen und Muskeln. Der ganze Schulterapparat ist an Muskeln und Bändern frei aufgehängt. Die multiple Beweglichkeit wird durch eine komplexe muskuläre Konstruktion gewährleistet. Für Halt sorgt das Schlüsselbein als Verbindung zum Brustbein. Schwachstelle ist die Gelenkkapsel. Wirken hier zu große Kräfte ein, kann der Oberarmkopf (die Schulterkugel) über den Rand der Gelenkpfanne rutschen und der Arm ist luxiert. In diesem Fall muss man schnell sein. Selten ist ein Arzt zur Stelle, um das Gelenk wieder einzurichten. Halten Sie das Gelenk und die Muskulatur warm und be

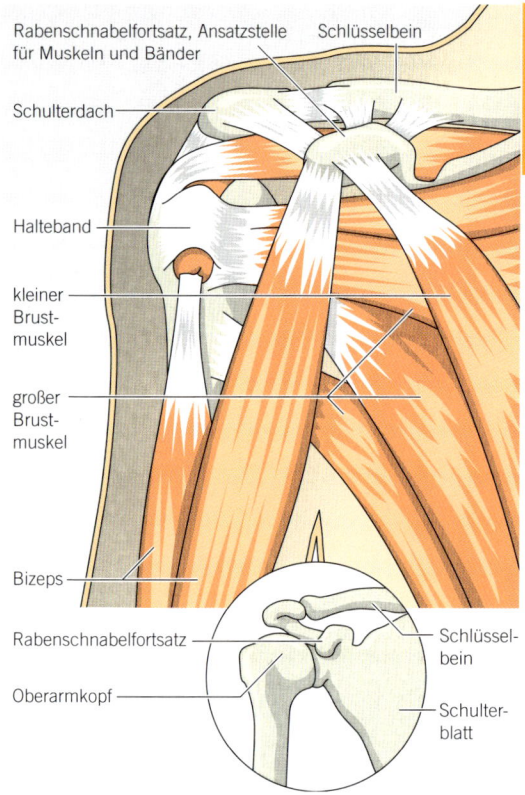

Rabenschnabelfortsatz, Ansatzstelle für Muskeln und Bänder
Schlüsselbein
Schulterdach
Halteband
kleiner Brustmuskel
großer Brustmuskel
Bizeps
Rabenschnabelfortsatz
Oberarmkopf
Schlüsselbein
Schulterblatt

26 beweglich miteinander verbundenen Einzelteilen. Sieben Fußwurzelknochen, fünf Mittelfußknochen, 14 Zehenknochen. Auf den beiden Füßen lastet unser gesamtes Körpergewicht, hier wirken die größten mechanischen Kräfte. Beim Gehen, Laufen und sogar beim Schwimmen leistet er die größte Arbeit. Er bewegt unseren Körper.

Unser Fußabdruck sollte so aussehen, dass nur Fußballen, ein kleiner Randsteg und die Ferse erkennbar sind. Oft kommen Patienten zum Orthopäden mit Kniebeschwerden, Rückenproblemen oder klagen über Kopfschmerzen, wobei sie vermuten, diese seien aufgrund von Verspannungen im Nackenbereich entstanden. Eine der ersten Untersuchungen sollte den Füßen gelten. Ist zum Beispiel das Fußgewölbe durchgetreten, entsteht der so genannte Plattfuß, die ganze Fußsohle ist im Abdruck sichtbar. Der Fuß knickt nach innen und mit der Zeit entsteht am Fußgelenk beginnend eine schmerzhafte Kettenreaktion in Richtung Kopf. Durch die veränderte Statik im Fuß setzt sich diese Dysbalance über die Muskulatur fort und beeinträchtigt sogar unser Knochengerüst, führt zu schlechter oder krummer Haltung und somit unweigerlich zu schmerzhaften, einseitigen Abnützungserscheinungen in Muskulatur, Gelenken und

geben Sie sich schnellstens ins Krankenhaus. Bei einem Sturz mit gestrecktem Arm kommt es zum so genannten Impingement- oder Einklemmsyndrom. Sehnen, Faszien oder Schleimbeutel werden eingeklemmt und verursachen Bewegungseinschränkungen und heftige Schmerzen. Weitere Verletzungen der Schulter können Reizungen im Bereich der Muskelansätze sein oder Schleimbeutelentzündungen, Kapsel-, Sehnen-, Bänderrisse, Muskelrisse oder gar Abrisse von knöchernen Anteilen der Schulterknochen. Jeder Sportler ist gefährdet sich zu verletzen. Das Risiko sich derartige Verletzungen beim Walken zu holen, ist aber sehr, sehr gering.

Am Ende steht der Fuß

Der Fuß ist eines der kleinen Wunder unseres Körpers. Er ist die gelungene Zusammenstellung von

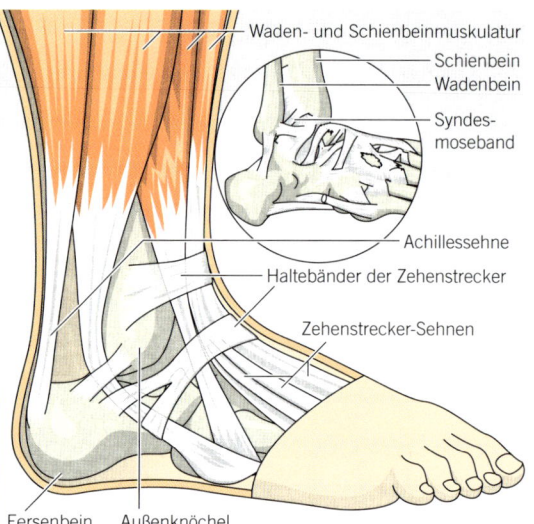

Waden- und Schienbeinmuskulatur
Schienbein
Wadenbein
Syndesmoseband
Achillessehne
Haltebänder der Zehenstrecker
Zehenstrecker-Sehnen
Fersenbein
Außenknöchel

Skelett. Diese Entwicklung zeigt sich auf dramatische Weise schon bei vielen Kindern, deren Bewegungsunwilligkeit oft auf eine Fehlstellung der Füße zurückzuführen ist. Zu den häufigsten Verletzungen beim Sport zählen die Sprunggelenksverletzungen. Hauptsächlich bei den Laufsportarten treten Kapsel-Band-Verletzungen am äußeren Sprunggelenk auf. Ursache ist das banal wirkende Umknicken. Aber auch Kapsel- und Bänderrisse, Ermüdungsbrüche, Stauchungen, Prellungen, Knorpelschäden oder Entzündungen der Sehnen und Knochenhaut bedrohen das Sprunggelenk.

Das Bindegewebe

Das Bindegewebe durchzieht unseren ganzen Körper. Es zeigt sich in verschiedenen Formen, es reicht vom Gallertkern der Bandscheibe über weiches Fettgewebe und elastische Bänder bis hin zum harten Knochen oder Zahnbein. Billionen von Körperzellen können miteinander kommunizieren, von der Hirnzelle bis zum Fuß. Das Bindegewebe übernimmt vielfältige Aufgaben im internen Informationskreislauf unseres Körpers.

Eng mit dem Bindegewebe verbunden sind zum Beispiel die Fettzellen. Für jeden von uns sind sie lästige Begleiter, aber sie sind wichtig und erfüllen viele Aufgaben. Wir brauchen Fett als »Kraftstoff« für unsere Organe. Fett dient als Speicher und Energielieferant. Es reguliert den Insulinhaushalt und unterstützt unser Immunsystem. Fett wärmt uns und schützt die Organe bei Erschütterungen.

Gegen Cellulitis kann man etwas tun!

Cellulitis, auch unter dem Begriff Orangenhaut bekannt, galt als vererbte Schwäche des Bindegewebes. Heute weiß man, dass Cellulitis verschiedene Ursachen hat. Eine davon betrifft unsere Hormone. Hierbei besteht meistens ein Ungleichgewicht zwischen den Hormonen Östrogen und Progesteron. Bereits in der Pubertät, später in der Schwangerschaft, aber auch kurz vor der Menstruation und nach der Menopause taucht bei vielen Frauen das unschöne Hautbild der Cellulitis auf. Die Haut weist kleine Dellen und Einbuchtungen auf, es fehlt das glatte, straffe Aussehen der gesunden jugendlichen Haut. In vielen Fällen handelt es sich bei dieser Ursache um schlanke Frauen. Ein weiterer Grund für Cellulitis liegt in der Ernährung. Vita-

minmangel und übermäßiger Konsum von Eiweiß begünstigen die Entstehung ebenso wie Säuren, die zum Beispiel in Kaffee und Süßigkeiten enthalten sind. Nahrung mit wenig Ballaststoffen bleibt zu lange im Darm und im Bindegewebe sammeln sich Schlacken und Wasser an.

Frauen und Männer unterscheiden sich in der Beschaffenheit ihrer Haut. Die Haut der Frauen ist dünner und weniger behaart. Ihr kollagenes Bindegewebe ist elastischer und kann mehr Fett aufnehmen. Verkürzen sich diese Fasern entsteht an der Hautoberfläche die »Orangenhaut«. Übergewicht verstärkt dieses Hautbild, weil sich das zwischen den Fasern liegende Fettgewebe vergrößert. Die Fettzellen füllen sich so stark, dass der Blutfluss behindert wird. Der Abtransport von Abfallprodukten kann nicht mehr erfolgen. Diese so genannten Schlackenprodukte lagern sich in das Gewebe ein. Cellulitis kann aber auch Zeichen einer Darmschwäche oder -Fehlfunktion sein. Liegt zum Beispiel eine Überbesiedelung des Darmes durch Candida- und Schimmelpilze vor, ausgelöst durch eine Antibiotikakur, reagiert der Körper durch eine vermehrte Bereitstellung des Stresshormons Kortisol. Resultat ist eine vermehrte Wasser- und Schlackenansammlung im Bindegewebe.

Wie können Sie der Cellulitis vorbeugen oder entgegenwirken? Es gibt einen einfachen Rat: gesunde Ernährung und viel Bewegung. Mit Diäten erreichen Sie nur das Gegenteil. Das ständige Dehnen und Schrumpfen der Haut schwächt das Bindegewebe. Nehmen Sie vitaminreiche Gerichte zu sich. Achten Sie auf Spurenelemente und Aminosäuren in Ihrer Nahrung und treiben Sie viel Sport. Bewegung stärkt das Bindegewebe, fördert die Durchblutung und damit den Abtransport der Schlackenprodukte. Die Muskulatur wird gestärkt und die Hautoberfläche wieder glatt und straff. Sie brauchen ein sanftes Ausdauertraining, bei dem der Puls nicht zu hoch ist. Dann ist die Fettverbrennung besonders effektiv. Walking ist hier die Sportart der Wahl!

Fett weg!

Das kann auch gefährlich sein. Sportlerinnen, die viel Fett durch übermäßiges Training verlieren, haben oft Probleme mit ihrem Hormonsystem. Die Zahl der Fettzellen bleibt über viele Jahre konstant. Ob wir schlank sind oder dick, hängt davon ab, wie stark unsere Fettzellen gefüllt sind. Es ist sinnlos die Fettzellen durch chirurgische Maßnahmen zu dezimieren, da es passieren kann, dass sich die vorhandenen Fettzellen noch mehr füllen. Dann entstehen hässliche Wülste und Striemen im Gewebe. Wichtig ist die Ursache des Übergewichtes anzugehen, die Ernährung und die Lebensweise umzustellen und in jedem Fall auf genügend Bewegung zu achten.

Frauen und Männer haben einen unterschiedlichen Körperfettanteil. Bei normalgewichtigen Männern beträgt er 13 bis 21 Prozent. Frauen liegen mit einem Körperfettanteil von 18 bis 26 Prozent deutlich über dem der Männer.

Die Ausrede »Meine Knochen sind einfach zu schwer für meine Größe!« gilt auch nicht mehr! Eine Fettmessung mit modernen Waagen oder mit der Fettmesszange schafft schnell Klarheit. Hat man lange keinen Sport mehr getrieben, das Gewicht zwar gehalten, kann man dennoch feststellen, dass die Muskelmasse weniger geworden ist. Und ab dreißig wird es immer schwieriger sein Gewicht zu halten. Grund hierfür ist in erster Linie Bewegungsmangel. Bei Männern lässt zudem die Testosteronproduktion nach und dieses Hormon ist verantwortlich für den Muskelaufbau.

Knorpel – weiche Kissen für unsere Knochen

Wenn zwei Knochen innerhalb eines Gelenkes aufeinander treffen, müssen sie gegen gegenseitigen Abrieb geschützt sein. Diese Schutzschicht bildet der Knorpel. In gesundem Zustand ist das eine glatte, glänzende, bis zu einem halben Zentimeter dicke Schicht. Der Knorpel besteht aus Wasser, zellfreier Matrix (das Gewebe, in das die Zellen eingebettet sind) und kollagenen Fasern. Direkt am Knochen ist der Knorpel stark kalkhaltig, um sich gut mit dem Knochen verbinden zu können. Weitere Aufgaben des Knorpels sind Druckbelastungen auszugleichen und für die Gelenkschmiere zu sorgen, die das Gelenk gesund und beweglich hält. Wie oft hört und liest man von Abnützungserscheinungen der Knorpel. Nur wenige wissen, dass der Knorpel noch mehr Schaden erleidet, wenn die Bewegung und somit auch die Versorgung des Knorpels verloren geht. Alte Menschen leiden oft unter diesem Krankheitsbild und fügen

sich mit einem resignierten »Das macht das Alter!« in ihr Schicksal, und das bedeutet irgendwann nicht mehr gehen zu können. Es muss und darf nicht so weit kommen! Es gibt viele Menschen, die sich in hohem Alter noch wieselflink bewegen, Rad fahren, schwimmen oder gar weite Strecken zu Fuß zurücklegen. Werden sie nach dem Geheimnis ihrer Fitness befragt, erhält man immer dieselbe Antwort: Das macht die jahrzehntelange, regelmäßige Bewegung. Sonja, eine ältere Dame aus einer meiner Walking-Gruppen, antwortete mir einmal auf eine ähnliche Frage: »Weißt du, ich habe mein Leben lang Sport getrieben und mir dabei gedacht, wenn ich einmal alt bin, habe ich mich so viel bewegt, dass das für den Rest meines Lebens langt. Ich dachte allen Ernstes, ich müsse im Alter nichts mehr tun, könnte dann von der jahrelangen Arbeit an und mit meinem Körper zehren. Aber gerade mit steigendem Alter musste ich erkennen, dass ich noch mehr Bewegung brauche, um meine Fitness aufrecht zu erhalten!«

Es ist die Bewegung, die dem Knorpel die nötige Versorgung und Unterstützung gibt und ihm ermöglicht seine Funktion zu erfüllen. Hat ein Knorpel Schaden genommen, können sich fatale Folgen entwickeln. Entzündungen im Gelenk entstehen und damit verbunden, starke Schmerzen und schließlich Einschränkungen der Beweglichkeit. Ein Teufelskreis entsteht. Was kann man tun? Es gibt einige Therapieansätze, die aber individuell mit dem betroffenen Menschen diskutiert werden müssen. Manche Ärzte raten zur Einnahme von Enzymen und Antioxidantien oder zu entzündungshemmenden Stoffen. Auch säurebindende Substanzen wie Bullrichsalz oder Kaisernatron werden empfohlen. In jedem Fall aber sollen Therapien immer in Verbindung mit Bewegung erfolgen. Das bedeutet Training mit geringer Druckbelastung auf das betroffene Gelenk. So können auch Gelenke wieder mobilisiert werden, die über einen längeren Zeitraum nicht belastet wurden.

Was ist Arthrose?

Das medizinische Lexikon beschreibt den Zustand der Arthrose so: degenerative Veränderung der Gelenkflächen durch Überbeanspruchung oder traumatische Ursachen. Der Betroffene sagt: »Ich habe starke Schmerzen bei jedem Schritt, ich kann mich nicht mehr schmerzfrei weiter als zehn Meter bewegen.«

Über fünf Millionen Deutsche sind von dieser oft äußerst schmerzhaften Krankheit betroffen. Vor allem Frauen leiden an Arthrose. Wie kann es überhaupt so weit kommen? Bewegungsmangel ist nach Ansicht von vielen Physiotherapeuten die Ursache dafür, dass der Abbau von Knorpel mit steigendem Alter stark zunimmt. Andere Faktoren wie Schäden an der Gelenkkapsel, zu hohe Harnsäurewerte, Kortisontherapien und Übergewicht begünstigen das Entstehen einer Arthrose.

Was geschieht mit dem geschädigten Knorpel? Da die Knorpelschicht zu einem hohen Anteil aus Wasser besteht, kann man sich den Knorpel wie einen Schwamm vorstellen, der bei Druck flach wird und sich bei Entlastung wieder voll saugt, um als Polster einsatzfähig zu sein. Diese Schwammfunktion ist gestört, wenn Risse oder Auffaserungen den Knorpel verletzt haben. Ein beschädigter Knorpel kann eine normale Druckbelastung wie etwa beim Gehen nicht mehr auffangen. Es entsteht eine Entzündung im Gelenk. Eine wirkliche Heilung bei Arthrose gibt es nicht. Helfen kann nur richtig dosiertes, kontinuierliches Training wie zum Beispiel Walking. Der Knorpel wird belastbarer und man verhindert einen weiteren, raschen Abbau. Um Knorpelsubstanz zu regenerieren, benötigen die Zellen viel Sauerstoff sowie Aminosäuren und Glukose. Diese Stoffe gelangen nur bei guter Durchblutung ins Gelenk. Und nur Bewegung führt zu ausreichender Durchblutung unseres Körpers und unserer Gelenke.

Bänder, Sehnen und Muskeln – ein starkes Team!

Unsichtbare Bänder

Unsere Gelenke werden durch Bänder verbunden, verstärkt, stabilisiert und geschützt. Bänder bestehen überwiegend aus kollagenen Fasern. Ebenso wie die anderen Strukturen unseres Körpers benötigen auch die Bänder regelmäßige Bewegung, um genügend versorgt zu sein. Nur durch Bewegung gelangen Sauerstoff und Nährstoffe in das Innere der Gelenkkapsel und sorgen für genügend Gelenkflüssigkeit. Das garantiert dem Gelenk seine volle Beweglichkeit. Der ständige Wechsel von Anspannung und Entspannung trainiert das Gefäßsystem,

welches auch wichtig für die Gelenkversorgung ist. Kommt es nun zu längerer Untätigkeit des Gelenkes, verlieren die umliegenden Gewebe an Vitalität und Elastizität. Das betrifft auch die Bänder. Kapsel und Bänder schrumpfen und schränken die Beweglichkeit des Gelenkes weiter ein. In schlimmen Fällen können Teile der Kapsel miteinander verkleben und auch die Bänder werden in Mitleidenschaft gezogen. Das Gelenk wird fast unbeweglich. Nahezu jede dieser Verletzungen geht mit Entzündungsreaktionen einher. Es werden Entzündungsstoffe (so genannte Entzündungsmediatoren) freigesetzt, die zu einer Produktion von neuem Kollagen führen, um die Heilung in Gang zu setzen. Sind aber Kapsel und Bänder gerissen, hilft meistens nur noch die Operation. Über gut dosierte Belastungsreize lassen sich diese Verletzungen postoperativ gut therapieren und in den meisten Fällen belastungsstabil ausheilen. Nur, Sie müssen Geduld haben, die Heilung kann Monate in Anspruch nehmen!

Sehnenzug

Unsere Muskulatur braucht Ansatzbefestigungen, um in unserem Körper an Ort und Stelle zu bleiben. Jeder Muskel hat seine Aufgabe und seinen festen Platz. Dafür sorgen die Sehnen, in die der Muskel ausläuft und die den Muskel mit dem Knochen verbinden. Sehnen sind am Knochen fest verwachsen, sie müssen enorme Zugkräfte ertragen und ausgleichen. Sie bestehen aus faserreichem Bindegewebe und bilden den Übergang zum Knochen. Im Vergleich zu Kapseln oder Bändern sind Sehnen weitaus weniger elastisch. Eine klassische Verletzung des Sehnenüberganges ist der Tennisellenbogen. Ist die den Unterarm streckende Muskulatur verkürzt, möglich durch zu wenig Stretching, wird der Sehnenansatz dauerhaft unter zu große Spannung gesetzt und kann nicht mehr regenerieren. Die Sehne wird verletzungsanfällig und beginnt zu schmerzen. Minimale, kleine Einrisse können zu Entzündungsprozessen führen. Werden diese nicht behandelt, kann die verletzte Region nicht ausheilen, eine chronische Überempfindlichkeit ist die Folge. Mit steigendem Alter nimmt in den Sehnen die Zelltätigkeit ab. Regelmäßige Zug- und Druckbelastungen sorgen dafür, dass die Sehnen elastisch und stark bleiben.

Muskelspiel

Warum lassen Sie nicht einmal die Muskeln spielen? Wie das geht? Zum Glück müssen wir uns darüber keine Gedanken machen, denn die meisten unserer Bewegungen erfolgen automatisch, so scheint es jedenfalls. Ganz so einfach ist das jedoch nicht. Da werden zwar unsichtbar und nicht spürbar wie durch Zauberhand Befehle durch unseren Körper geschickt, die unsere Muskulatur sofort in die gewünschten Bewegungen umsetzt, aber dahinter steckt ein unglaublich kompliziertes Informations- und Kommunikationssystem. Kurz gesagt, erhalten unsere Nerven Befehle vom Gehirn und Rückenmark und regen die Muskulatur über Impulse zur Bewegung an. Die Muskeln ziehen sich zusammen, werden dick, maximale Kraft folgt. Die entgegengesetzte Bewegung ist die Entspannung, der Muskel wird wieder lang und dünn, er ruht. Muskeln sind Energiespeicher, sie sind Stützen und Schutz unseres Skeletts und unserer Gelenke. Wir haben etwa 430 Skelettmuskeln und sie machen fast die Hälfte unseres Körpergewichtes aus. Ein Muskel besteht aus Muskelbündeln und diese wiederum aus Muskelfasern. Geschützt und zusammengehalten wird der Muskel von einer elastischen Haut, der Faszie.

Muskeln brauchen Bewegung

Um gute Arbeit leisten zu können, muss die Muskulatur richtig ernährt werden. Ebenso wichtig wie die Ernährung ist für den Muskel die Bewegung. Doch auch hier gilt der Satz: Alles in Maßen! Ein überanstrengter Muskel verhärtet leicht und die Folgen sind schlechte Durchblutung, geringere Versorgung und Entsorgung. Die Verletzungsanfälligkeit wird größer. Bewegung und Sport sind wichtig für den Muskelaufbau und Erhalt. Längere Untätigkeit lässt den Muskel schwinden. Die Gewebespannung nimmt ab, die Fasern verkleben und die Beweglichkeit des Muskels wird geringer. Bei längerer Fixierung eines Gelenkes nach Verletzung kann es zur Muskelverkürzung oder gar Rückbildung (Atrophie) kommen. Nur geduldiges Dehnen (Stretching) kann solche Schäden zumindest teilweise beheben. Kommt es zum Beispiel nach einem Muskelfaserriss zur Vernarbung der verletzten Region hilft nur noch eine gezielte physiotherapeutische Behandlung und viel Geduld.

Bandscheiben

Jeder hat schon einmal von den Bandscheiben gehört und so mancher musste sich, meist schmerzhaft, mit ihnen auseinander setzen. Sie liegen zwischen den Wirbeln der Wirbelsäule und verbinden die einzelnen Segmente miteinander. Bandscheiben bestehen aus einem Faserring, in dessen Innerem ein Gallertkern aus stark wasserhaltigem Bindegewebe seitliche Druckbelastungen ausgleicht. Sie sorgen für die Beweglichkeit der Wirbelsäule und garantieren, dass wir uns zum Beispiel beim Autofahren im Sitzen drehen oder uns die Schnürsenkel binden können. Die Bandscheiben fangen Stöße auf und ermöglichen uns den aufrechten Gang. Im Kindesalter sind diese runden »Schwämmchen« durchsichtig und haben eine gelatineartige Konsistenz. Im Laufe der Jahre verfestigen sie sich zu einer elastischen weißen Scheibe. Im Alter neigen sie zum Austrocknen und verlieren an Spannkraft und Elastizität. Wie alle Zellen unseres Körpers müssen sich auch Fasern und Gewebe der Bandscheibe ständig erneuern. Stellen Sie sich die Bandscheibe als Schwämmchen vor, vollgesaugt mit Flüssigkeit. Bei Belastung wird das Schwämmchen zusammengedrückt, es wird flach. Bei Entlastung saugt es sich wieder voll und wird dick und prall. Das ist der Mechanismus einer gesunden Bandscheibe. Durch das Ansaugen holt sich die Bandscheibe Nährstoffe aus dem Blut, bei Druckbelastung werden verbrauchte Zelltrümmer entsorgt. Bewegung ist der Motor dieses Erneuerungsprozesses. Die größte Schädigung der Bandscheibe erfolgt also nicht durch Überlastung, sondern durch Unterforderung. Sitzende Tätigkeiten, Stress, schlechte Ernährung und auch Rauchen sind Gift für die Bandscheibe. Studien haben gezeigt, dass ein Bandscheibenvorfall bei Rauchern wesentlich häufiger auftritt als bei Nichtrauchern. Das hat mit der Mangeldurchblutung des gesamten Organismus und somit auch der Bandscheiben zu tun. Der Bandscheibenvorfall ist ein viel gefürchtetes und leider weit verbreitetes Krankheitsbild unserer Zeit. Werden Bandscheiben großen Belastungen ausgesetzt, sei es durch schwere körperliche Arbeit oder übertriebene sportliche Betätigung, kommt es zunächst zur Überlastung des Faserringes, bis dieser ausfranst und der Gallertkern des Bandscheibeninneren austritt. Der Druck auf die benachbarten Nervenwurzeln verursacht dann starke Schmerzen, Taubheitsgefühl und in schweren Fällen Lähmungen. Schmerzen in den Oberschenkeln oder im Gesäß können Symptome sein, wenn eine Bandscheibe auf den Ischiasnerv drückt. Er tritt aus der Lendenwirbelsäule aus, verzweigt sich in viele kleine Nervenstränge, durchzieht die Po- und Oberschenkelmuskulatur und endet in der weiteren Peripherie.

Heilung ist möglich: Gezielte Bewegung, verbesserte Durchblutung, Versorgung mit Sauerstoff, Vitamin C und Zink können die Reparaturmechanismen der Fasern wieder beleben. Ich selbst kenne viele Menschen, die kurz vor der Operation standen und zu meinem Rückentraining kamen. Nach einem halben Jahr harten Trainings war die Muskulatur wieder so weit aufgebaut und stabilisiert, dass ein schmerzfreies Bewegen möglich war! Natürlich erfordert das Disziplin und harte Arbeit. Erfahrene Mediziner warnen mittlerweile vor einer Behandlung mit Kochsalzlösung. Dabei wird über einen Katheter Kochsalzlösung in die Nähe der Bandscheibe gespritzt. Salz entzieht der Bandscheibe Wasser, sie soll somit verkleinert werden. Der momentane Druck auf die Nervenwurzel lässt nach, aber eine dramatische Nebenwirkung setzt ein. Durch den Wasserentzug wird die Bandscheibe hart und unflexibel. Mit der Zeit wird sie brüchig und kann zerbrechen. Für den Patienten beginnt nun erst recht ein langer Leidensweg.

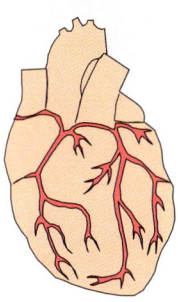
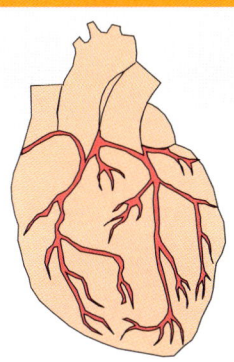

Vergleich der Herzgröße eines Untrainierten und Trainierten.

Herz des Untrainierten
ca. 600 bis 700 ccm
(Büroherz)

Herz des Trainierten
1000 bis 1400 ccm
(Leistungsherz)

Die Organe
Prof. Dr. med. Rüdiger Lange

Herz-Kreislauf-System

Jede Zelle unseres Körpers hängt von der Versorgung durch das Herz ab. Aber das ewige Schlagen des Herzens, das uns vom Moment der Geburt an begleitet, ist für uns eine Selbstverständlichkeit, der wir meist keine besondere Beachtung schenken. Dabei bestimmt die Stärke, der Rhythmus und die Geschwindigkeit der Pumpaktion des Herzens ganz wesentlich unsere Gesundheit. Das Herz passt sich automatisch an die unterschiedlichen Belastungen an, egal ob der Mensch Sport treibt oder schläft.

Unser Herz-Kreislauf-System besteht aus dem Herzen, einer muskulären Struktur, die etwa so groß ist wie die menschliche Faust, und einem Netzwerk von Blutgefäßen.

Würde man alle Blutgefäße aneinander reihen, ergäbe sich eine Gesamtlänge von über 100 000 Kilometer. Der Herzmuskel ist der »Motor«, der durch seine Pumpaktion den Vorwärtsfluss des Blutes bewirkt. Das Herz könnte aber ohne die anderen Komponenten des kardiovaskulären Systems als Pumpe nicht wirksam sein: Dazu gehören die Herzklappen, die Herzkranzgefäße, das Reizleitungs-System und natürlich die Arterien und Venen überall im Körper.

Herz

Die Pumpaktion des Herzmuskels besteht aus zwei Phasen: Wenn sich der Herzmuskel zusammenzieht (Kontraktion), wird das Blut ausgetrieben, und wenn er erschlafft (Relaxation), wird das Herz wieder mit Blut gefüllt. Dieser Zyklus von Auswurf (Kontraktion) und Füllung (Relaxation) führt zu einem pulsativen Blutfluss, das heißt, bei jedem Herzschlag wird Blut mit hohem Druck ausgetrieben und der Blutdruck steigt tastbar an (erster Blutdruckwert). Während der Füllung sinkt der Blutdruck wieder ab, und zwar auf etwa 60 Prozent des Spitzendrucks (zweiter Blutdruckwert). Der Puls des Blutflusses wird durch die Blutgefäße weitergeleitet und kann an den Punkten des Körpers getastet werden, an denen große Arterien an die Oberfläche gelangen, wie zum Beispiel an den Handgelenken, dem Hals oder der Leiste.

Herzfunktion

Genau genommen ist das Herz eine Doppelpumpe. Die rechte Seite des Herzens, die aus dem rechten Vorhof und der rechten Kammer besteht, pumpt das Blut in die Lungen, wo es mit Sauerstoff aus der Einatmungsluft aufgesättigt wird und das Kohlendioxid in die Ausatmungsluft abgibt. Die linke Seite des Herzens, die aus dem linken Vorhof und der linken Kammer besteht, empfängt das hellrote, mit Sauerstoff angereicherte Blut aus den Lungen und pumpt es durch den großen Körperkreislauf, wo es die Organe mit Sauerstoff versorgt und die Abfallprodukte aufnimmt, unter anderem Kohlendioxid. Da nur ein relativ geringer Druck erforderlich ist, um Blut durch die Lungen zu leiten, ist die rechte Herzkammer weniger muskulös und weniger kraftvoll als die linke Seite. Dagegen ist der Druck in den Blutgefäßen des großen Körperkreislaufs relativ hoch, verglichen mit dem Druck in der Lungenstrombahn. Der Blutdruck, der beispielsweise am Arm gemessen wird, ist der Druck in den arteriellen Gefäßen des Körpers und beträgt bei der Austreibung des Herzens im Normalfall 120 mmHg (systolischer Blutdruckwert) und bei der Erschlaffung ca. 70 bis 80 mmHg (diastolischer Blutdruckwert). Die Vorhöfe sind Reservoire, die das venöse Blut aus der oberen und unteren Körperhälfte sammeln und in die rechte Herzkammer entleeren bzw. das frische, mit Sauerstoff angereicherte Blut aus der Lunge sammeln und in die linke Herzkammer entleeren. Bei einem gesunden Erwachsenen schlägt das Herz in Ruhe etwa 72-mal pro Minute, ungefähr 104 000-mal pro Tag oder etwa 2,5 Milliarden Mal während einer Lebensspanne. Es pumpt ungefähr 70 Milliliter Blut mit jedem Schlag oder über 7000 Liter pro Tag. So könnte zum Beispiel ein Swimmingpool mit 25 000 Litern Wasserinhalt von Ihrem Herzen in etwa drei Tagen gefüllt werden. In der Regel wirft das normale Herz fünf bis sechs Liter Blut pro Minute aus. Diesen Wert bezeichnet man als das Herzminutenvolumen. Während einer körperlichen Belastung steigt das Herzminutenvolumen an, bei starker Belastung muss das Herz manchmal vier- bis siebenmal so viel Blut pumpen wie in Ruhe. Das bedeutet, dass das Herz eine dynamische Pumpe ist, die mit jedem Schlag ein etwas unterschiedliches Blutvolumen auswirft. Das Herz wirft das Blut, was es empfängt, auch wieder aus. Das heißt, wenn mehr Blut zum Herzen gelangt, wird der Herzmuskel durch die zunehmende Füllung mehr gedehnt. Durch die zunehmende Dehnung ist die nachfolgende Kontraktion des Muskels stärker und entsprechend mehr Blut wird aus der Herzkammer ausgeworfen. Dies ist ein lebenswichtiger Mechanismus für das Herz. Würde es auch nur einige Milliliter Blut weniger pro Schlag auswerfen, als es empfängt, würde es bereits nach wenigen Schlägen so anschwellen, dass es nicht mehr funktionieren könnte. Allerdings kann das Herz die Auswurfleistung nicht nur durch verstärkte Kontraktion der Kammern, sondern auch durch eine schnellere Frequenz erhöhen.

Herzklappen

Das Herz könnte keine effektive Pumpleistung erbringen, wenn der Blutfluss vom Herzen und zum Herzen nicht durch die Herzklappen geregelt wäre. Diese Herzklappen regulieren den Bluteinstrom von den Vorhöfen in die Herzkammern und den Ausstrom aus den Herzkammern in die großen Gefäße. Die Herzklappen haben die Aufgabe, den Blutfluss nur in einer Richtung zuzulassen. Sie werden nicht aktiv geöffnet oder geschlossen, sondern sie öffnen sich automatisch, wenn der Blutstrom sie erreicht. Im Prinzip funktionieren sie wie ein Tor, das sich nur in eine Richtung öffnet, wenn es aufgestoßen wird. Die Klappen öffnen und schließen aufgrund der natürlich vorkommenden Druckunterschiede, die sich in den einzelnen Herzhöhlen aufbauen. Nehmen wir zum Beispiel die große Körperschlagader. Die so genannte Aortenklappe öffnet, wenn das Blut aus der linken Herzkammer in die große Körperschlagader ausgeworfen wird, weil während der Austreibungsphase der Druck in der linken Herzkammer höher ist als in der Aorta. Dieser Druckunterschied setzt sich auf die Klappensegel fort und zwingt diese zur Öffnung. Wenn während der Entspannungs- und Füllungsphase die linke Herzkammer erschlafft, sinkt der Druck in der Kammer ab. Der Druck in der Aorta ist dann höher als in der linken Herzkammer. Dadurch wird die Klappe wieder geschlossen und das Blut kann nicht in die linke Herzkammer zurückfließen. Mit dem nächsten Herzschlag beginnt der Kreislauf von vorn.

Herzkranzgefäße

Wie jedes andere Organ oder Gewebe im Körper braucht das Herz eine eigene Blutversorgung, um Sauerstoff und Nährstoffe für die Energieproduktion zu erhalten, die es für die Pumpaktion braucht. Das Herz wird durch die so genannten Herzkranzarterien mit Blut versorgt. Die Herzkranzarterien entspringen aus dem Anfangsabschnitt der Hauptkörperschlagader und legen sich wie eine Krone (lateinisch: Corona) über den Herzmuskel. Wegen der besonders starken Arbeitsbelastung des Herzens im Vergleich zu anderen Geweben braucht dieses eine besonders gute Blutversorgung. In Ruhe ist der durchschnittliche Blutfluss durch die Herzkranzarterien ungefähr 250 Milliliter pro Minute. Dies entspricht etwa 4 bis 5 Prozent des Blutes, das durch das Herz gefördert wird, obwohl das Herz nur etwa 1 Prozent des Körpergewichtes ausmacht. Bei maximaler Belastung kann die Koronardurchblutung auf das 4- bis 5fache, also bis auf 1250 Milliliter pro Minute ansteigen.

Reizleitungssystem und Herzfrequenz

Das Reizleitungssystem des Herzens ist so angelegt, dass der Herzrhythmus selbstständig im Vorhof (Sinusknoten) entsteht und dann in die Kammern weitergeleitet wird. So ist gewährleistet, dass zuerst die Vorkammern und dann die Kammern rhythmisch schlagen. Wie wir alle wissen, kann der Herzrhythmus erheblichen Schwankungen unterliegen. Diese werden durch das so genannte autonome Nervensystem gesteuert. Die normale Herzfrequenz beträgt bei einem Erwachsenen in Ruhe etwa 70 Schläge pro Minute. Sobald wir laufen, Treppen steigen oder sonstige Aktivitäten durchführen, wird die Herzfrequenz beschleunigt. Das Herz schlägt dann schneller, um mehr Blut zur Versorgung der Muskeln bereitzustellen. Neben körperlicher Aktivität erhöhen auch andere Einflüsse wie Stress, Nikotin, Koffein, Alkohol und verschiedene Medikamente die Herzfrequenz. Das Herz empfängt durch das autonome Nervensystem den Befehl schneller oder langsamer zu schlagen. Das autonome Nervensystem kontrolliert viele Funktionen in unserem Körper wie den Blutdruck, die Atmung, die Ausscheidung und eben auch die Herzfrequenz. Wir müssen nicht ständig daran denken zu atmen oder unsere Herzfrequenz anzupassen, weil das autonome Nervensystem diese Aufgabe für uns übernimmt. Mit zunehmendem Alter scheint unser Körper insgesamt langsamer zu werden. Daher sinkt auch die normale Ruheherzfrequenz. Vor allem aber sinkt die maximal zu erreichende höchste Herzfrequenz während körperlicher Aktivität. So liegt zum Beispiel die maximale Herzfrequenz im Alter von 25 Jahren bei ungefähr 200 Schlägen pro Minute. Im Alter von 65 Jahren sinkt sie auf Werte um etwa 155 Schläge pro Minute.

Arterien und Venen

Das große Netzwerk der Arterien und Venen transportiert das Blut, welches vom Herzen ausgeworfen wird, in alle Teile des Körpers. Dabei führen die Arterien das Blut vom Herzen weg und die Venen bringen das Blut zum Herzen zurück. Der Aufbau der Arterien ist vergleichbar mit einem Baum, bei dem sich der Hauptast in immer kleinere Äste verzweigt, die schließlich in winzig kleinen Kapillaren enden. Der Innendurchmesser dieser Kapillaren ist nicht viel größer als eine einzige rote Blutzelle. Ihre Wände sind extrem dünn und deshalb können Sauerstoff, Kohlendioxid und Nährstoffe sowie Stoffwechsel-Endprodukte zwischen den Zellen und dem Gefäß ausgetauscht werden. Nachdem das Blut durch die Kapillaren geflossen ist, entleert es sich zunächst in kleinere und dann immer größer werdende Venen, die das »verbrauchte« Blut zum Herzen zurücktransportieren. Die Arterien haben eine sehr kräftige Muskelwand. Diese erlaubt es, bei Bedarf das Gefäß weiter oder enger zu stellen und damit mehr oder weniger Blut durchzulassen. So kann der Blutstrom, der vom Herzen gefördert wird, bestimmten Organen bevorzugt zugeteilt werden. Bei starker Betätigung der Muskeln etwa durch Walking kann der Blutbedarf der Muskeln um das 20- bis 30fache steigen. Da

INFO: Die Herzfrequenz ist auch ein guter Indikator für Ihren Fitnesszustand. Bei gut trainierten Athleten schlägt das Herz deutlich langsamer als normalerweise, da es kräftiger pumpt und mit jedem Schlag mehr Blut auswirft. Aus diesem Grund braucht es nicht so oft pro Minute zu schlagen, um die gleiche Blutmenge zu fördern.

das Herz seine Förderleistung nur um das vier- bis siebenfache erhöhen kann, ist es die Aufgabe der Arterien, den Bedarf der einzelnen Gewebe zu überwachen und den Blutfluss dem Bedarf entsprechend zu regulieren. Während in den Arterien der Druck sehr hoch ist, ist der Druck in den Venen niedrig, ihre Wand ist entsprechend dünn. Die Venen besitzen Klappen, die eine Richtung des Blutstroms nur zum Herzen hin erlauben. Die Venen können ihren Durchmesser um das sechs- bis zehnfache vergrößern. Dadurch können sie sehr viel Blut in ihrem System »lagern«. Wenn man zum Beispiel die Beine bewegt oder auch nur die Beinmuskeln anspannt, wird Blut aus den Beinvenen zum Herzen befördert. Dieser Mechanismus wird auch die »Venenpumpe« genannt. Wenn man über längere Zeit still steht, kann 15 bis 20 Prozent des gesamten Blutvolumens in den Beinen »versickern«. Da dieser Anteil des Bluts dann dem gesamten Körperblutvolumen fehlt, kann es bei langem Stehen zu Schwindelgefühl oder sogar zu Bewusstseinsausfällen kommen. Aus diesem Grund ist die Bewegung der Beine für eine gute Durchblutung besonders wichtig.

Transportmedium Blut

Das Blut erscheint uns als eine undurchsichtige rote Flüssigkeit, die sich aus dem gelblichen Plasma, den roten und weißen Blutkörperchen sowie den Blutplättchen zusammensetzt. In erster Linie ist das Blut ein Medium zum Transport von Atemgasen und Nährstoffen zu den verschiedenen Organen. Dort angekommen nimmt es Kohlendioxid und Stoffwechsel-Endprodukte auf und bringt sie zu den Ausscheidungsorganen wie etwa der Niere, der Leber oder, im Falle des Kohlendioxids, der Lunge. Darüber hinaus befinden sich im Blut körpereigene Wirkstoffe, so genannte Hormone, die von den Organen, in denen sie gebildet und gespeichert werden, abgegeben und an die speziellen Wirkorte gebracht werden.
Außerdem hat das Blut eine besondere Bedeutung im Wärmehaushalt des Körpers. Die im Stoffwechsel gebildete Wärme wird über das Blut an die Atemorgane und die äußere Körperfläche abgegeben. Wenn die Haut nach der körperlichen Betätigung warm und gut durchblutet ist, gibt sie Wärme ab.

Der Anteil des Blutes am Körpergewicht beträgt beim Erwachsenen etwa sechs bis acht Prozent, daraus ergibt sich ein Blutvolumen von ca. vier bis sechs Litern. Den größten Anteil des Blutes nehmen die roten Blutkörperchen ein, von denen Männer etwa 5,1 Millionen und Frauen 4,6 Millionen pro 0,1 Milliliter Blut haben. Die roten Blutkörperchen sind für den Sauerstofftransport verantwortlich. Aus diesem Grund steigt der Anteil der roten Blutkörperchen am Gesamtblutvolumen unter Sauerstoffmangel an. Solch ein Sauerstoffmangel tritt zum Beispiel auf bei Menschen, die in großer Höhe leben. Leistungssportler nutzen diesen Effekt, indem sie ein Höhentraining absolvieren. Bei diesem Training in großer Höhe wird über die »dünne« Einatmungsluft weniger Sauerstoff aufgenommen. Um dies zu kompensieren, produziert der Organismus mehr rote Blutkörperchen und erreicht damit einen besseren Transport von Sauerstoff zu den Organen. Allerdings kann eine solche Erhöhung des Anteils der roten Blutkörperchen über eine kritische Größe hinaus auch gefährlich sein. In diesem Fall kommt es dann zu einer Eindickung des Blutes und der Gefahr der Gerinnselbildung.

Lunge

Der Austausch von Sauerstoff und Kohlendioxid zwischen dem Blut und der uns umgebenden Atmosphäre erfolgt durch die Lungen. Man unterscheidet in der rechten Lunge drei Lungenlappen und in der linken Lunge zwei. Die Luftröhre verzweigt sich über die Bronchien in alle Lungenabschnitte und endet schließlich in den Lungenbläschen, die wie Weintrauben an einem Stock an den Endausläufern der Bronchien hängen. Jedes dieser winzig kleinen Lungenbläschen (Alveolen) wird von einem Netz aus haarfeinen Gefäßen (Kapillaren) umsäumt. Der Austausch von Sauerstoff und Kohlendioxid zwischen der Atemluft und dem Blut erfolgt zwischen diesen winzigen Lungenbläschen (Durchmesser etwa 0,2 bis 0,3 Millimeter) und den Lungenkapillaren. Die Anzahl der Lungenbläschen wird auf ca. 300 Millionen geschätzt und ihre Gesamtoberfläche umfasst etwa 80 Quadratmeter. Durch die netzförmige Anordnung der kleinen Blutgefäße wird das strömende Blut über eine sehr große Oberfläche mit den Alveolen in Kontakt gebracht.

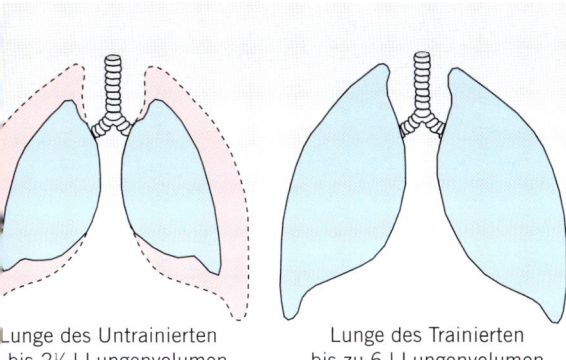

Lunge des Untrainierten
bis 2½ l Lungenvolumen

Lunge des Trainierten
bis zu 6 l Lungenvolumen

Während der Einatmung vergrößert sich der Brustraum im Querdurchmesser, indem die Zwischenrippenmuskeln die Rippen in eine mehr waagrechte Stellung bringen. Gleichzeitig zieht sich das kuppelförmig gewölbte Zwerchfell auf jeder Seite zusammen und vergrößert damit den inneren Brustraum in der Längsachse. Da die Lungen über das Brustfell fest mit der Brustwand verbunden sind, folgen sie den Bewegungen des Brustraums und es erfolgt eine erhebliche Vergrößerung des Lungenvolumens. Die Lungen füllen sich mit der Einatmungsluft. Bei ruhiger Atmung werden mit jedem Atemzug etwa 500 Kubikzentimeter Luft gewechselt. Nach tiefster Einatmung kann man 3500 bis 6000 Kubikzentimeter Luft ausatmen. Dieses Volumen bezeichnet man auch als die Vitalkapazität (VK = die Menge Luft, die nach maximaler Einatmung wieder ausgeatmet werden kann). Dieser Wert ist ein Maß für die Ausdehnungsfähigkeit von Lunge und Brustkorb. Einen Normalwert für die Vitalkapazität gibt es nicht, da sie von verschiedenen Parametern wie Alter, Geschlecht, Körpergröße, Körperposition und natürlich dem Trainingszustand abhängig ist. So nimmt zum Beispiel die Elastizität der Lunge und damit die Vitalkapazität nach dem 40. Lebensjahr stetig ab und die Werte für Frauen sind um etwa 25 Prozent kleiner als für Männer. Als Anhaltspunkt kann man die Vitalkapazität allerdings wie folgt bestimmen:

Vitalkapazität (Liter) = 2,5 x Körpergröße (Meter)

Für einen 1,80 Meter großen Mann ergibt sich somit eine Vitalkapazität von 4,5 Litern. Ausdauertrainierte Sportler haben eine erheblich größere Vitalkapazität als untrainierte Personen. Bei diesen

Das Lungenfassungsvermögen eines Ausdauersportlers beträgt im Vergleich zum Untrainierten etwa das Doppelte.

finden sich Werte bis zu 8 Litern. Die Lungen sind auch nach maximaler Ausatmung niemals luftleer, so dass immer 700 Kubikzentimeter als Restvolumen verbleiben. Wir atmen unter Ruhebedingungen etwa 14-mal pro Minute. Bei einem Atemzugvolumen von ca. 500 Millilitern ergibt sich damit ein Atemzeitvolumen von etwa 7 Litern pro Minute. Bei körperlicher Belastung steigt das Atemzeitvolumen durch den erhöhten Sauerstoffbedarf deutlich an und kann bei sehr starker Belastung Werte von 120 Litern pro Minute erreichen.

Auswirkungen von Walking auf den Organismus

Regelmäßiges Training, zum Beispiel durch Walking, führt zu umfassenden Veränderungen in Ihrem Körper.

Auf kein anderes Organ unseres Körpers hat regelmäßiges Walking einen so positiven Einfluss wie auf das Herz-Kreislauf-System. Am deutlichsten wird dies bei der Bestimmung des Ruhepulses. Trainierte Ausdauersportler haben einen Ruhepuls von 30 bis 50 Schlägen pro Minute und einen geringeren Anstieg der Pulsfrequenz unter Belastung. Warum kann das Herz durch entsprechendes Training langsamer schlagen, ohne dass das Herzminutenvolumen absinkt? Durch das Training wird das Herz größer (Sportlerherz). Das Gesamtvolumen des Herzens steigt von durchschnittlich 750 bis 850 Milliliter bis auf 950 bis 1200 Milliliter, so dass bei körperlicher Betätigung mehr Blut durch das Herz gefördert werden kann. Der Herzmuskel wirft dann mit jedem Schlag nicht nur etwa 70 Milliliter Blut aus, sondern je nach Größe des Herzens sogar bis zu 200 Milliliter. Gleichzeitig verbessert sich die Durchblutung des Herzmuskels durch neu einsprossende Gefäße. Dies erklärt beispielsweise, dass Extremausdauersportler wie Marathonläufer selbst bei hochgradigen, krankhaften Verengungen der großen Herzkranzarterien oft lange Zeit keine Herzbeschwerden verspüren, da die Durchblutung über diese kleinen Umgehungsgefäße lange Zeit sichergestellt wird.

Ganz entscheidend für jede Art der körperlichen Belastung ist die Transportkapazität des Blutes für Sauerstoff. Regelmäßiges Training führt zu einem Anstieg des Blutvolumens um mehr als einen Liter, so dass mehr Sauerstoffträger (rote Blutkörperchen) zur Verfügung stehen. Gleichzeitig erhöht sich die so genannte Pufferkapazität des Blutes, die Fähigkeit saure Stoffwechselprodukte zu neutralisieren. Dadurch können die Muskeln auch bei starker Übersäuerung noch längere Zeit belastet werden. Die Kalium- und Kalziumkonzentration im Blut ist bei ausdauertrainierten Menschen ebenfalls erhöht. Beide Substanzen sind für den Energiestoffwechsel und die Muskelkontraktion von Bedeutung. Das Atemminutenvolumen und die Lungenvitalkapazität (das Volumen, das nach tiefster Einatmung maximal wieder ausgeatmet werden kann) steigen an und die Anzahl der kleinsten Kapillargefäße, die die Lungenbläschen umspülen, vermehrt sich und die Atmungsfläche vergrößert sich. Die zu- und abführenden Gefäße zur Lunge weiten sich und die Aufnahme von Sauerstoff aus der Atemluft wird erleichtert. In Bezug auf den Kreislauf kommt es, ähnlich wie im Herzmuskel, auch in den Skelettmuskeln zu einer Neubildung von Gefäßen. Dadurch kann die Durchblutung der Muskeln wesentlich erhöht werden. Auch die Blutverteilung im Muskel wird verbessert, so dass sich Gefäße in Muskeln, die zeitweise untätig sind, zusammenziehen und das Blut in Muskelbereiche umgeleitet wird, die gerade aktiv sind.
All diese Auswirkungen sind nur durch regelmäßiges Training zu erzielen. Wenn Sie aber etwa durch Walking einige dieser Effekte an sich feststellen, werden Sie den Leistungszuwachs spüren und das Wohlgefühl der körperlichen und damit verbundenen geistigen Fitness genießen.

Anti-Aging
Dr. med. Harry Tschebiner

»Länger leben, später altern!« – so wird die Zielsetzung der Anti-Aging-Medizin heute verstanden. Dieser neue Zweig der Medizin steht für Lebensverlängerung und Vorbeugung gegen Krankheiten wie Krebs, Herzinfarkt, Schlaganfall, Osteoporose und Alzheimer-Demenz. Gleichzeitig gibt er uns

allen die Chance, auch bei fortschreitendem Alter unsere Vitalität und Lebensfreude zu behalten.

Anti-Aging (AA) versteht sich im Gegensatz zur klassischen Akut- und Reparaturmedizin als Vorsorgestrategie, welche die Ursachen des Alterungsprozesses untersucht und behandelt. Viele Menschen stellen etwa ab dem 40. Lebensjahr erste Auswirkungen des Alterns an sich fest, beispielsweise:
• Nachlassen der körperlichen und geistigen Leistungsfähigkeit
• Verminderung von Muskelmasse und Muskelkraft
• Veränderung der Körperproportionen
• Verminderter Antrieb
• Nachlassen von Libido und Potenz
• Verstärkter Haarausfall
• Vermehrte Faltenbildung

Wie und wie schnell wir altern, entscheidet zum einen die Veranlagung, zum anderen der Lebensstil. Auf unsere Gene haben wir keinen Einfluss, bisher zumindest. Unsere Art zu leben aber können wir verändern, wenn wir uns darüber klar werden, dass es sinnvoll ist und Vorteile bringt. Jeder weiß eigentlich, worum es geht und was für uns wichtig wäre. Aber nur wenige schaffen es, der täglichen Versuchung zu widerstehen und selbstständig, konsequent auf die Dinge zu achten, auf die es ankommt. Hier greift die Anti-Aging-Strategie. Sie basiert auf einer ausführlichen Diagnostik und der anschließenden konkreten Hilfestellung zur Erreichung der persönlich gesteckten Ziele. Wie weit die ärztliche Unterstützung geht, entscheiden Sie selbst. Das Anti-Aging-Konzept ruht auf drei Säulen, die uns dem Ziel von Gesundheit und Jugendlichkeit näher bringen sollen: einer umfassenden, individuell angepassten Lebensstilberatung, einer unterstützenden Nahrungsergänzung und dem gezielten Ausgleich hormoneller Dysbalancen.
In die AA-Sprechstunde kommen normalerweise zwei Gruppen von Patienten: Zur ersten gehören gesundheitsbewusste Menschen, denen es gut geht und die sich ihr Wohlbefinden weiter erhalten möchten. Sie wollen einen Check-Up, das heißt einen aktuellen Zustandsbericht über ihr körperli-

ches Befinden und konkrete Tipps, was sie noch für sich tun können. So zum Beispiel Frau Helene M. aus Starnberg, eine attraktive Mittvierzigerin, Geschäftsfrau, verheiratet, zwei Söhne, 14 und 17 Jahre alt. Sie fühlt sich relativ gut, ernährt sich bewusst gesund, geht einmal pro Woche ins Fitness-Studio, hat etwas Übergewicht. Ihre Mutter ist mit 65 Jahren an Brustkrebs erkrankt. Beim Check-Up findet sich kein speziell auffälliger Befund. Wegen der Gewichtsprobleme sollte das körperliche Training optimiert werden. Angestrebt wird Ausdauertraining von 30 Minuten, zwei- bis dreimal pro Woche (Joggen, Laufband, Radfahren o. Ä., natürlich pulsgesteuert), und wenn möglich noch 15 Minuten Krafttraining. Außerdem erhält sie Isoflavone (Soja) als Nahrungsergänzung zur Brustkrebsprophylaxe (auch regelmäßiger Sport wirkt krebshemmend!). Hormonell ist noch alles im Lot, deshalb ist keine Behandlung notwendig.

Zum anderen stellen sich Frauen und Männer vor, die unter mehr oder weniger starken Befindlichkeitsstörungen leiden, sich aber noch nicht wirklich krank fühlen. Hier noch ein Beispiel aus meiner Sprechstunde. Herr Werner S. aus München, 56 Jahre alt, geschieden. Unternehmer, gut aussehender Workaholic, isst und trinkt gern. Er treibt keinen Sport und hat 15 Kilogramm Übergewicht. Er ist abends oft kaputt, leidet unter gelegentlichen depressiven Verstimmungen, Libidoabnahme, Bluthochdruck. Er nimmt sehr unregelmäßig Medikamente. Bei der Diagnostik findet sich ein erhöhtes Cholesterin und Homocystein (Risikofaktoren für Gefäßverkalkung, Herzinfarkt, Schlaganfall) sowie auffällige Leberwerte. Außerdem zeigt sich das Hormon DHEA stark erniedrigt bei erhöhtem Cortisolspiegel. Die Fitnessanalyse zeigt eine eingeschränkte Belastbarkeit. Hier war eine radikale Änderung des Lebensstils notwendig, um ein Burnout-Syndrom zu verhindern. Durch einfühlsames Stressmanagement, kurzzeitige psychotherapeutische Unterstützung und einen Personal Trainer konnte dies mit Erfolg bewältigt werden, Herr S. ist heute 12 Kilogramm leichter, die Arbeit macht ihm wieder Spaß und eine neue Beziehung ist in Sicht. Die gezielte Gabe von DHEA sowie eine individuelle Nahrungsergänzung mit Antioxidantien, Vitaminen und Spurenelementen brachte zusätz-

> **In die Anti-Aging-Sprechstunde kommen gesundheitsbewusste Menschen, aber auch Frauen und Männer, die unter Befindlichkeitsstörungen leiden.**

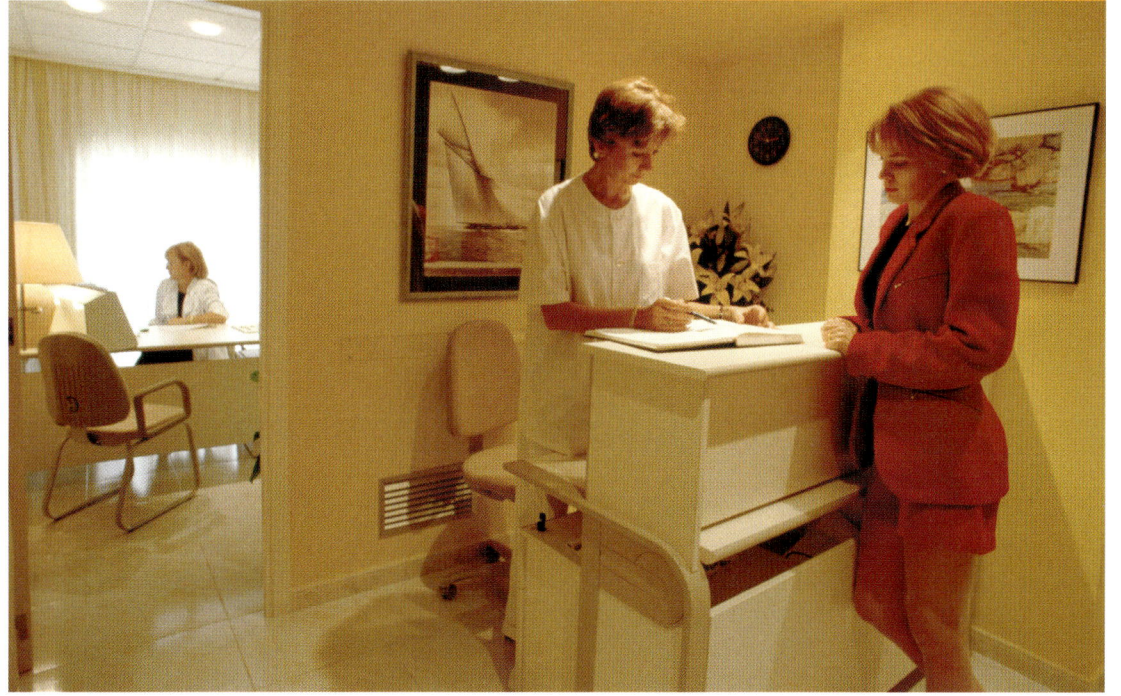

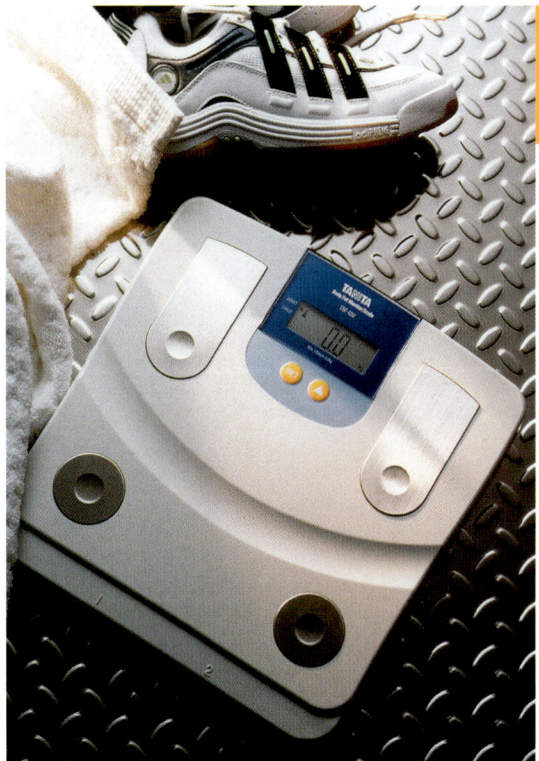

lich neue Energie und Lebensfreude. Um ein möglichst optimales »Health-Coaching« zu gewährleisten, ist zunächst eine umfassende Diagnostik notwendig. Dazu gehören:

- Ein ausführliches **Erstgespräch**, in dem Vorgeschichte, Lebensstil, aktuelle Beschwerden und persönliche Zielsetzung zur Sprache kommen.
- Eine **Basisuntersuchung** mit Messung von Blutdruck, Puls, Größe und Gewicht sowie einer Begutachtung der Haut.

Eine **Vitalitätsdiagnostik** mit Bestimmung des biologischen Alters schließt sich an und ist Grundlage einer individuellen Beratung und Behandlung. Anhand einer computergestützten Analyse werden verschiedene Biomarker unterschiedlicher Körpersysteme überprüft, wie zum Beispiel Hörvermögen, Sehkraft, Gedächtnis, Koordination, Reaktionsfähigkeit sowie Lungenfunktion und körperliche Belastbarkeit. Das Ergebnis gibt Auskunft, wie alt der Körper im Vergleich zum tatsächlichen Alter ist. Wichtig ist auch die Erkennung des Osteoporose-Risikos. Dies kann durch röntgendiagnostische Untersuchungen, aber auch mit einer strahlenfreien Ultraschall-Messung erfolgen. Allein in Deutschland leiden ca. 6 Millionen Menschen

unter Osteoporose, 80 Prozent davon sind Frauen. Durch frühzeitiges Erkennen einer erhöhten Knochenbrüchigkeit lassen sich rechtzeitig geeignete Maßnahmen einleiten, um Frakturen in höherem Alter zu vermeiden. Dazu gehört eine medikamentöse Therapie ebenso wie ein körperliches Training und eine angepasste Ernährung.

Die **Körperfettmessung** ist besser geeignet, die Körperzusammensetzung zu beurteilen als der Body-Mass-Index (siehe Seite 134) aus Größe und Gewicht, weil sich mit dem Älterwerden eher die Fettverteilung ändert als das Gewicht. Fortschritte kombinierter Ernährungs- und Trainingsprogramme zur Reduzierung des Körperfettes können damit exakt dokumentiert werden.

Eine eingehende **Ernährungsanalyse** und ein **Fitnesstest** schließen sich an. Sie dienen als Basis für die weitere Ernährungsberatung und das körperliche Trainingsprogramm. Die **Blutanalyse** ist ein zentraler Bestandteil der Anti-Aging-Diagnostik. Sie sollte umfassen: Ein internistisches Risikoprofil mit Blutbild, Leber- und Nierenwerten, Fettstoffwechsel- und Immunstatus sowie Entzündungszeichen, die Bestimmung der wichtigsten Tumormarker, den Oxidativen Status zur Erfassung der Belastung mit freien Radikalen und der dem Körper zur Verfügung stehenden Abwehr sowie eine sorgfältige Hormonanalyse, bei der u.a. Östrogene, Androgene, Cortisol, Schilddrüsenhormone und bei Bedarf auch das Wachstumshormon gemessen werden. So ist eine individuelle Behandlung möglich.

Die **Gen-Chip-Diagnostik** ist ein neu entstandener Zweig der Hightech-Medizin. Durch sie wird es in naher Zukunft möglich sein, durch eine Art »genetischen Fingerabdruck« das individuelle Risiko für bestimmte Erkrankungen wie Krebs, koronare Herzkrankheit, Diabetes oder Asthma abzuschätzen bzw. Wirkungen und Nebenwirkungen von Medikamenten vorherzusagen.

Wenn die Diagnostik abgeschlossen ist, werden alle Ergebnisse zusammengefasst und eine persönliche Anti-Aging-Strategie vorgeschlagen. Diese sollte beinhalten:

Ernährungsberatung

Wir bekommen durch unsere Ernährung nicht mehr alle Vitalstoffe, die wir brauchen in ausreichender Menge. Sei es aufgrund falscher Ernährungsgewohnheiten, sei es durch Umweltbelastungen oder Transport- und Lagerungsverluste: Viele wertvolle Stoffe gehen auf dem Weg zum Verbraucher verloren, bis zu 25 Prozent pro Tag. Eine individuelle Ernährungsberatung, bei der die Bedeutung vorteilhafter und schädlicher Ernährungs- und Genussmittelgewohnheiten erläutert wird, kann sehr hilfreich sein, wenn sie dem Lebensstil des Patienten Rechnung trägt und nicht Unmögliches verlangt.

Das Dinner-Cancelling-Konzept meines Kollegen Prof. Huber aus Wien bietet hier eine optimale Ergänzung. Der Verzicht auf das Abendessen führt zur nächtlichen Steigerung von lebensnotwendigen Reparaturmechanismen und zum Anstieg des Jungmacherhormons Melatonin und des Wachstumshormons. Zwei- bis dreimal pro Woche ab 17 Uhr nichts mehr zu essen, ist eine hervorragende Möglichkeit, ohne Einnahme von Medikamenten auf natürliche Art sein Leben zu verlängern. Dieser Effekt der Kalorienreduktion ist seit vielen Jahren bekannt. Dass dies eine echte Willensanstrengung bedeutet, will ich nicht verhehlen, aber es lohnt sich wirklich.

Fitnessberatung

Ein weiterer wichtiger Baustein ist die individuelle Anleitung zu altersentsprechender sportlicher Betätigung, das heißt Ausdauersport und Krafttraining. Ein auf die zeitlichen und körperlichen Möglichkeiten des Einzelnen abgestimmtes Programm dient dazu, eine körperliche und mentale Fitness zu erreichen, die für ein aktives und gesundes Leben notwendig ist. Körperliche Betätigung stärkt das Immunsystem, trainierte Muskeln entlasten Knochen und Gelenke, vor allem die Wirbelsäule. Ausdauersport wirkt sich positiv auf das Herz-Kreislauf-System aus. Sport kann Hormondysbalancen ausgleichen und Alterungsprozesse hinaus-

zögern. Wer mit Spaß regelmäßig trainiert, wird mit Stress besser fertig. Eine verbesserte körperliche Leistungsfähigkeit stärkt das Selbstvertrauen. Außerdem ist körperliches Training essenziell für die Reduzierung des Körperfettes bei Übergewicht und zur Osteoporosevorbeugung.

Hilfestellung beim persönlichen Stressmanagement

Chronischer Stress lässt uns schneller altern und führt auf Dauer zum Burnout-Syndrom! Es handelt sich dabei um eine ernst zu nehmende Krankheit, die sich auf alle Organsysteme auswirken kann. Vitalstoffmangel und hormonelle Störungen gehen Hand in Hand bei dieser chronischen Selbstüberforderung – eine häufige Diagnose in meiner Sprechstunde. Sie betrifft nicht nur Manager in großen Unternehmen, sondern auch Business- und Hausfrauen, die gleichzeitig als Mütter mehrerer Kinder von früh bis spät gefordert sind. Sie alle vollbringen Höchstleistungen, verlieren aber kein Wort darüber, als sei der permanente Druck pure Selbstverständlichkeit und ohne Bedeutung. Es

Lernen Sie mit Stress umzugehen. Schaffen Sie sich Freiräume, um sich zu entspannen und zu erholen.

werden neben einer medikamentösen Behandlung gemeinsam Wege gesucht, mit Stress besser bzw. anders umzugehen.

Nahrungsergänzung

Eine zusätzliche, individuell auf die Bedürfnisse abgestimmte Nahrungsergänzung ist für Menschen, die aktiv im Leben und häufiger unter Stress stehen sowie für ältere Menschen von großer Bedeutung. Bei vielen Stoffwechselprozessen entstehen freie Radikale, die in allen Körperzellen große Schäden anrichten oder diese sogar zerstören können. Normalerweise stehen dem Körper genügend antioxidative Systeme zur Verfügung, um diese Angriffe abzuwehren. Krankheit und das Altern lassen die Effektivität körpereigener Abwehrsysteme sinken, übertriebenes körperliches Training und chronischer Stress sowie Umweltbelastungen wie UV-Strahlung und Zigarettenrauch lassen vermehrt freie Radikale entstehen. Dies hat zur Folge, dass der Körper nicht mehr alle Reparaturen ausführen kann. Ein Teufelskreis beginnt: Verminderung des Wohlbefindens sowie der körperlichen und geistigen Leistungsfähigkeit, häufiges Auftreten von Infekten. Langfristig wird die Entstehung von Alterserkrankungen begünstigt. Ausreichende Zufuhr von Vitaminen, Antioxidantien und Spurenelementen kann Krankheiten verhindern und das Allgemeinbefinden erheblich verbessern, indem leere Speicher aufgefüllt und somit dem Körper wichtige Reparaturmechanismen wieder ermöglicht werden (siehe Seite 125 ff.).

Hormontherapie

Eine zentrale Säule der Anti-Aging-Strategie ist der Ausgleich von hormonellen Dysbalancen. Mit fortschreitendem Lebensalter lässt die Hormonproduktion nach.
Am stärksten fällt dies bei Frauen auf, die etwa im Alter von 50 Jahren relativ übergangslos ins Klimakterium rutschen. Aber auch Männer kommen in die Wechseljahre, schleichender, aber nicht weniger unangenehm sind die Begleiterscheinungen, die bei beiden Geschlechtern ähnlich sein können: Hitzewallungen, Schlafstörungen, Nervosität, Stimmungslabilität, Vergesslichkeit, Leistungsabfall, Abnahme des sexuellen Verlangens und der Potenz, Gelenkschmerzen – die Liste der möglichen Beschwerden ließe sich noch weiter fortführen. Frauen sprechen darüber, Männer nicht! Deshalb sind Männer im so genannten besten Alter auch das vernachlässigte Geschlecht. Es gibt viel nachzuholen, die Wissenschaft steht beim männlichen Klimakterium da, wo sie bei der Frau vor zehn Jahren stand. Große Anstrengungen werden im Augenblick unternommen, um die spezifischen Alterungsprozesse beim Mann zu erforschen und ihm eine adäquate Therapie zu ermöglichen. Was liegt nun näher, als die Beschwerden, die durch einen Hormonmangel entstanden sind, mit gezielten Gaben der fehlenden Hormone zu behandeln? Diese logische Konsequenz muss kritisch betrachtet werden. Bei der Zuckerkrankheit und der Schilddrüsenfunktionsstörung ist dies längst tägliche Praxis. Die Angst vor Nebenwirkungen, insbesondere vor Krebsauslösung, wird dennoch immer wieder angesprochen und muss ernst genommen werden. Ein seriöser Arzt wird in einem einfühlsamen Beratungsgespräch die Möglichkeiten und Vorteile einer Hormonbehandlung den möglichen individuellen Risiken gegenüberstellen. Nur so ist eine verantwortungsvolle Behandlung möglich. Meist überwiegen die positiven Einflüsse auf das Befinden und die Gesundheit im Vergleich zu den potenziellen Risiken. Fachliche Kompetenz des behandelnden Arztes und regelmäßige Laborkontrollen sind allerdings unverzichtbare Voraussetzungen bei der Hormonersatztherapie. Dabei geht es insbesondere um die Geschlechtshormone Östrogen und Testosteron, um die Wohlfühlhormone DHEA, Melatonin und das Wachstumshormon (HGH).
Die **Östrogentherapie** in den Wechseljahren der Frau ist heute eine etablierte, wenn auch immer wieder kontrovers diskutierte Behandlung. Verantwortungsvoll eingesetzt, hilft sie viele unangenehme Begleiterscheinungen des Klimakteriums zu beheben und mögliche Spätfolgen des Östrogenmangels wie Osteoporose, Alzheimer-Demenz und Darmkrebs zu verhindern. Auch beim Mann kann es zwischen 45 und 60 Jahren zu Beschwerden kommen, die den Symptomen der Wechseljahre bei der Frau ähnlich sind. Allerdings treten diese nicht schlagartig in Erscheinung, sondern eher schleichend über einen Zeitraum von Monaten bis Jahren. Dadurch wird deren Erkennung erschwert. Die Ursachen dieser Probleme können

vielfältig sein, doch häufig handelt es sich dabei um Zeichen einer nachlassenden Produktion von männlichen Hormonen – den Androgenen, insbesondere von **Testosteron**. Bei einer Behandlung mit Testosteron können diese hormonellen Ausfallserscheinungen und deren Folgen erfolgreich behandelt werden.

Zusätzlich zu diesen bekannten Wirkstoffen gibt es in der Anti-Aging-Medizin einige Hormone, durch deren Gabe beim nachgewiesenen Mangel eine Verbesserung der Lebensqualität und eine Verlangsamung von Alterungsprozessen erreicht werden kann. Drei der bedeutsamsten möchte ich Ihnen jetzt vorstellen: **DHEA**, das so genannte »Jungbrunnenhormon«, ist die »Mutter« vieler Hormone. Es stärkt das Immunsystem und kann die geistige Leistungsfähigkeit steigern. Als Gegenspieler des Stresshormons Cortisol schützt es bei ausreichend hohem Blutspiegel vor den Folgen übermäßiger Stressbelastung, welche uns schneller altern lässt. Die Produktion von DHEA lässt etwa ab dem 30. Lebensjahr nach und kann zu einer Beeinträchtigung des allgemeinen Wohlbefindens führen. Dies zeigt sich zum Beispiel durch gehäufte depressive Verstimmungen, abnehmende Vitalität und erhöhte Stressanfälligkeit. In meiner AA-Sprechstunde konnte ich oft beobachten, dass jenseits aller widersprüchlichen Studien in solchen Fällen eine adäquate Gabe von DHEA eine deutliche Verbesserung des subjektiven Lebensgefühls und der Stressbelastbarkeit zur Folge hatte.

Melatonin wird bei Dunkelheit ausgeschüttet und hat eine bremsende Wirkung auf viele Stoffwechselvorgänge, spart so Energie ein und schützt den Körper vor unnötigem Verschleiß. Mit zunehmendem Alter wird Melatonin vermindert freigesetzt. Der antioxidative Effekt als Radikalenfänger sowie der positive Einfluss auf echte Schlafstörungen sind heute gesicherte Erkenntnisse. Weder bei der Einnahme von Melatonin noch von DHEA fanden sich unter normalen therapeutischen Blutspiegeln wesentliche Nebenwirkungen oder eine vermehrte Tumorbildung.

Das **Wachstumshormon** oder auch HGH (Human Growth Hormone) fördert beim Erwachsenen den Aufbau von Muskeln, Knorpel und Knochen, baut Fett ab und ist an der Immunabwehr beteiligt. Im Kindesalter steuert dieses Hormon das Längenwachstum des Körpers. Erstaunliche Erfolge können bei Menschen mit altersbedingtem Leistungsabfall, schwacher Muskulatur, Osteoporose und vermehrtem Bauchfett erzielt werden. In den USA hat seit einigen Jahren ein regelrechter Run auf diese Behandlung eingesetzt. Da wir in Europa grundsätzlich etwas zurückhaltender auf neue Behandlungen reagieren, setzt sich hier zu Lande diese Therapie erst langsam und nur auf der Basis wissenschaftlich gesicherter Erkenntnisse durch, was durchaus zu begrüßen ist. Insbesondere bei den Hormonen, die erst in den letzten Jahren in das Blickfeld der Anti-Aging-Medizin geraten sind, haben entsprechende Langzeitstudien zwar keinerlei Hinweise für nachteilige Wirkungen ergeben, diese sind jedoch noch nicht abgeschlossen. Deshalb sollte die Einnahme solcher Hormone nur nach sorgfältiger Beratung, unter kompetenter ärztlicher Aufsicht und regelmäßiger Kontrolle der Blut-Hormonspiegel erfolgen. So ist eine risikoarme und erfolgreiche Behandlung gewährleistet. Bei besonderen Fragestellungen sollte eine enge Zusammenarbeit mit kompetenten Spezialisten erfolgen. Ein Personal Trainer kann für individuelle Trainingseinheiten zur Verfügung stehen.

Wenn es uns im Augenblick auch noch nicht gelingt, für immer jung zu bleiben, so können wir doch die biologische Uhr langsamer laufen lassen oder sie sogar um Jahre zurückdrehen. Es gibt heute für jeden verfügbare Möglichkeiten, mit vertretbarem Aufwand und geringem Risiko bis ins hohe Alter fit und gesund zu bleiben und sich durch eine vernünftige Lebensführung kombiniert mit kompetenter medizinischer Unterstützung seine Jugendlichkeit zu bewahren.

Richtig helfen bei Verletzungen

Sollten Sie sich trotz guter Technik, guter Vorbereitung und passender Ausrüstung eine Verletzung zugezogen haben, ist die Erstversorgung das Wichtigste, denn die ersten Stunden nach einem Sportunfall entscheiden maßgeblich über den Heilungserfolg. Die ersten Maßnahmen können Sie selbst nach der »P-E-C-H«-Formel ergreifen. »P« steht für Pause, »E« für Eis, also rasche Kühlung, »C« für Compression, also bandagieren zur Verhinderung von Schwellungen und »H« für Hochlagern ebenfalls zur Vermeidung von Schwellungen. Je schneller Sie die verletzte Stelle kühlen, desto geringer wird die Schwellung im betroffenen Gewebe ausfallen. Das ist bei möglichen Bruchverletzungen von großer Bedeutung, da eine chirurgische Versorgung erst nach Abschwellen der betroffenen Stelle möglich ist. Vermeiden Sie beim Kühlen möglichst den direkten Kontakt des Eises oder des Eispacks mit der Haut, legen Sie eine feuchte Kompresse dazwischen. Vorsicht auch mit Kältesprays, die niedrigen Temperaturen können Hautverletzungen zur Folge haben. Bewährt hat sich zerkleinertes Eis oder ein kurzes Eintauchen in Eiswasser. Im Leistungssport behandeln die Ärzte mittels Hot Ice. Das ist ein wässeriger Eisbrei mit einer Temperatur zwischen null und vier Grad Celsius. Bei der Eisbehandlung erreicht man, dass sich die Gefäße sofort zusammenziehen und somit einer allzu großen Schwellung vorgebeugt wird.

Dabei darf die Temperatur nicht zu niedrig sein, da der Körper nach einiger Zeit versucht das Gewebe über erweiterte Blutgefäße und eine verstärkte Durchblutung wieder aufzuwärmen. Und das birgt die Gefahr von Einblutungen ins Gewebe.

Hot Ice Packungen können Sie in jeder Apotheke kaufen, sie bestehen aus zwei getrennten Flüssigkeiten, die sich bei Druck miteinander vermischen und die ideale Temperatur in Sekundenschnelle erreichen.

Gelenkverletzungen

Kleine Ursache – große Wirkung. Ein kurzes Umknicken mit dem Fuß, ein heftiger Schmerz. Was kann das sein? Bänderriss, Bänderzerrung, Verstauchung, Kapselriss oder eine Knorpelverletzung? Auch eine Knochenabsplitterung ist möglich. Ein Umknicken mit dem Fuß erfolgt schnell und unkontrolliert, die Gelenkkapsel und Bänder werden überdehnt. Je nach Schweregrad können einzelne oder mehrere Bänder oder/und die Kapsel reißen. Stechende Schmerzen und eine Schwellung trotz Erster-Hilfe-Maßnahmen sind dringendes Signal sofort zum Arzt zu gehen. Lassen Sie sich nicht täuschen, auch bei komplett gerissenen Bändern kann schon kurz nach der Verletzung der Schmerz nachlassen. Wenn Sie dann weitertrainieren entsteht möglicherweise ein irreparabler Schaden.

Die Erstversorgung aller Kapsel-Band-Verletzungen erfolgt nach der PECH-Formel (Seite 55). Pause, Kühlen, Druckverband, Hochlagern. Vorher sollten Sie auf mögliche Hautverletzungen achten, diese desinfizieren und abdecken. Bewährt hat sich der Eis-Druckverband, der dem liegenden Patienten für ca. 20 Minuten angelegt wird. Dabei wird ein mittelgroßer Schwamm mit Eiswasser getränkt und mittels einer ebenfalls in Eiswasser getauchten Bandage fest vom vorderen Fuß bis zur Unterschenkelmitte gewickelt. Der Schwamm passt sich der verletzten Stelle an und verhindert so eine weitere Ausdehnung der Schwellung. Der Fuß wird

> Stechende Schmerzen und eine Schwellung trotz Erster-Hilfe-Maßnahmen sind dringende Signale sofort zum Arzt zu gehen.

»So schnell, wie die Füße tragen« – das kann manchmal auch leider zu einer Verletzung führen.

hoch gelagert und der Verband weiter von außen mit Eiswasser getränkt. Bitte benutzen Sie kein Eisspray, da keine Temperaturkontrolle möglich ist! Achtung! Nach etwa 20 Minuten muss der Druckverband für ca. fünf Minuten entfernt werden, damit die Durchblutung in der verletzten Region wieder verstärkt erfolgen kann. Bis zur Versorgung durch den Arzt sollten diese Verbände immer wieder angelegt werden. Wenn eine Versorgung mittels Hot-Ice oder Bandagen nicht möglich ist, soll der Verletzte Strumpf und Schuh anbehalten, damit sich die Schwellung nicht ungehindert ausbreiten kann. Auf jeden Fall den Fuß hoch lagern!

Knochenverletzungen

Oft ist das Schmerzempfinden bei einem Bruch weniger stark als bei einer Zerrung oder Prellung. Das liegt möglicherweise an einem Schockzustand, der den Schmerz erst verzögert zulässt. Sollten die Schmerzen heftiger werden und sich sogar eine leichte Übelkeit einstellen, kann dies auf eine Knochenverletzung hinweisen. Fast immer wird dieser Zustand von einer starken, rasch zunehmenden Schwellung begleitet. Die Erstversorgung erfolgt nur über eine möglichst stabile Stützkonstruktion. Auf keinen Fall dürfen Sie bei Verdacht auf Knochenbruch einen Druckverband anlegen! Ein sofortiger Arztbesuch ist unerlässlich!

Achillessehnenbeschwerden

Eine Schwachstelle wird auch als Achillesferse bezeichnet. Der Vergleich bezieht sich treffend auf unsere Achillessehne, die zwar die stärkste Sehne unseres Körpers ist, dafür aber ungeschützt liegt. Sie befindet sich dicht unter der Haut und wird nicht von Muskeln umhüllt. Verletzungen können durch Überlastung entstehen, zum Beispiel beim Tragen von zu weichen Laufschuhen. Durch zu große Zugspannung auf die Sehne kann es zu Reizungen oder Entzündungen kommen. Im schlimmsten Fall, unter extremer Belastung oder wenn sie bereits vorgeschädigt ist, kann die Achillessehne reißen. Das hört sich an wie ein Peit-

schenknall, der Fuß kann nicht mehr abrollen. Eine Operation ist unumgänglich.
Eine erste Maßnahme bei einsetzenden Achillessehnenschmerzen ist das Training einzustellen. Sie spüren den Schmerz beim Abrollen des Fußes, besonders morgens gleich nach dem Aufstehen. Die Schmerzen lassen zwar während der Bewegung nach, setzen aber nach erneuter Ruhe wieder ein. Bei einer Verletzung der Achillessehne sollte man sofort versuchen die einsetzende Schwellung und Entzündung in den Griff zu bekommen. Legen Sie für 20 Minuten einen Hot-Ice-Verband an. Den Verband nach fünf Minuten erneuern und die Behandlung drei- bis viermal wiederholen. Legen Sie über Nacht einen kühlenden Salbenverband an oder tragen Sie gekühlte Heilerde auf.

Knieverletzungen

Bei Schmerzen im Kniegelenk sollten Sie in jedem Fall einen Arzt aufsuchen. Dieses Gelenk ist so kompliziert aufgebaut, dass es des Fachmannes bedarf die Ursache der Schmerzen festzustellen. Betroffen können sein Kreuzbänder, Innen- und Außenbänder, Innen- und Außenmenisken, Gelenkkapsel, Gelenkknorpel oder die Kniescheibe und ihre Kniescheibensehne (Patellarsehne). Je nach Verletzung tritt der Schmerz im Gelenkinneren, im Bereich des Kapsel-Band-Apparates, an der Kniescheibe oder Kniekehle auf. Manchmal blockiert das Kniegelenk oder das Gefühl von Instabilität entsteht. Fast immer folgt eine Schwellung, die mit einem unangenehmen Druckgefühl im Gelenk einher geht. Bandverletzungen werden oft unterschätzt und manchmal erst Jahre später bei einer Folgeverletzung festgestellt. Als Erstversorgungsmaßnahme kühlen Sie das Gelenk mit einem Eis-Druckverband wie auf Seite 56 f. beschrieben. Halten Sie das verletzte Knie in schmerzfreier Stellung und strecken oder beugen Sie das Gelenk niemals gegen einen Widerstand! Achten sie darauf, dass der Verband nicht zu eng anliegt, damit der Gefäßfluss ungehindert stattfinden kann. Nach der Kühlung des Gelenkes werden Salbenverbände angelegt: Tragen Sie ca. zwei Millimeter dick Salbe auf das verletzte Gelenk auf, decken Sie mit angefeuchtetem Verbandsmull ab und umwickeln Sie das Knie mit leichtem Druck.

Muskelverletzungen

Muskelzerrungen

Eine Muskelzerrung hat wohl jeder von uns schon einmal erlitten. Nach einem unkontrollierten Schritt oder einer schnellen Bewegung spüren Sie einen ziehenden Schmerz meistens in der Wade oder am Oberschenkel. Bei der Muskelzerrung kann der Schmerz langsam entstehen. Man spürt ein Spannungsgefühl, das anfangs nicht genau zu lokalisieren ist. Im weiteren Verlauf treten krampfartige Schmerzen auf, die sich auch durch auflockernde Bewegungen nicht bessern. Kühlen Sie zunächst die betroffene Stelle ca. 20 Minuten. Bitte wenden Sie keine wärmenden Salben oder Wärme an. Kälte wirkt spannungslösend. Versuchen Sie im weiteren Verlauf den verletzten Muskel bis zu zehn Sekunden langsam und vorsichtig zu dehnen. Entspannen Sie ihn und wiederholen Sie die Dehnung bis zu zehnmal. Danach legen Sie bis zum nächsten Tag einen Salbenverband an. Als weitere Behandlung empfehle ich leichte Massagen im Verlauf der Muskelfasern. Nach vier bis fünf Tagen sollten Sie wieder schmerzfrei trainieren können. Lässt der Schmerz nicht nach, muss an einen Muskelfaserriss gedacht werden. In diesem Fall ist ein Besuch beim Arzt ratsam.

Muskelfaserrisse

Ein Muskelfaserriss kann durch ungenügendes Aufwärmen, Stoffwechselentgleisungen oder nicht ausgeheilte Verletzungen entstehen. Der Betroffene verspürt einen stechenden Akutschmerz, ähnlich einem Messerstich. Äußerlich ist bei einem Muskelfaserriss nichts zu erkennen. Reißt dagegen ein Muskelbündel, entsteht ein Bluterguss an der Verletzungsstelle. Auch wenn einzelne Fasern reißen, kommt es zu einer Gewebeblutung, die sofort mittels Druck und Kälte gestoppt werden muss. Spätestens zehn Minuten nach der Verletzung sollte für ca. 20 Minuten ein Eis-Druckverband angelegt werden.

Prinzipiell besteht bei der Therapie eines Muskelfaserrisses die Möglichkeit der operativen und der konservativen Therapie. Welche davon in Frage kommt, hängt vor allem vom Ausmaß der Verletzung ab. Der Arzt bestimmt die Therapieform.

Bei der konservativen Therapie kommen im Prinzip ähnliche Maßnahmen wie bei der Erstversorgung zum Einsatz. Das Ziel ist eine möglichst schnelle Abschwellung des Muskelgewebes sowie der Abbau von Hämatomen. Durch eine Ruhigstellung der Muskulatur sollen die verletzten Muskelfasern wieder selbstständig zusammenwachsen. In den ersten Tagen stehen die Schmerzlinderung und die Abschwellung im Vordergrund. Sie werden durch eine Hochlagerung der Extremität sowie durch immer wieder angelegte kühlende Verbände erreicht. Zusätzlich werden Salbenverbände und Medikamente mit abschwellenden und entzündungshemmenden Substanzen angewendet. Zur schnelleren Heilung tragen außerdem entlastende Verbände, Gehstützen und muskelentspannende Medikamente bei.

Ein operativer Eingriff ist dann notwendig, wenn der Faserriss größer ist als ein Drittel des betroffenen Muskelstrangquerschnitts. Dabei versucht der Chirurg die gerissenen Muskelfasern mit einer speziellen Nähtechnik wieder zusammenzunähen. Sind die Hämatome so groß, dass sie der Körper nicht selbstständig abbauen kann, müssen diese durch eine Operation entfernt werden.

Es hängt im entscheidenden Maß vom Grad der Muskelschädigung ab, wie lange es dauert, bis die Bewegungsfähigkeit wieder vollständig hergestellt ist. Sind nur einzelne Muskelfasern betroffen, kann nach drei Wochen mit aktiven Dehnübungen – bis zur Schmerzgrenze – begonnen werden.

Rückenschmerzen

Rückenschmerzen haben viele Ursachen und treten nicht nur in Folge von Verletzungen auf.

Gründe können Verschleißerscheinungen im Bereich der Wirbel, Wirbelgelenke und Bandscheiben sein sowie Fehlstellungen im Becken- und Wirbelsäulenbereich und Osteoporose. Weitere Ursachen sind Muskelschwächen oder -dysbalancen im Rücken-, Bauch- und Gesäßbereich. Aber auch Muskelverkürzungen oder Fehlstellungen zum Beispiel der Füße oder Knie verursachen Rückenschmerzen. Ein Hexenschuss entsteht zum Beispiel häufig durch eine extreme, plötzliche Drehbewegung, meistens bei gebeugtem Rücken. Der Betroffene kann sich nur mühsam mit Schmerzen bewegen und nimmt eine steife Schonhaltung ein, um weitere Schmerzen zu vermeiden. Grundsätzlich gilt: Bei Taubheitsgefühl, Muskelschwäche oder Lähmungserscheinungen im Bein oder Fuß sollten Sie sofort zum Arzt gehen!

In den meisten Fällen genügen schon einige Tage Ruhe. Am besten ist es, wenn Sie sich mit dem Rücken auf den Boden legen und sich die Unterschenkel auf einem Stuhl oder einigen übereinander gestapelten Kissen befinden. Hüfte und Kniegelenk sind im rechten Winkel gebeugt. In der Nacht klemmen Sie sich ein großes Kissen zwischen die Knie, wenn Sie auf der Seite liegen wollen. Auf jeden Fall sind warme Bäder und durchblutungsfördernde Mittel gut. Hier bietet sich das ABC-Pflaster an, wärmende Salben oder einfach die Verwendung der guten, alten Wärmflasche.

Das Training

Walking gehört zu den Sportarten, die ein sehr geringes Verletzungspotenzial aufweisen. Im Vergleich zu Ballsportarten passieren hier zehnmal weniger Unfälle und Verletzungen. Wenn es dennoch dazu kommt, liegt es meistens an falschem Ergeiz oder mangelhaft ausgeführter Technik. Um das zu verhindern, möchten wir Sie auf den folgenden Seiten mit den Grundlagen des Walkingtrainings vertraut machen.

Lassen Sie Ihrem Körper Zeit sich an die neue Belastung zu gewöhnen. Wenn Sie jahrelang keinen Sport getrieben haben, müssen Sie sich in den ersten Wochen mit kleinen Erfolgserlebnissen zufrieden geben. Rund 50 Prozent aller Sportanfänger geben ihr Trainingsprogramm bereits nach vier bis sechs Wochen wieder auf. Sie überfordern sich und verlieren die Lust.

Es ist am Anfang besonders wichtig, nicht zu übertreiben. Walken Sie lieber öfter pro Woche eine kürzere Dauer, zum Beispiel dreimal 15 Minuten, als zweimal 45 Minuten, die Sie nur unter großer Anstrengung überstehen. Wenn Sie sich bei den ersten Walking-Ausflügen überanstrengen, verlieren Sie leicht die Motivation und das bedeutet auf längere Sicht Frust statt Lust. Nach einem anstrengenden Training braucht der Körper erst einmal eine Atempause. Hören Sie in sich hinein, versuchen Sie die ersten Signale einer Überbelastung rechtzeitig zu erkennen. Fühlen Sie sich müde und abgeschlagen? Sind die Beine schwer und schmerzen die Muskeln? Gehen Sie mit gemäßigtem Tempo weiter. Gönnen Sie Ihrem Körper nach der Abkühlphase die Regeneration, Ihrer Muskulatur ein ausgedehntes Stretching-Programm, und

belohnen Sie sich mit einem herrlich kühlen Schluck aus der Wasserflasche. Walking soll in erster Linie Spaß machen. Die Lust müssen Sie mitbringen, der Rest ergibt sich fast von selbst.

Energiebereitstellung und Stoffwechsel

Bevor Sie richtig loslegen, sollten Sie noch einige wichtige Grundlagen zum Thema Stoffwechsel wissen. Beginnen wir mit einem Schlagwort: der Fettverbrennung. Viele Missverständnisse und falsche Interpretationen sind eng verbunden mit diesem Begriff. Nur die wenigsten wissen, worum es sich bei der Fettverbrennung handelt. Es geht dabei um einen der wichtigsten Prozesse in unserem Körper. Leider wissen wir oft genauer über die Funktion unseres Autos oder Computers Bescheid als über die Funktion unseres Körpers mit seinen Kreisläufen. Was verlangt Ihr Körper und was kann Ihr Körper leisten? Wie lange und in welchem Tempo müssen Sie trainieren? Was haben Sie sich vorgenommen? Wollen Sie wieder fit werden, wollen Sie

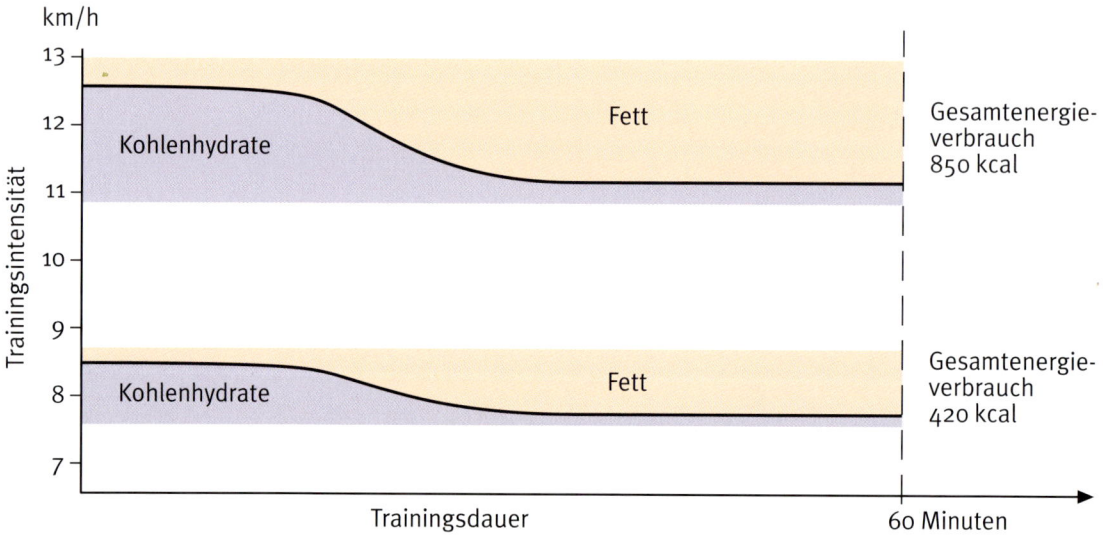

Ihr Herz-Kreislauf-System stärken oder wollen Sie abnehmen? Es ist ein Trugschluss zu glauben, dass Sie durch schnelles Gehen oder Laufen sofort Ihre Fettpölsterchen loswerden. Am Anfang jeder körperlichen Belastung verbraucht der Körper mehr Kohlenhydrate als Fett. Das Verhältnis von der Kohlenhydrat- zur Fettverbrennung liegt anfangs etwa bei 90 Prozent zu zehn Prozent. Nach einer halben Stunde beträgt dieses Verhältnis schon ca. 50 Prozent zu 50 Prozent. Länger andauernde Belastungen können sogar noch günstigere Relationen zwischen der Kohlenhydrat- und Fettverbrennung bewirken.

Wie der Bär im Winterschlaf

Zu Zeiten unserer Urväter war die kontinuierliche Nahrungszufuhr bei weitem nicht in dem Ausmaß gewährleistet wie heute. Zu essen gab es immer dann, wenn zum Beispiel ein Stück Wild erlegt war. Dann wurde viel gegessen, um Reserven für magere Zeiten anzulegen. Im Tierreich ist das in extremer Form bei so genannten Winterschläfern ausgeprägt, die sich so viele Fettreserven anfuttern, dass sie den ganzen Winter ohne Nahrungsaufnahme auskommen. Hungert der Mensch längere Zeit (zum Beispiel bei Fastenkuren), wird der

Stoffwechsel sich das merken und bei der nächsten Nahrungszufuhr als Erstes die Fettdepots auffüllen, um für die nächste Hungerperiode vorbereitet zu sein. Die meisten Diäten enden damit, dass derjenige nach kurzer Zeit mehr wiegt als zuvor. Das wird Jojo-Effekt genannt. Die sinnvollste Methode der dauerhaften Gewichtsreduktion besteht in einer grundsätzlichen Ernährungsumstellung in Verbindung mit gezielter körperlicher Betätigung.

Fett verbrennen!

Für die richtige Trainingsintensität gilt Folgendes: Ihr Belastungspuls sollte unterhalb Ihrer individuellen anaeroben Schwelle liegen, also im aeroben Bereich. Der Begriff »aerob« kommt aus dem Griechischen und bedeutet »mit Luft«, gemeint ist Sauerstoff. Nur in diesem Bereich greift der Körper vorwiegend auf die Fettreserven zu. Die wirksamste

Trainingszone nennt man demnach auch den aeroben Bereich. Im anaeroben Bereich werden nahezu ausschließlich Kohlenhydrate mobilisiert, weil diese schneller und einfacher zur Verfügung stehen. Das bedeutet, wenn Sie mit Walking abnehmen wollen, müssen Sie mäßig und regelmäßig trainieren. Nicht zu schnell und nicht zu kurz, lautet die Devise. Nur die ruhige Gangart schont Gelenke und Knochen und Sie verbrennen Fett.

Und noch ein wichtiger Tipp

Essen Sie nicht während des Trainings, wenn Sie abnehmen wollen. Sie brauchen keine Angst davor zu haben, dass Ihre Leistungsfähigkeit nachlässt, weil Ihnen der Nachschub fehlt. Oft berichten Menschen, die Heilfasten, dass Sie während dieser Zeit körperlich besonders leistungsfähig sind. Bei Ihnen ist der Stoffwechsel auf Energiemobilisation aus den vorhandenen Depots umgestellt. Wenn Sie während der Belastung einen Müsliriegel essen, nehmen Sie große Mengen an Kohlehydraten auf, was wiederum zur Blockade der Fettmobilisation führt. Der Stoffwechsel blockiert den Fettabbau und verbraucht erst die zugeführte Glucose. Der Schritt zurück zur Fettverbrennung ist sehr mühsam und dauert einige Zeit.

Die Energiequellen Fett und Kohlehydrate

Unserem Körper stehen also zwei Energiequellen zur Verfügung: Kohlehydrate und Fette. Beide werden belastungsabhängig in unterschiedlichem Mischungsverhältnis abgerufen. Immer wieder hört man verschiedene Theorien darüber, ab welcher Trainingsdauer Fett verbrannt wird. Viele sagen, dass bei mäßigem Ausdauertraining nach etwa einer halben Stunde Fett verbrannt wird. Das stimmt nur zum Teil. Tatsächlich verändert sich das Verhältnis der Verbrennung von Kohlenhydraten zu Fetten von Trainingsbeginn an von Minute zu Minute. Die Fettverbrennung erfolgt von Anfang an, um jedoch eine größere Menge Fett zu verbrennen, sollte man zwischen einer halben Stunde und einer Stunde unterwegs sein.

Laktat – was ist das?

Wenn Sie im anaeroben bzw. sauerstoffarmen Bereich trainieren, entsteht als Nebenprodukt Laktat (Milchsäure). Bleiben Sie im anaeroben Bereich,

INFO: Sportler-Latein

- **Aerob:** mit Sauerstoff
- **Anaerob:** ohne Sauerstoff
- **Anaerobe Schwelle:** Intensitätsbereich, bei dessen Überschreitung die Milchsäurekonzentration im Muskel stark ansteigt, da nicht mehr genug Sauerstoff vorhanden ist
- **Enzym:** Ferment, spezialisierte Eiweiße, die Stoffwechselvorgänge ermöglichen, lenken oder beschleunigen
- **Glucose:** Traubenzucker
- **Glycogen:** tierische Stärke, in der Leber und den Muskeln aufgebautes speicherungsfähiges, energiereiches Kohlenhydrat
- **Glykolyse:** Energiegewinnung aus Kohlenhydraten
- **Laktat:** Salz der Milchsäure
- **Lipolyse:** Energiegewinnung aus Fetten in den Mitochondrien (Zellkraftwerke des Organismus)
- **Milchsäure:** Zwischenprodukt der Energiegewinnung aus Kohlenhydraten unter Sauerstoffmangel im Zellplasma
- **Maximale Sauerstoffaufnahme:** Sauerstoffmenge, die maximal über die Lunge aufgenommen werden kann
- **Sauerstoffschuld:** Sauerstoffmenge, die zum Abbau der Milchsäure benötigt wird, die nach intensiver anaerober Belastung entstanden ist

entstehen immer größere Mengen Laktat, da die Muskulatur über Lunge und Kreislauf nicht mehr genügend mit Sauerstoff versorgt wird. Die Muskulatur wird übersäuert und der Stoffwechsel stagniert. Mit der Laktatmessung wird Sportlern die Möglichkeit geboten die Milchsäurekonzentration im Blut zu kontrollieren. Diese Messmethode ist ideal, um einen individuell auf den Sportler abgestimmten Trainingsplan zu erarbeiten und ihn gleichzeitig vor Überforderung zu schützen. Sie eignet sich besonders gut dazu, die anaerobe Schwelle festzustellen und mehrere Belastungsstufen zu ermitteln (Laktatstufentest). Hierzu ermittelt man über die Blutuntersuchung an der jeweiligen Belastungsschwelle den zugehörigen Pulswert, das sind im Normalfall ca. vier Millimol pro Liter. Dieser anaerobe Schwellenwert sollte während des Trainings nicht überschritten werden. Bei der Laktatmessung wird dem Sportler unmittelbar nach der Belastung ein Tropfen Blut aus dem Ohrläppchen oder Finger entnommen. Der Walker sollte ausgeruht sein, vorher vernünftig gegessen und getrunken haben, auf keinen Fall schon einen halben Tag trainiert oder gerade eine Abmagerungskur hinter sich haben. Auch die Einnahme von Vitamin C kann die Laktatwerte verfälschen.

Die Maßeinheit für die Laktatwerte im Blut ist Millimol pro Liter Blut (mmol/l). Bei Walkern liegen die angestrebten Laktat-Grenzwerte unter vier, besser um zwei mmol/l. Das sind optimale Fettverbrennungswerte. Wenn der Laktattest ordnungsgemäß durchgeführt worden ist, können Sie Ihr Training ca. ein Jahr an diesen Wert anpassen. Trotzdem ist es immer noch Ihr Körpergefühl, das Ihnen sagt, ob Ihr Training sinnvoll ist. Wenn die Gelenke trotz niedriger Pulsfrequenz und geringen Laktatwerten schmerzen, ist auf jeden Fall eine Pause sinnvoll. Zusammenfassend kann man sagen, dass ein Ausdauertraining, das möglichst gut Fett verbrennen soll, nach folgenden Regeln gestaltet werden muss:

- Es sollte nicht zu intensiv sein, das heißt ca. 20 Pulsschläge unter der optimalen Frequenz beim Herz-Kreislauf-Training.
- Es muss lange genug andauern, ab einer halben Stunde aufwärts.
- Es muss mit gleichmäßiger Intensität erfolgen.

Somit ist Walking unter anderem auch ein fantastisches Fettverbrennungsprogramm!

Reine Gefühlssache

Die richtige Intensität entscheidet über Erfolg und Misserfolg eines Trainings. Grundsätzlich geht uns allen ein großer Teil unseres Körpergefühls verloren, wenn wir nicht ein Leben lang im Training, das heißt in Bewegung, bleiben. Viele Einsteiger oder Anfänger machen den Fehler zu schnell, zu anstrengend oder zu eintönig zu trainieren. Wer sportmedizinisch korrekt trainieren will, muss die Definitionen und Zusammenhänge von Ruhe-, Maximal-

und Trainingspuls kennen. Doch für den Anfang genügt eine einfache Regel: Walken Sie entspannt ohne zu verkrampfen und so, dass Sie sich mit Ihrem Partner unterhalten können ohne in Atemnot zu geraten. Gerade am Anfang sollten Sie während des Walkens öfter Ihren Puls messen. Wenn Sie mit der Hand messen, müssen Sie kurz anhalten, denn beim Gehen ist es schwierig den Puls zu ertasten und dabei zu zählen. Wenn Ihr Pulswert zu hoch ist, drosseln Sie das Tempo. Bei einem zu niedrigen Wert legen Sie einen Schritt zu.

Der Puls kann Ihnen also wichtige Daten zur Kontrolle Ihres Trainingserfolges liefern.

Richtig Puls messen

Das Pulsmessen am Handgelenk, das auch die Ärzte praktizieren, ist die einfachste Methode. Sie messen mit den Fingerkuppen an Ihrer Halsschlagader oder an der Handgelenkinnenseite. Probieren Sie es gleich einmal aus! Legen Sie Zeige- und Ringfingerkuppe der rechten Hand auf die Schlagader an der Innenseite des linken Handgelenks, genau unter den Daumenballen. Wenn Sie nun einen leichten Druck auf diese Stelle ausüben, spüren Sie ein leichtes Pochen, das ist Ihr Pulsschlag. Nehmen Sie nicht den Daumen zum Messen, der hat seinen eigenen Puls. Zählen Sie fünfzehn Sekunden lang die Schläge und multiplizieren Sie diese mit vier. Kontrollieren Sie am Anfang alle zehn Minuten. Das ist zuerst lästig, macht Sie aber schnell sicher im Pulsmessen.

Wem diese Messmethode zu ungenau ist, der sollte sich seine ideale Trainingsfrequenz von einer Pulsuhr errechnen lassen. Bei der einfachsten Ausführung drückt man mit dem Finger auf die Sensortaste der Uhr und nach zehn Sekunden erscheint der aktuelle Pulswert auf dem Display. Hier misst das Gerät direkt am Handgelenk. Noch genauer sind Herzfrequenz-Messgeräte mit Uhr und Brustgurt. Sie legen den Gurt mit eingebautem Sender um die Brust an. Der Sender misst den Herzschlag und überträgt die Daten zur Uhr am Handgelenk. Das Display zeigt den Pulswert an. Bei manchen Uhren informiert Sie ein Signalton, wenn Sie zu schnell oder zu langsam trainieren. Und dann gibt es noch die Hightech-Messgeräte. Das sind kleine Minicomputer, die auch als Uhr getragen werden können. Sie geben zuerst Ihre

Trainingsdaten ein, ein Kontrollsystem ermittelt dann je nach Tagesform Ihren Soll-Puls und speichert und kontrolliert die Daten über einen längeren Zeitraum.

Der Ruhepuls

Der Ruhepuls eines Untrainierten liegt bei ca. 60 bis 80 Schlägen pro Minute. Bei Ausdauersportlern sinkt er auf 40 bis 50 Schläge pro Minute. Hier hat sich das Training positiv auf das Herz-Kreislauf-System ausgewirkt. Leistungssportler erreichen Ruhepulswerte von ca. 30 Schlägen pro Minute. Hier spielt das vergrößerte Herz (bis zu 500 Gramm) eine Rolle.

Der Trainingspuls

Errechnen Sie nun für eine optimale Belastung Ihren Trainingspuls. Wie für alles andere gibt es auch hier eine einfache Formel. Merken Sie sich:

Trainingspuls =
180 – Lebensalter (+/– 10 Schläge).

Ein Dreißigjähriger sollte also mit einem Pulswert von 140 bis 160 Schlägen pro Minute walken. Aber auch Formeln sollten nicht zu streng genommen werden, es sind immer Abweichungen möglich. Gut trainierte 40-jährige Walker, um beim Beispiel zu bleiben, können sich mitunter bei einem Puls von über 160 noch locker mit Ihrem Walkingpartner unterhalten.

Die maximale Herzfrequenz

Der Wert der maximalen Herzfrequenz (MHF) oder des Maximalpulses entspricht der Häufigkeit, mit der sich das Herz innerhalb von einer Minute zusammenziehen kann. Mit der folgenden Formel können Sie Ihre persönliche Maximale Herzfrequenz ermitteln:

Maximale Herzfrequenz = 220 – Lebensalter

Diese Formel wird auch »Altersangepasste Formel« genannt, die erhaltenen Werte bieten Ihnen eine Orientierungsmöglichkeit. Individuelle Besonderheiten müssen auch in diesem Fall wieder berücksichtigt werden.

Bei einem 40-Jährigen beträgt der Maximalpuls also etwa 180.

Wenn Sie sich gesund und fit fühlen, können Sie zur Bestimmung Ihrer maximalen Herzfrequenz den folgenden Test durchführen. Im Zweifelsfall sollten Sie sich auf alle Fälle von Ihrem Hausarzt beraten lassen.

Suchen Sie sich für diesen Test ein hügeliges Gelände. Wärmen Sie sich zunächst einige Minuten auf und walken Sie anschließend 10 Minuten in schnellem Tempo. Gehen Sie so schnell wie möglich bergauf, bis Sie vollkommen außer Atem sind. Messen Sie nun Ihren Puls, er hat jetzt fast seine Höchstgrenze erreicht

Wenn Sie den Test beendet haben, gehen Sie im gemäßigten Tempo weiter, lockern und dehnen Sie Ihre Muskeln.

Das Pulsmessen am Handgelenk ist eine einfache Methode, sie erfordert aber ein bisschen Übung und Geschicklichkeit.

Every breath you take!

Zu atmen bedeutet zu leben. Wir atmen automatisch und deshalb schenken wir unserer Atmung viel zu wenig Aufmerksamkeit. Der Körper kann wochenlang ohne Essen auskommen, ohne zu trinken einige Tage. Ohne Sauerstoff aber sterben unsere Gehirnzellen schon nach wenigen Minuten. Richtiges Atmen stärkt den Körper und erhöht unsere Denkleistung. Auch die Belastung beim Sport beschleunigt unsere Atmung. Wir verbrauchen mehr Sauerstoff, atmen tiefer und schneller. In einer Minute atmet der Mensch ca. acht Liter ein und wieder aus. Körperliche Anstrengung kann die Kapazität auf bis zu 100 Liter pro Minute erhöhen. Davon gelangen aber nur rund fünf Prozent in den Zellstoffwechsel. Wenn Sie Ihre Lungen zum kräftigen und tiefen Atmen trainieren, können Sie größere Mengen an Luft aufnehmen und damit mehr Sauerstoff in die Zellen bringen. Außerdem wird die Lunge besser belüftet und das ist zur Vermeidung von Erkältungs- und Atemwegserkrankungen besonders wichtig.

Was passiert beim Atmen?

Damit Sie sich vorstellen können, was bei der Atmung geschieht, unternehmen wir eine kleine Reise mit unserer Atemluft. Mit der Einatmung strömt sauerstoffreiche Luft durch die oberen Atemwege, durch Nasenhöhlen, Mundhöhle, Rachen über den Kehlkopf zu den unteren Atemwegen, der Luftröhre, den Bronchien und der Lunge mit den beiden Lungenflügeln. In den unzählig vielen kleinen Lungenbläschen, aus denen das Lungengewebe besteht, findet der Gasaustausch statt. Durch ihre dünnen Wände mit feinsten Blutgefäßen tritt der gasförmige Sauerstoff ins Blut über, das ihn zu allen Zellen unseres Körpers transportiert. Dort findet die Umwandlung von Sauerstoff in Energie statt, die wir für alle Stoffwechselvorgänge in unserem Körper brauchen. Dabei enstehen Abfallprodukte, gasförmige

Schlackenstoffe. Unter anderen ist das Kohlendioxid, das der Körper wieder ausscheiden muss. Kohlendioxid wird vom Blut in die Lungenbläschen transportiert und von dort über die Atmung ausgeschieden. Der Atmungskreislauf beginnt von vorne.

Haltung bewahren!

Richtig atmen ist so einfach.
Passen Sie Ihren Atem der jeweiligen Belastung an. Beim Walking richten Sie sich nach dem Rhythmus Ihrer Schritte.
– Atmen Sie tief und gleichmäßig alle vier Schritte ein und auch alle vier Schritte wieder aus.
Wenn Sie das Tempo steigern, atmen Sie alle drei Schritte ein und wieder aus.
– Atmen Sie die Luft durch die Nase ein und durch den Mund wieder aus. Die Nase reinigt, wärmt und befeuchtet die Atemluft, bevor sie in die Atemwege gelangt.
Wird es anstrengender, schalten Sie sowieso auf Mundatmung um. Sollten Sie einmal in Atemnot

Nur eine aufrechte und entspannte Haltung ermöglicht die richtige Atmung.

geraten, verlangsamen Sie Ihr Tempo und »trudeln« langsam aus, bis Sie sich erholt haben. Jeder von uns hat schon einmal Seitenstechen gehabt. Dafür gibt es zwei Ursachen. Eine Erklärung ist, dass sich das Zwerchfell verkrampft und Seitenstiche verursacht. Ein anderer Grund ist ein Sauerstoffmangel der Leber.
– Gehen Sie langsamer und neigen Sie den Oberkörper nach vorne, doch Vorsicht! Fallen Sie nicht!
– Bleiben Sie stehen und atmen Sie einige Atemzüge tief ein.
Nur eine aufrechte Körperhaltung ermöglicht es uns tief durchzuatmen. Unsere Atmungsorgane haben dadurch Platz zum Arbeiten. Wenn Sie Schwierigkeiten mit der Atmung haben, sollten Sie Ihre Haltung überprüfen. Fallen vielleicht die Schultern nach vorne, ist der obere Rücken gebeugt oder der ganze Rückenbereich rund? Wenn Sie dreimal mit »Ja« geantwortet haben, sollten Sie etwas unternehmen. Und zwar die aufrechte Körperhaltung trainieren. Heben Sie Ihren Brustkorb an. Sie merken, wie sich automatisch die Schultern nach hinten bewegen. Stellen Sie sich nun vor, an beiden Schulterblättern hängt ein Gewicht, das diese nach unten zieht. Um dafür ein Gefühl zu bekommen, ziehen Sie ein einige Male die Schultern zu den Ohren und lassen sie wieder fallen. Lassen Sie aber dabei nicht Ihren Bauch nach vorne fallen. Spannen Sie ihn an und schon spüren Sie, wie Spannung in den Oberkörper kommt. Jetzt atmen Sie langsam und nach Ihrem Rhythmus tief ein und wieder aus. Verfallen Sie nicht in ein Hecheln, vermeiden Sie die flache, schnelle Atmung. Lassen Sie sich auch zum Atmen Zeit.

Richtig atmen kann man üben!
Die folgenden Übungen machen Ihnen den Atmungsablauf, der ja automatisch vor sich geht, fühlbar bewusst.

Übung 1

Stellen Sie sich aufrecht hin, lassen Sie Ihre Schultern locker hängen. Legen Sie Ihre Hände übereinander auf das Brustbein. Atmen Sie vorbereitend aus. Jetzt atmen Sie ein. Stellen Sie sich vor, wie der größte Teil der Atemluft zu den Lungenspitzen, in Richtung Schlüsselbein, fließt. Der Brustkorb dehnt sich, die Hände bewegen sich mit nach oben. Die Schultern bleiben dabei gesenkt und bewegen sich nicht mit. Atmen Sie durch die Nase aus. Spüren Sie, wie sich der Oberkörper senkt. Atmen Sie zunächst sechsmal ein und aus, erhöhen Sie die Anzahl der Wiederholungen langsam auf zehn.

Übung 2

Stellen Sie sich wieder aufrecht hin, die Schultern sinken entspannt nach unten. Atmen Sie vorbereitend aus. Atmen Sie ein. Lassen Sie die einströmende Luft zunächst in den unteren Teil der Lunge strömen und dann weiter die ganzen Lungen auffüllen. Der Bauch hebt sich, die Flanken und der obere Brustkorb weiten sich. Jetzt atmen Sie aus und entspannen dabei die Atemmuskeln. Die Atemhilfsmuskulatur liegt zwischen den Rippen und öffnet und senkt den Brustkorb, um Platz für die mit Atemluft gefüllte Lunge zu schaffen und die verbrauchte Luft wieder ausströmen zu lassen. Vermeiden Sie bei dieser Übung jede Anstrengung, verspannen Sie sich nicht. Der Atem sollte im Laufe der Übung immer tiefer und gleichmäßiger werden. Beginnen Sie mit sechs Atemzügen und erhöhen Sie die Anzahl der Wiederholungen langsam auf zehn.

Übung 3

Legen Sie sich für das Üben der Zwerchfellatmung auf den Rücken. Legen Sie die rechte Hand auf den Brustkorb, die linke auf den Bauchnabel. Atmen Sie zunächst aus. Atmen Sie ein und lassen Sie die Luft tief in die Lungen strömen. Dabei senkt sich das Zwerchfell in den Bauchraum. Sie spüren, wie sich die Bauchdecke unter der linken Hand hebt.
Drücken Sie, wenn nötig, mit der rechten Hand gegen den Brustkorb, damit er sich nicht weitet. Atmen Sie durch die Nase aus. Drücken Sie dabei sanft auf die Bauchdecke.

Atmen Sie etwa zwölfmal ein und aus. Legen Sie dann die linke Hand auf den Brustkorb und die rechte auf den Bauchnabel. Führen Sie die Übung weitere zwölfmal aus.

Die aktive Phase

Was bedeutet »Richtig trainieren?« Bestandteile einer Trainingseinheit sind die richtige Aufwärmung (Warm-up), der Hauptteil, eine ausgiebige Abkühlphase (Cool-down) und die Regeneration durch Dehnen (Stretching). Sicher haben Sie schon einmal Höchstleistungssportler vor und während eines Wettkampfes beobachtet. Sie starten auch nicht kalt in den 100-Meter-Lauf oder zum Hochsprung. Eine langsame und lange Erwärmung bereitet ihren Körper erst auf die Anstrengung vor und ermöglicht ihnen danach die geforderte Leistung. Mit einer aufgewärmten Muskulatur können Sie wirkungsvoller trainieren, die Bewegungsabläufe werden fließender. Gerade wir »Normalsportler« brauchen diese Vorbereitung, da wir oft keinem regelmäßigen Trainingsrhythmus folgen können.
Es sind nur einige Minuten, die wir aufbringen müssen, aber die zahlen sich aus. Durch ein sorgfältiges Aufwärmprogramm verringern wir die Verletzungsgefahr.
Auch das Abkühlen und die Regeneration werden immer noch stark vernachlässigt. Und gerade diese Trainingsphasen sind wichtig für Ihren Erfolg. Wer das Dehnen nach dem Training vernachlässigt, muss mit Muskelproblemen rechnen. Die angestrengte Muskulatur wird nicht mehr in ihren Normalzustand zurückversetzt, verkürzt und bringt schlimmstenfalls das gesamte Muskel- und Knochengefüge aus der Balance. Das Abkühlen und Dehnen verbessert die Regeneration der beanspruchten Muskulatur.
Ein optimales, ganzheitliches Trainingsprogramm besteht also immer aus:
• Aufwärmen (Warm-up)
• Krafttraining
• Ausdauerprogramm
• Abkühlen (Cool-down)
• Dehnen, Regeneration

Warm-up – Schonendes Aufwärmen

Sie wissen nun Bescheid: Gleichgültig wie lange oder wie kurz Sie trainieren wollen, an einer gründlichen Aufwärmung werden Sie keinesfalls vorbeikommen.

Generell sollte das Warm-up einen ähnlichen Bewegungsablauf aufweisen wie die Sportart, die Sie anschließend betreiben wollen. Legen Sie besonderen Wert auf die im Hauptteil beanspruchte Muskulatur.

In unserem Fall »walken« Sie sich die ersten Minuten in mäßigem Tempo erst einmal warm. Während des Aufwärmens wird die Durchblutung angekurbelt, Ihre Muskeln werden vermehrt versorgt und der Stoffwechsel kommt in Schwung.

Setzen Sie die Technik bewusst ein und rollen Sie die Füße vom Ballen bis zur Ferse ab. Lassen Sie die Arme ganz locker mitschwingen.

Kraftübungen – eine sinnvolle Trainingsergänzung

Sie wollen walken und keine Gewichte stemmen, sagen Sie. Keine Sorge! Das müssen Sie auch nicht. Sie können Ihre Muskulatur auch ohne Gewichte kräftigen und im Rahmen einer sinnvollen Übungsreihe trainieren. Haben Sie manchmal Nackenverspannungen und daraus resultierend Kopfschmerzen? Oder plagen Sie Rückenschmerzen? Das kann an einer über- oder unterforderten Muskulatur liegen. Der eine Muskel (Agonist) ist zu kräftig, im Gegensatz dazu ist sein Muskelpartner (Antagonist) zu schwach. Es entsteht eine

muskuläre Dysbalance. Oft ist zum Beispiel die Bauch- oder Rückenmuskulatur unterentwickelt. Diese Muskelgruppen müssen unseren gesamten Becken- und Wirbelsäulenbereich stützen und schützen. Besteht eine Dysbalance zwischen beiden Muskelgruppen, kommt es zu Verspannungen im Rückenbereich, später zu schmerzhaften Bewegungseinschränkungen und schlimmstenfalls zu Bandscheibenschäden.

Besonders die Wirbelsäule ist auf ein ausgeglichenes Verhältnis aller anhängenden Muskeln angewiesen. Ein sinnvolles Krafttraining dient dem Muskelerhalt und schützt die Gelenke vor Überbelastung. Die folgenden Übungen sollten sie jeden zweiten Tag durchführen. Wiederholen Sie die Übungen je nach Trainingszustand wie angegeben. Fortgeschrittene können zwei bis drei Serien ausführen. Ein müder Muskel kann keine saubere Arbeit leisten. Setzen Sie sich kleine Zwischenziele, die Sie leicht erreichen können und Sie werden den Spaß an der Anstrengung behalten.

Stützen Sie sich mit schulterbreit geöffneten und leicht gebeugten Armen auf. Spannen Sie die Rumpf- und Gesäßmuskulatur an, beugen Sie Ihre Arme. Halten Sie diese Position ca. 20 Sekunden (Foto unten). Danach kommen Sie in die Ausgangsposition zurück, verharren einige Sekunden und wiederholen die Übung etwa zehnmal. Diese Übung lässt sich auch gut an liegenden Baumstämmen, Treppen oder Parkbänken ausführen.

Oben links und rechts: Sie stehen auf einem Bein. Legen Sie den Fußrücken des anderen Beines auf eine Bank oder einen ähnlichen etwa kniehohen stabilen Gegenstand. Beugen und strecken Sie langsam Ihr Standbein. Der Beugewinkel sollte etwas größer als 90 Grad sein. Achtung! Schieben Sie das Knie beim Beugen nicht nach vorne. Der Fuß des Standbeines bleibt am Boden, der Rücken ist aufrecht und gerade. Wiederholen Sie die Übung beidseitig je 20-mal.

Unten links: Führen Sie mit dem linken Bein einen großen Schritt nach hinten aus, dabei berührt die Ferse nicht den Boden. Beugen und strecken Sie die Beine. Der Oberkörper bleibt aufrecht und das rechte Knie befindet sich hinter der Fußspitze. Wechseln Sie nach 20 Wiederholungen die Seite.

Rechts oben: Legen Sie sich auf den Rücken. Die Beine sind gebeugt, die Fußspitzen zeigen nach oben und die Fersen drücken leicht in den Boden. Stützen Sie Ihren Nacken mit den Händen, öffnen Sie die Ellbogen und richten Sie Ihren Blick nach oben. Heben Sie nun Ihre Schultern vom Boden ab und halten Sie die Position ca. zehn Sekunden. Die Lendenwirbelsäule bleibt während der Übung am Boden. Senken Sie den Oberkörper, ohne ihn wieder abzulegen. Führen Sie etwa 20 Wiederholungen aus.

Rechts unten: Gehen Sie in den Vierfüßlerstand und strecken Sie den linken Arm und das rechte Bein horizontal aus. Spannen Sie die Rumpf- und Gesäßmuskulatur an und halten Sie diese Position ca. 20 Sekunden. Wechseln Sie nach etwa zehn Wiederholungen bitte die Seite.

Dehnübungen und Entspannung

Vor kurzem traf ich einen Freund, der mir ganz krumm entgegenkam. Er erzählte mir stolz von seinem 2½-Stunden-Lauf am Tag vorher und betonte, dass das ja wohl eine grandiose Leistung wäre nach einem Jahr Sportpause, sozusagen ein Start von Null auf Hundert. »Toll!«, habe ich gesagt, »Warum kannst du dann jetzt nicht mehr laufen?« »Ich bin gleich nach Hause und habe mich auf die Couch gelegt«, war die Antwort. Ich fragte ihn nun ziemlich mitleidlos, ob er schon einmal etwas von Stretching gehört hätte. Ja, schon, aber das sei immer so lästig, wenn man schon fertig sei mit dem Training, sich noch einmal hinzustellen und irgendwelche »Verrenkungen« machen zu müssen. Mittlerweile konnte ich ihn eines Besseren belehren, aus den »Verrenkungen« wurde ein sinnvolles Stretchingprogramm und die Muskel- und Gelenkschmerzen sind verschwunden. Wenn Sie Ihre Muskulatur richtig trainieren wollen, müssen Sie einen großen Teil Ihrer Trainingszeit dem Stretching oder Dehnen einräumen. Das Verhältnis der Übungen zur Schulung der Kraft und Ausdauer zum Stretching sollte mindestens 2:1 sein. Die einzelnen Muskeln werden zwischen 15 und 90 Sekunden gedehnt. Stretching ist eine Wohltat für die Muskulatur. Die Muskelfasern werden wieder in ihre ursprüngliche Länge gebracht.

Fehlstellungen der Gelenke, verursacht durch muskuläre Dysbalancen, können positiv beeinflusst werden. Stretching fördert die Durchblutung und Regenerationsfähigkeit der Muskulatur. Ihre Flexibilität wächst und somit wird auch die Verletzungsanfälligkeit gemindert.

So ist's richtig!

- Beginnen Sie mit einem kleinen Dehnprogramm vor dem Aufwärmen – einfach kurz recken und strecken, die Beinmuskulatur ausschütteln und dann geht's los!
- Nehmen Sie sich bitte ausreichend Zeit für das große Dehnprogramm nach dem Walken, wenn die Muskulatur noch warm ist. Ihre Muskulatur hat viel gearbeitet, ist müde und angespannt. Jetzt hat sie sich nicht nur Ruhe, sondern auch Entspannung verdient.
- Gehen Sie langsam und kontrolliert in die Dehnung, bis ein Ziehen, aber kein Schmerz, im gedehnten Muskel zu spüren ist.

• Dehnen Sie ohne Wippen in vollkommener Ruhe. Arbeiten Sie seitengleich und wiederholen Sie die Dehnung, wenn Sie das Gefühl der Schwere im Muskel noch spüren.
• Achten Sie auf kontrollierte Bewegungen und saubere Technik. Finden Sie zu gleichmäßigem Atmen und innerer Ruhe.

Links oben: Legen Sie Ihren rechten Fuß auf eine Bank oder eine andere Erhöhung. Das Bein ist leicht gebeugt, der Fuß entspannt. Der Oberkörper bleibt aufrecht, neigt sich aber nach vorne. Gleichzeitig schieben Sie den Po zurück, bis Sie an der rechten Beinrückseite ein Ziehen spüren. Halten Sie die Position 15 bis 20 Sekunden und wechseln Sie die Seite.

Links unten: Suchen Sie sich einen Gegenstand, an dem Sie sicheren Halt finden. Sie stehen auf dem rechten Bein und umfassen das linke Bein am Fußgelenk. Das Standbein ist leicht gebeugt, der Oberkörper aufrecht. Führen Sie nun den linken Oberschenkel nach hinten, bis Sie ein Ziehen in der Oberschenkelvorderseite spüren. Lassen Sie Abstand zwischen der Ferse und dem Po, sonst wird die Kniebelastung zu groß. Bleiben Sie stabil in der Körpermitte und vermeiden Sie ein Hohlkreuz. Wechseln Sie nach 15 bis 20 Sekunden die Seite.

Rechts: Sie stehen in gegrätschter Position, das rechte Bein ist gebeugt, das Knie steht über dem Fuß. Die Hände stützen auf dem Oberschenkel ab, der Rücken ist gerade. Das linke Bein ist gestreckt und der Fuß zeigt leicht nach außen. Schieben Sie nun das Becken sanft nach rechts, bis Sie in der linken Beininnenseite ein Ziehen spüren. Die Position 15 bis 20 Sekunden halten und dann die Seite wechseln.

Unten: Stützen Sie sich an einer Bank, einem Baum oder einem anderen stabilen Gegenstand ab und stellen Sie das linke Bein gestreckt nach hinten. Die Fußspitze zeigt nach vorne. Das rechte Bein ist leicht gebeugt, das Knie steht über dem Fuß. Verlagern Sie nun das Gewicht auf das vordere Bein und ziehen Sie die linke Ferse sanft zum Boden. Sie spüren die Dehnung in der Wadenmuskulatur bis zur Achillessehne. Halten Sie die Dehnung 15 bis 20 Sekunden und wechseln Sie die Seite.

Oben links: Sie stehen stabil mit leicht gebeugten Beinen. Führen Sie das rechte Bein über das linke und setzen Sie die Fußspitze in Höhe der Ferse des linken Beines auf. Beide Beine berühren sich. Wenn Sie sich in dieser Position unsicher fühlen, halten Sie sich an einem Baum fest. Achten Sie auf den geraden Oberkörper. Nun beugen Sie Ihr linkes Bein gegen das rechte Bein, lassen Sie aber die linke Fußspitze nach hinten gebogen am Boden stehen. Ihre Zehen rollen im Schuh nach innen und Sie spüren, wie die Dehnung über den Fußrist in die Schienbeinmuskulatur zieht. Diese Position 25 bis 20 Sekunden halten und dann die Seite wechseln.

Oben rechts: Ebenfalls zur Dehnung der vorderen Schienbeinmuskulatur ist folgende Alternative: Machen Sie einen kleinen Schritt nach vorne und legen Sie den hinteren Fuß auf die Fußspitze. Drücken Sie den Fußrist nach unten und schieben Sie das Knie nach vorne.

Unten rechts: Suchen Sie sich einen Gegenstand, an dem sie sicheren Halt finden wie zum Beispiel

eine Bank. Beugen Sie beide Beine und legen Sie den rechten Fuß auf den linken Oberschenkel. Schieben Sie nun den Po zurück, bis Sie ein Ziehen in der rechten Gesäßhälfte spüren. Der Oberkörper bleibt dabei aufrecht. Halten Sie die Dehnung 15 bis 20 Sekunden und wechseln Sie dann die Seite.

Oben links: Setzen Sie sich auf eine Bank oder einen ähnlich hohen stabilen Gegenstand und legen Sie das rechte Bein über den linken Oberschenkel. Mit dem linken Arm ziehen Sie das Bein in Richtung Schulter. Bleiben Sie dabei aufrecht. Sie spüren die Dehnung in der Gesäßmuskulatur.

Rechts: Stellen Sie sich mit leicht gebeugten Knien und aufrechtem Oberkörper hin. Der Nacken und die Schultern sind entspannt. Verschränken Sie die Hände hinter dem Rücken, die Arme bleiben leicht gebeugt. Ziehen Sie nun die Arme und Schultern nach unten. Dabei bilden der Kopf und der Rücken eine Linie, Ihr Brustbein strebt nach oben. Halten Sie die Schulterdehnung 15 bis 20 Sekunden.

Sie nehmen die gleiche Grundposition ein wie bei der Schulterdehnung. Auch die Arme sind hinter dem Rücken verschränkt. Heben Sie nun die Arme nach hinten an, bleiben Sie aber mit dem Oberkörper aufrecht. Denken Sie an eine ruhige, gleichmäßige Atmung. Bleiben Sie 15 bis 20 Sekunden in der Position.

Tipp

Regenerieren und Erholen

Am Ende Ihres Walks sollten Sie sich trotz der Anstrengung fit und wohl fühlen. Dieser Wunsch verleitet aber oft dazu auf den letzten Metern noch einmal das Tempo zu erhöhen, um dann erschöpft und zufrieden das Training zu beenden. Machen Sie nicht diesen Fehler. Pendeln Sie ganz langsam die letzten Minuten aus. Vergessen Sie vor allen Dingen nicht zu dehnen. Trinken Sie ausgiebig und langsam. Wenn Sie die Möglichkeit haben, sollten Sie in die Sauna oder in ein Dampfbad gehen. Auch das Baden in der Badewanne entspannt. Jetzt haben Sie sich Ruhe verdient, genießen Sie sie!

Alles nach Plan!

Wenn Sie schon seit einigen Monaten walken, wäre es jetzt sinnvoll Leistung und Anstrengung zu koordinieren und sich einen Trainingsplan auszuarbeiten.

Im Folgenden sehen Sie Vorschläge, wie ein variables Walkingtraining gestaltet werden kann. Suchen Sie sich ein Programm aus, das Ihren Bedürfnissen entspricht und vergessen Sie nicht langsam anzufangen!

Überlegen Sie zuerst, wann Sie Zeit haben zu trainieren ohne in Hetze zu geraten. Das ist ein wichtiger Punkt, denn wenn Sie erfolgreich sein wollen, müssen Sie auf regelmäßige Trainingszeiten achten. Als Berufstätige(r) haben Sie möglicherweise während der Woche nicht so viel Zeit. Wenn kein Abend für das Training frei ist, sollten Sie Ihr Programm für das Wochenende ausarbeiten. Am besten wäre es jedoch, wenn Sie einen Abend in der Woche Zeit hätten und am Wochenende eine zusätzliche Trainingseinheit absolvieren könnten. Haben Sie dennoch einmal gar keine Zeit, verschieben Sie Ihr Training auf den nächsten Tag. Der flexible Trainingsplan enthält verschiedene Walkingzeiten bei unterschiedlicher Belastung. Sie haben die Möglichkeit, variabel zu trainieren und das bedeutet auch, dass keine Langeweile entsteht. Um später eine Erfolgskontrolle durchführen zu können, sollten mit einem Test beginnen. Das Nationale Gesundheitsinstitut in Tampere/Finnland hat dazu einen Walking-Test entwickelt, der in Deutschland von Professor Bös modifiziert wurde. Mit diesem Test können Sie ihre aktuelle Leistungsfähigkeit im Ausdauerbereich überprüfen und sich die Grundlage für ihre zukünftige Trainingsgestaltung schaffen. Um den Walking-Test durchzuführen, müssen Sie gesund sein. Sie sollten also keine Herz-Kreislauf-Beschwerden, akute Infektionen oder Probleme mit Ihrem Bewegungsapparat haben. Lassen Sie sich vorher von einem Arzt untersuchen, wenn Sie zu den Senioren zählen oder sich körperlich nicht wohl fühlen. Suchen Sie sich eine zwei Kilometer lange, flache Strecke aus. Wenn Sie die Möglichkeit haben in einem Sportstadion zu trainieren, walken Sie auf der 400-Meter-Bahn. Gehen Sie die Strecke so schnell wie

Durchschnittszeiten (in Minuten) und Streuungsbreite

Alter	Männer			Frauen		
	unterdurch-schnittlich	durch-schnittlich	überdurch-schnittlich	unterdurch-schnittlich	durch-schnittlich	überdurch-schnittlich
ab 20	> 15:15	15:15–13:45	< 13:45	> 17:15	17:15–15:45	< 15:45
ab 25	> 15:30	15:30–14:00	< 14:00	> 17:22	17:22–15:52	< 15:52
ab 30	> 15:45	15:45–14:15	< 14:15	> 17:30	17:30–16:00	< 16:00
ab 35	> 16:00	16:00–14:30	< 14:30	> 17:37	17:37–16:07	< 16:07
ab 40	> 16:15	16:15–14:45	< 14:45	> 17:45	17:45–16:15	< 16:15
ab 45	> 16:30	16:30–15:00	< 15:00	> 17:52	17:52–16:22	< 16:22
ab 50	> 16:45	16:45–15:15	< 15:15	> 18:00	18:00–16:30	< 16:30
ab 55	> 17:00	17:00–15:30	< 15:30	> 18:07	18:07–16:37	< 16:37
ab 60	> 17:15	17:15–15:45	< 15:45	> 18:15	18:15–16:45	< 16:45
ab 65	> 17:45	17:45–16:15	< 16:15	> 18:30	18:30–17:00	< 17:00
ab 70	> 18:15	18:15–16:45	< 16:45	> 18:45	18:45–17:15	< 17:15

möglich. Vergleichen Sie Ihre benötigte Zeit mit den Angaben in der Tabelle. Nun können Sie Ihre derzeitige Leistungsfähigkeit ablesen. Um zu überprüfen, ob Sie sich auch richtig belastet haben, sehen Sie in die nebenstehende Puls-Tabelle. Hier suchen Sie wieder Ihr Alter und vergleichen in der Pulsspalte Ihren Pulswert mit dem vorgegebenen Wert in der Tabelle. Sollte Ihre Herzfrequenz höher sein als 80 bis 90 Prozent des Maximalpulses (220 minus Lebensalter), war die Belastung bei diesem Test für Sie zu groß.

Mit dem Ergebnis Ihres Walking-Tests können Sie sich nun Ihren persönlichen Trainingsplan erstellen. Die unten stehende Tabelle zeigt Ihnen eine

Alter	Optimaler Testpuls (80 bis 95 % des Maximalpulses)	Maximalpuls (220 minus Lebensalter)
20	160–190	200
25	165–185	195
30	152–181	190
35	148–176	185
40	144–171	180
45	140–166	175
50	136–162	170
55	132–157	165
60	128–152	160
65	124–147	155
70	120–143	150

Anfänger

	1.–4. Woche	5.–8. Woche	9.–12. Woche
Trainingsherzfrequenz	60 bis 70 % der MHF	60 bis 70 % der MHF	60 bis 70 % der MHF
Zeit pro Trainingseinheit	15 bis 20 Minuten	20 bis 30 Minuten	30 bis 45 Minuten
Anzahl der Trainingseinheiten pro Woche	2	2 bis 3	2 bis 3
Charakteristik des Trainings	Gemütliches Training in einer langsamen Geschwindigkeit. Es geht hauptsächlich darum, das Tempo über einen bestimmten Zeitraum durchzuhalten.		

Fortgeschrittene

	1.–4. Woche	5.–8. Woche	9.–12. Woche
Trainingsherzfrequenz	70 bis 85 % der MHF	70 bis 85 % der MHF	70 bis 85 % der MHF
Zeit pro Trainingseinheit	20 bis 30 Minuten	30 bis 45 Minuten	45 bis 60 Minuten
Anzahl der Trainingseinheiten pro Woche	2 bis 3	3	3
Charakteristik des Trainings	Langsames bis zügiges Training mit mäßigem bis anstrengendem Tempo. Miteinander zu sprechen ist aber noch möglich.		

Leistung, wenn er nicht überfordert wird. Wenn Sie morgens leicht aufstehen und ihr Arbeitstag nicht allzu früh beginnt, sollten Sie versuchen Ihr Training an den Tagesanfang zu legen. Eine Walkingrunde in morgendlicher Ruhe ist wohltuend und bringt Ihrem Körper den Energieschub für einen guten Tagesbeginn. Sind Sie aber eher ein Morgenmuffel und brauchen erst eine Anlaufzeit, um richtig in Schwung zu kommen, sollten Sie abends trainieren

Wetter und Gelände

Wenn Sie die Möglichkeit haben, gehen Sie hinaus in die Natur. Es gibt nichts Schöneres als in frischer Luft und Ruhe seine Runden zu drehen. Walken Sie mit all Ihren Sinnen, genießen Sie die Farben und Düfte der Natur.

Walken können Sie immer und überall. Sie sind weder an Ort noch an Zeit gebunden. Das ist das Schöne daran. Auch wenn Sie beruflich viel unterwegs sind, eine geeignete Walkingstrecke finden Sie überall. Der Jogging-Boom hat dazu geführt, dass sogar schon manche Hotels Pläne für nahe liegende Laufstrecken bereithalten und auf Wunsch einen Personal Trainer als Mit-Walker vermitteln.

Suchen Sie sich die Walkingstrecke nach Ihrem Leistungsvermögen aus. Je bergiger die Strecke ist, desto anstrengender wird das Training. Wollen Sie in einer bestimmten Geschwindigkeit gehen, ist eine Trainingseinheit in hügeligem Gelände anstrengender als auf flachen Feldwegen. Wenn Sie Wald und Wiesen nicht vor ihrer Haustüre haben, gibt es vielleicht einen Park in ihrer Nähe oder Sie nutzen das Wochenende für einen Walking-Ausflug ins Grüne. Sorgen Sie für Abwechslung, gehen Sie nicht tagaus tagein dieselbe Runde.

Als Beginner walken Sie am besten auf flachen, ebenen Wegen. Hier können Sie sich an die Lauf- und Atemtechnik gewöhnen und finden auch das richtige Tempo. Ideal sind weiche Feld- und Waldwege. Schotter und Kies eignen sich weniger als Untergrund, weil das Walken darauf Koordination erfordert und anstrengend ist. Auf asphaltierten

Trainingsempfehlung für mehrere Wochen. Nach etwa zwölf Wochen sollten Sie den Test wiederholen und mit großer Wahrscheinlichkeit wird dann auch ein Erfolg sichtbar sein.

Rhythmus und Zeit

Egal, ob Sie ein Morgenmensch oder ein Nachtschwärmer sind, ein bestimmter Rhythmus bestimmt unser Leben. Wir atmen in einem bestimmten Rhythmus, auch wach sein und Schlafen folgen dem Rhythmus des Körpers.

Wir sind vielen Zwängen unterworfen, die uns unsere Umwelt vorgibt. Aber unsere Freizeit können wir so gestalten, wie wir es uns vorstellen. Und selbst da folgen wir einem uns angenehmen Rhythmus des Lebens.

Auch unser Training sollte einem losen Rhythmus folgen. Der Körper stellt sich schnell auf eine regelmäßige Belastung ein und bringt die geforderte

Egal, ob Sie joggen oder walken, bei schlechtem Wetter können Sie auf dem Laufband die Kondition trainieren.

Straßen oder Wegen geht es sich zwar leichter, auf die Dauer belastet es aber, selbst mit gut gedämpften Schuhen, Gelenke und Wirbelsäule. Gehören Sie schon zu den Fortgeschrittenen, verstärken Sie einfach das Tempo und gehen längere Strecken. Wege, die ein Gefälle aufweisen, sind nur etwas für erfahrene Walker. Steigungen in schnellem Tempo hoch zu walken ist anstrengend und erfordert eine gute Technik. Walking-Stöcke sind für dieses Hügeltraining eine gute Hilfe, denn Sie müssen ja auch wieder hinunter walken und da federn die Stöcke einen großen Teil Ihres Körpergewichtes ab. Ihre Kniegelenke werden dadurch geschont. Walking mit Stöcken heißt auch Nordic-Walking. Mehr dazu erfahren Sie auf Seite 103.

Bei schlechtem Wetter können Sie natürlich auch im Fitness-Studio walken. Sie werden es vielleicht nicht glauben, auf der Stelle zu gehen, ist fast genauso effektiv wie Outdoor-Walking. Lassen Sie sich das Gerät von Ihrem Trainer erklären, wenn Sie das erste Mal ein Laufband benutzen. Am Anfang ist es ungewohnt, wenn der Boden unter den Füßen wegrutscht, manchmal kann man sogar etwas aus dem Gleichgewicht geraten. Halten Sie sich an den Handgriffen fest, wenn Sie noch unsicher sind. Gut ist, dass Sie Walkinggeschwindigkeit, Strecke und Kalorienbedarf kontrollieren und variieren können. Bei manchen Geräten lässt sich sogar die Lauffläche schräg stellen, um damit einen Auf- oder Abstieg zu simulieren.

Walking ist eine Sportart, die jedem Wetter trotzt. Mit der richtigen Ausrüstungen sind Sie wetterunabhängig. Dennoch sollten Sie an besonders heißen Tagen auf einige kleine Regeln achten. Das ist besonders wichtig, wenn die Ozonwerte hoch

sind. In Kombination mit der Hitze fühlen wir uns sonst abgeschlagen und müde. An solchen Tagen sollte man etwas sanfter trainieren. Achten Sie auf eine ausreichende Aufnahme von Flüssigkeit. Walken Sie am Morgen oder am Abend und bevorzugen Sie schattige Wege.

Das ist Walking!

»Gehen kann doch jeder!«, das stimmt und stimmt auch wieder nicht. Viele Menschen können laufen oder schwimmen. Nur wenige aber machen es richtig. Auch beim Walking entscheidet die richtige Technik über den Erfolg unseres Trainings. Im Gegensatz zum Spazierengehen oder Wandern erfolgt das Walken in einer korrekten Haltung mit weichen und fließenden Bewegungen. Mit den Informationen des folgenden Kapitels können Sie Ihre persönliche optimale Technik finden oder verbessern.

Mit der richtigen Technik verbessern Sie das Zusammenspiel Ihrer Muskeln und Gelenke, Sie setzen Ihre Kraft und Energie sinnvoll ein. Den Unterschied zwischen Walking und dem normalen Gehen werden Sie bald spüren. Jeder ist schon einmal schnellen Schrittes kurz vor Ladenschluss zum Einkaufen geeilt. Da sind Sie einige Minuten schneller als sonst unterwegs und das bringt Sie möglicherweise aus der Puste. Jetzt gehen Sie aber in flottem Tempo 20 Minuten oder gar eine Stunde und da sieht die Sache schon ganz anders aus. Die Walking-Technik unterscheidet sich vom normalen Gehen durch möglichst exakte Bewegungsabläufe und die Konzentration auf eine saubere Ausführung. Der Armeinsatz und die saubere, runde Schritt-Technik müssen geübt werden. Auch die richtige Intensität ist von entscheidender Bedeutung. Dabei spielt das Körpergefühl eine wichtige Rolle. Leider ist vielen Menschen das natürliche Maß für lockere und entspannte Bewegungen verloren gegangen. Meist wird zu hart oder zu einseitig trainiert oder das Trainingstempo zu schnell gesteigert. Deshalb ist die Wahrnehmung des eigenen Körpers von großer Bedeutung und dazu müssen Sie sich Zeit nehmen.

Walken Sie los!

Die optimale Körperhaltung

- Stellen Sie sich entspannt und aufrecht hin. Die Fußspitzen zeigen nach vorne und die Knie sind leicht gebeugt.
- Der Kopf ist die Verlängerung der Wirbelsäule. Stellen Sie sich vor, wie bei einer Marionette zieht ein Faden Ihren Kopf nach oben. Ihr Blick geht geradeaus, so können Sie sehen, was auf Ihrem Weg passiert.
- Die Schultern fallen locker nach unten, die Schulterblätter ziehen Sie zusammen.

Jetzt merken Sie, wie sich der Brustkorb nach vorne anhebt. An Ihrem Brustbein ist ein unsichtbarer Faden befestigt, an dem Sie ein freundlicher Helfer vorwärts zieht.

Wenn Sie mit der aufrechten Haltung Schwierigkeiten haben, kann das an einer Verkürzung der Brustmuskulatur liegen. Die Rückenmuskulatur ist häufig zu schwach, um das Gleichgewicht zu halten und deshalb fallen die Schultern nach vorne, ein Rundrücken entsteht. Eine aufrechte Körperhaltung erhalten Sie nur mit einer gut trainierten

Rumpfmuskulatur. Die entsprechenden Kräftigungs- und Dehnungsübungen finden Sie ab Seite 69.

Walken Sie mit Spaß und vergessen Sie dabei nicht, zu lächeln!

So gehen Sie richtig!

• Gehen Sie am Anfang ganz normal, nicht zu schnell und nicht zu langsam. Aber heben Sie die Füße an, ab jetzt ist das »Schlurfen« verboten. Beim Walking setzt der Fuß immer zuerst mit der Ferse auf und rollt über die gesamte Fußsohle bis zum großen Zeh ab.

• Ihre Fußspitzen zeigen beim Walken nach vorne.

• Drücken Sie sich mit den Zehen kräftig vom Boden ab. Als kleine Hilfestellung spreizen Sie die Zehen und drücken Sie sie im Schuh nach oben an das Schuhdach, während Sie den letzten Druck über die Zehenspitzen abgeben.

• Das andere Bein schwingt nun nach vorne, um dann wieder über die Ferse mit der Abrollbewegung fortzufahren.

Je schneller Sie walken, desto stabiler und kraftvoller wird Ihr Fußabdruck sein. Wenn Ihr Becken bei schnellerer Geschwindigkeit mit in Bewegung gerät, gehören auch Sie zu den Race-Walkern.

Ganz wichtig ist die Kniestellung

• Die Knie sind beim Abrollen immer leicht gebeugt. Übertreiben Sie ruhig am Anfang und gehen Sie die ersten Minuten mit stark gebeugten Beinen. So belasten Sie Ihre Kniegelenke nicht unnötig.

Nicht nur Ihre Beinmuskulatur muss arbeiten, auch die Gesäßmuskeln werden angespannt, wenn Sie sich richtig vom Boden abdrücken. Deshalb ist Walking nicht nur gesund für den Rücken, son

dern auch ein geeignetes Training für schöne Beine und einen knackigen Po!

Die Arme arbeiten mit

Die Arme treiben die Beine an und sind zusammen mit den Schultern das Gegengewicht zu dem Becken und den Beinen. Mit dem Schwung der Arme bestimmen Sie Ihre Schrittlänge und Geschwindigkeit.

- Ballen Sie Ihre Hände beim Walken zu einer lockeren Faust. Die Finger sind entspannt und der Daumen liegt außen auf.
- Die Arme schwingen parallel und nahe am Körper im normalen Gehrhythmus mit.
- Ober- und Unterarm bilden etwa einen rechten Winkel.
- Schlagen Sie den Unterarm nicht aus dem Ellenbogengelenk nach hinten.
- Die Arme pendeln in einer geführten, kontrollierten Bewegung. Mit der Zeit werden Sie merken, wie Sie durch den kraftvollen Einsatz der Arme die Geschwindigkeit erhöhen können.
- Die Fäuste schwingen nach hinten am Becken vorbei und anschließend wieder nach vorne bis hinauf zur Schulter. Damit Sie spüren, wie wichtig der richtige Armeinsatz ist, pressen Sie die Arme an die Körperseite und walken nur mit den Beinen. Sie spüren sofort, wie unrund, schwer und anstrengend die Schritte plötzlich sind.

Tempo, Tempo!

Mit den folgenden Übungen können Sie Ihren Walkingstil verfeinern, eine größere Geschwindigkeit erzielen und mehr Muskelkraft gelangen.
Wenn Sie Ihre Kondition verbessern wollen, können Sie einmal einen kräftigeren Armschwung ausprobieren.

- Schwingen Sie kraftvoll Ihre Arme jeweils diagonal über die Brust zur gegenüberliegenden Schulter und wieder zurück. Ober- und Unterarme bilden einen 90-Grad-Winkel. Arbeiten Sie mit Muskelkraft, nicht aus dem Gelenk schlagen!

Mit der folgenden Walking-Technik können Sie Ihr Tempo steigern.

- Nehmen Sie bei der Vorwärtsbewegung die Hüfte mit. Sicher haben Sie schon einmal professionelle Geher beobachtet. Vielleicht hatten Sie als Kind einen Hula-Hoop-Reifen zum Spielen? Ungefähr so können Sie sich den Hüftschwung beim Walking vorstellen. Das Becken kreist in einer runden, fast ellipsenförmigen Bewegung. Das sieht manchmal etwas eigentümlich aus, aber dadurch lassen sich die Schritte bis zu 20 Zentimeter verlängern. Außerdem werden dabei die Rücken-, Po- und Bauchmuskeln intensiv trainiert.

Der Rückwärtsschritt eignet sich gut zum Trainieren in hügeligem Gelände oder als Warm-up auf der Stelle.

- Beim Rückwärts-Walken rollen Sie den Fuß genau entgegengesetzt ab. Sie setzen zuerst mit den Zehen auf und rollen zur Ferse hin ab.

• Heben Sie das Bein an und setzen Sie es nach hinten auf. Dabei wird Ihre hintere Oberschenkelmuskulatur und die Schienbeinmuskulatur gekräftigt.

Das Treppensteigen ist ein ideales Training, um das Gleichgewichtsgefühl zu verbessern. Die Beinmuskulatur wird dabei optimal gestärkt und Sie bereiten sich gleichzeitig für Nordic- oder Hill-Walking vor.

• Sie setzen den Fußballen auf die Treppe auf. Drücken Sie die Ferse nach unten und stoßen Sie sich federnd zum nächsten Schritt nach oben ab.

• Halten Sie die Ferse unter Muskelspannung und lassen Sie Ihr Standbein leicht gebeugt. Das ist anstrengend, aber nur so entlasten und schützen Sie Ihre Gelenke. Sie trainieren Bauch-, Po- und Rückenmuskulatur.

Variieren Sie Ihr Training!

Ein abwechslungsreiches Trainingsprogramm verspricht einen wesentlich höheren Trainingserfolg bei gleichem Zeitaufwand als monoton immer dieselbe Strecke oder das gleiche Tempo zu wählen. Langweiliges Training stumpft ab und führt zur Stagnation. Ihr Körper gewöhnt sich an eine immer gleich bleibende Belastung und wird nicht mehr gefordert.

Bringen Sie Abwechslung in ihr Sportprogramm! Absolvieren Sie am Wochenende zum Beispiel eine längere Trainingseinheit bei gleich bleibendem Tempo und während der Woche einmal einen Power-Walk in höherem Tempo. Wechseln Sie dabei nach einer zehnminütigen Aufwärmphase zu Beginn für zwanzig Minuten in den Bereich des Power-Walking. Fortgeschrittene können die schnelle Gangart schon einmal bis zu 40 Minuten ausdehnen. Sie sollten dabei 80 bis 85 Prozent ihres Maximalpulses erreichen. In der folgenden Woche trainieren Sie einfach umgekehrt: am Wochenende ein kurzer Walk in hohem Tempo und während der Woche längere Trainingseinheiten.

»Five up!«

Walken Sie fünfmal fünf Minuten in schnellem Tempo bei 85 bis 90 Prozent ihres Maximalpulses. Erholen Sie sich dazwischen mit dreiminütigen Gehpausen bei 65 bis 70 Prozent Ihrer maximalen Herzfrequenz. Dieses Intervalltraining strengt ziemlich an und Sie werden sicherlich aus der Puste geraten. Vielleicht kommen Sie sogar kurzfristig in den anaeroben Bereich. Aber keine Angst, auch diese kurze Höchstbelastung trainiert das Herz-Kreislauf-System. Allerdings müssen Sie die Technik gut beherrschen, um diese hohen Pulswerte zu erreichen. Möglicherweise fallen Sie dabei in einen leichten Laufschritt. Nutzen Sie diese Trainingsmethodik einfach als Übergangstraining zum Joggen.

»Go on!«

Je nach Gelände und Untergrund macht diese Trainingsvariante besonders viel Spaß: Walken Sie nach Lust und Laune auf unterschiedlich langen Strecken mit einer Herzfrequenz von 70 bis 90 Prozent des maximalen Pulses. Kurze Streckenabschnitte sollten im höheren Belastungsbereich um etwa 90 Prozent liegen. Das heißt, wählen Sie ein höheres Tempo oder erklimmen Sie nach Möglichkeit kleine Hügel. Längere Strecken mit einem Puls von etwa 70 Prozent sollten im mittleren Tempo gegangen werden, in hügeligem Gelände entsprechend angepasst. Langsamere Gehpausen sollten ungefähr halb so lang wie der schnellste Abschnitt sein. Bei diesem Trainingsspiel ist es wichtig, die Schrittlänge und das Tempo so oft wie möglich zu wechseln.

Locker bleiben und dabei tief durchatmen!

Je aufrechter Ihre Körperhaltung ist, um so freier
können Sie atmen. Wenn Sie den ganzen Tag sitzen, sinkt der Oberkörper irgendwann in sich zusammen. Der Brustkorb wird eng und die Atmung
flach. Richten Sie sich immer wieder auf, wenn Sie
merken, dass Sie in sich zusammensinken. Wenn
Sie ab und zu aufstehen, sich räkeln und strecken,
fühlen Sie sich frischer und können anschließend
wieder konzentriert weiterarbeiten.

Beim Walking gehen Sie mit aufrechtem Oberkörper voran, im Brustkorb haben die Organe genug Platz, die Lungen können mit voller Kapazität
arbeiten. Atmen Sie aber nicht nur in die Brust,

sondern auch möglichst tief in den Bauch. Dadurch nutzen Sie Ihr gesamtes Lungenvolumen
und nehmen so viel Sauerstoff wie möglich auf.
Stellen Sie Ihren Atemrhythmus auf Ihre Schritte
ein und atmen Sie tief und regelmäßig.
Drei Atemübungen zum Entspannen und Kraft
tanken:
• Diese dynamische Atemübung passt sehr gut an
  den Anfang unseres Walkingtrainings. Stellen Sie

sich aufrecht hin, die hüftbreit geöffneten Beine sind leicht gebeugt. Schwingen Sie die Arme nach vorne und hinten. Federn Sie in den Fuß- und Kniegelenken, in der Hüfte und mit dem Rücken. Während die Arme nach unten und hinter den Körper schwingen, atmen Sie kraftvoll aus, beim Schwung nach oben tief wieder ein. Schwingen Sie die Arme so oft, wie Sie wollen, steigern Sie die Intensität der Übung ganz nach Lust und Laune.

• Die einfachste Atemübung ist, sich ausgiebig zu räkeln und zu dehnen. Genießen Sie die langsamen Bewegungen. Atmen Sie tief ein und lassen Sie die Luft beim Ausatmen langsam durch den Mund ausströmen. Strecken und räkeln Sie sich

nach Belieben. Machen Sie die Übung so lange, bis Sie sich satt gedehnt haben.

• Stellen Sie sich zur dritten Atemübung wiederum aufrecht hin, die Füße sind hüftbreit geöffnet. Lassen Sie zuerst beide Arme neben dem Körper hängen. Achten Sie darauf, dass die Schultern locker und entspannt sind. Jetzt legen Sie eine Hand locker auf den Brustkorb und atmen tief durch die Nase ein. Schließen Sie dabei ihre Augen. Beim Ausatmen lassen Sie die Luft durch den geöffneten Mund und die Hand auf Ihrer Brust wieder ausströmen. Atmen Sie in Ihre Hand hinein und durch Ihre Hand wieder aus. Diese Übung viermal wiederholen.

Auf einen Blick

• Was ist das Gute am Walking?

Gehen ist die natürlichste Art der Fortbewegung. Schnelles Gehen verbessert auf sanfte Art die Ausdauer und nebenbei trainiert es die Bein-, Po- sowie die gesamte Rumpfmuskulatur.

Eine gut trainierte Rückenmuskulatur beugt Haltungsschäden vor und kann vor Rückenschmerzen schützen. Walking ist ein schonendes Herz-Kreislauf-Training, hält und bringt alle Stoffwechselprozesse in Schwung. Walking fördert die Durchblutung. Dadurch gelangt mehr Sauerstoff in die Zellen und der Körper ist leistungsfähiger, Sie fühlen sich fit und gesund. Haut und Gewebe werden straff und elastisch, man sieht es Ihnen einfach an, dass Ihr Körper optimal versorgt ist.

• Wie viel Training ist gut für mich?

Wenn Sie mit dem Training erst beginnen, sollten Sie langsam und in Ruhe damit anfangen. Wichtig ist, dass Sie in Bewegung kommen und auch dabei bleiben. Hat sich einmal ein gewisser Bewegungsrhythmus eingestellt, haben Sie die schwerste Hürde schon genommen. Auch für Geübte gilt der Satz: Fordern, aber nicht überfordern! Wenn Sie sich zu viel auf einmal zumuten, können Sie sich überlasten oder verletzen, auf jeden Fall ver-

> **Räkeln und dehnen Sie sich öfter einmal zwischendurch, gähnen Sie herzhaft dabei. Sie werden spüren, wie gut Ihnen das tut!**

lieren Sie schnell die Lust an der Bewegung. Durch regelmäßiges, lockeres Training gewinnen Sie schnell an Kraft und Ausdauer, eine gewisse Routine ist auch beim Trainieren von Vorteil. Nehmen Sie sich vor, mindestens dreimal pro Woche zu trainieren. Meistens klappt es dann wenigstens zweimal, aber diese zwei Trainingseinheiten sollten Sie wirklich einhalten. Walken Sie jeweils zwanzig bis sechzig Minuten in einem Ihnen angenehmen Tempo. Anfänger sollten zwischen zwei Trainingseinheiten immer einen Tag Pause einhalten.

• Welche Belastungen und Risiken hat Walking?

Wenn Sie bis zur Erschöpfung trainieren, besteht die Gefahr Ihr Herz-Kreislauf-System zu überfordern. Davor schützt Sie ein gut durchdachter Trainingsplan.

Auch der Untergrund, auf dem Sie walken, kann zu Fehlbelastungen führen. Wenn Sie zu oft auf unbefestigtem Boden trainieren, wie zum Beispiel auf lockeren Schotter- oder Kieswegen oder im Wald über Stock und Stein, kann der Fuß keinen richtigen Halt finden. Gelenkbeschwerden oder Sehnenreizungen können auftreten.

Zu lange, zu schnelle oder zu intensive Trainingseinheiten belasten den untrainierten Organismus. Durch Übergewicht können alle Gelenke, Knorpel und Puffermechanismen im Bereich der Wirbelsäule, der Knie, der Hüfte und der Sprunggelenke überbeansprucht werden.

• Was tun bei Schmerzen?

Egal, wo Sie Schmerzen haben, walken Sie auf keinen Fall in schnellem Tempo weiter. Sie sollten auch nicht abrupt stehen bleiben, sondern langsam ausgehen. Schmerzen sind ein Signal. Offenbar verkraftet der Körper eine Belastung oder Überbelastung nicht, er bittet um Ruhe und Schonung. Halten Sie ein, treten Sie kürzer! Bei anhaltenden Schmerzen sollten Sie zum Arzt gehen. Bei Seitenstechen gehen Sie langsamer oder pausieren kurz, bis das Stechen nachlässt und abgeklungen ist. Seitenstechen ist oft ein Zeichen von zu schwacher Bauchmuskulatur. Eine Kräftigungsübung finden Sie auf Seite 71 oben.

• Welche Ausrüstung brauche ich?

Sparen Sie nicht am falschen Ende. Kaufen Sie sich ein Paar wirklich gute Lauf- bzw. Walkingschuhe, denn sie sind der wichtigste Teil der Ausrüstung. Durch den Tragekomfort werden die Füße gestützt, geschützt und geführt. Gute Walkingschuhe unterstützen das Abrollen, sie stabilisieren und kontrollieren die Bewegungen. Die Schuhe sollen den Aufprall des Körpers dämpfen. Geeignete Schuhe sind individuell an Ihre Füße angepasst. Achten Sie auf ein gutes Fußbett und tragen Sie, wenn nötig, Sporteinlagen. Eine professionelle Beratung erhalten Sie in allen Sport-Fachgeschäften. Nehmen Sie sich Zeit für den Einkauf, die Beurteilung der bisher getragenen Schuhe gehört zu einer guten Beratung.

• Zum guten Schluss

Bitte machen Sie beim Walken keinen Endspurt! Gehen Sie die letzten Minuten einfach langsam aus, drosseln Sie das Tempo allmählich. Geben Sie Ihrem Kreislauf genügend Zeit sich wieder auf »normal« einzupendeln. Vergessen Sie dabei nicht kräftig ein- und auszuatmen.

Walking zusammen mit anderen macht Spaß und Lust auf mehr! Probieren Sie es doch einfach aus!

Vom Kopf bis zu den Füßen

Kopf und Nacken

Muskulatur

Der Kopf erhält seine Beweglichkeit durch eine Vielzahl von Muskeln, Sehnen und Bändern. Beim Walking wird hauptsächlich der obere Anteil des Kapuzenmuskels (musculus trapezius) beansprucht.

Funktion

Der obere Anteil des Kapuzenmuskels zieht die Schultern nach oben, hebt das Schlüsselbein und dreht den Kopf zur Seite.

> **Kräftigung der Nackenmuskulatur: Legen Sie beide Handflächen auf die Stirn und üben Sie leichten, ansteigenden Druck mit dem Kopf gegen die Hände aus.**

Technik

Der Kopf wird über der Mittellinie des Körpers getragen. Die Ohren schweben über den Schultern. Kopf und Hals werden ruhig in der Bewegung mitgetragen. Vermeiden Sie ruckartige Vorwärts-und Rückwärtsbewegungen der Halswirbelsäule. Keinen »Geierhals« machen (vorwärtsgeschobenes Kinn), der Hinterkopf ist im Nacken. Ihr Blick ist nach vorne gerichtet.

Risiko

Bei Überbelastung der Halswirbelsäule kann es zu Verspannungen und muskulären Dysbalancen kommen.

Kräftigen

• Setzen Sie sich auf einen Stuhl und schieben Sie Ihr Gesäß ganz an die Rückenlehne.

> **Halten Sie die Hände hinter dem Kopf verschränkt und drücken Sie mit dem Hinterkopf gegen die Handflächen.**

• Die Position 20 bis 30 Sekunden halten und an-schließend die Seite wechseln.

Fuß und Zehen
Muskulatur
Für die Abrollbewegung des Fußes sind hauptsäch-lich folgende Muskeln bzw. Muskelgruppen verant-wortlich: Der Schollenmuskel (musculus soleus) in Verbindung mit dem Zwillingswadenmuskel (mus-culus gastrocnemius), der vordere Schienbeinmus-kel (musculus tibialis anterior), die Muskulatur des Fußrückens (musculus digitorum brevis), Zehen-strecker und Großzehenstrecker (musculus hallucis brevis) und Teile der Fußsohlen-Muskulatur wie der Zehenbeuger (musculus flexor digitorum brevis).

Funktion
Der Schollenmuskel streckt das Sprunggelenk, der Zwillingswadenmuskel streckt das Sprunggelenk und beugt das Kniegelenk. Der vordere Anteil des Schienbeinmuskels hebt in erster Linie den Fuß an. Die Muskeln des Fußrückens und der Fuß-sohle strecken und beugen die Zehen.

Technik
Setzen Sie beim Walken zuerst die Ferse auf. Rol-len Sie über den gesamten Fuß über die Breite des Vorfußes und des Ballens ab. Das Abrollen erfolgt über die Außenkante zur großen Zehe. Ziehen Sie die Fußspitze und die Zehen möglichst weit nach oben. Stoßen Sie sich kraftvoll aus dem Sprung-gelenk ab. Die Fußspitzen zeigen nach vorne in Schrittrichtung.

Risiko
Bei Übergewicht oder beim Tragen von ungeeig-neten Schuhen kann es zu Achillessehnenreizun-gen kommen.

Kräftigen
• Sie stehen barfuß auf einem möglichst glatten Untergrund. Vor Ihnen liegt ein Küchentuch oder kleines Handtuch auf dem Boden.

• Ihren Oberkörper halten Sie aufrecht, Ihre Schul-terblätter sind in Richtung Boden gezogen.
• Verschränken Sie Ihre Hände hinter dem Kopf und halten Sie Ihre Ellbogen nach außen.
• Drücken Sie nun mit dem Hinterkopf gegen die Handflächen. Dabei üben die Hände leichten Gegendruck aus.
• Legen Sie jetzt Ihre Hände auf die Stirn. Wieder sind die Ellbogen nach außen gedreht. Üben Sie auch hier Druck und Gegendruck auf Stirn und Hände aus.
• Die Position 10 bis 20 Sekunden halten.

Dehnen
• Sie befinden sich in der aufrechten Sitzposition. Ihr Kopf schwebt über Ihrer Wirbelsäule und Ihr Blick ist geradeaus gerichtet.
• Ihre Schultern sind tiefgezogen.
• Neigen Sie Ihren Kopf zur Seite.
• Zur Verstärkung der Dehnung können Sie nun die Schulter der anderen Seite in Richtung Boden ziehen. Der Oberkörper bleibt während der gesamten Dehnung aufrecht, kippen Sie ihn nicht zur Seite!

- Greifen Sie das Tuch mit den Zehen, halten Sie es fest und heben Sie es kurz hoch.
- Wiederholen Sie diese Übung 20-mal.
- Seitenwechsel nicht vergessen!

Dehnen

- Gönnen Sie Ihren Füßen ein bisschen Freiraum und ziehen Sie Ihre Schuhe aus. Setzen Sie sich auf einen Stuhl.
- Heben Sie die geschlossenen Beine an und setzen Sie vorsichtig nur die Zehenspitzen auf dem Boden auf.
- Jetzt biegen Sie die Zehen nach hinten, bis Sie die Dehnung am Fußrücken spüren.
- Halten Sie die Position 15 bis 20 Sekunden.

Beine und Knie

Unser Kniegelenk braucht für seine Funktion eine Vielzahl an Muskeln, Sehnen und Bändern.

Muskulatur

Zu den wichtigsten Muskeln zählen der vierköpfige Schenkelstrecker (musculus quadrizeps femoris), der zweiköpfige Schenkelmuskel (musculus bizeps femoris), der Halbsehnenmuskel (musculus semitendinosus) und der Plattsehnenmuskel (musculus semimembranosus).

Funktion

Der Schenkelstrecker streckt das Kniegelenk und hilft bei der Beugung des Hüftgelenks. Er gilt als einer der größten und kräftigsten Muskeln des Menschen. Der Schenkelmuskel unterstützt die Hüftstreckung bei gestrecktem Bein, beugt das Kniegelenk und dreht den gebeugten Unterschenkel nach außen. Zusammen mit dem Halbsehnen- und

> **Die Beinmuskeln gehören zu den größten Muskelgruppen unseres Körpers, regelmäßiges Dehnen ist besonders wichtig.**

Plattensehnenmuskel bildet er die ischicurale Muskelgruppe. Halbsehnenmuskel und Plattensehnenmuskel haben dieselbe Funktion. Sie unterstützen bei gestrecktem Bein die Hüftstreckung, beugen das Kniegelenk und drehen den Unterschenkel nach innen.

Technik
Beim Walking sollten die Knie während des Bodenkontaktes nie ganz durchgestreckt sein. Halten Sie die Knie immer leicht gebeugt und locker. Um herauszufinden, wie groß Ihre Schritte sein sollten und um eine harmonische Bewegung zu erzielen, sollten Sie einmal eine kurze Strecke mit übertrieben langen Schritten und dann eine mit ganz kurzen Schritten gehen.

Risiko
Bei mangelhafter Technik und schlechtem Schuhwerk besteht die Gefahr von Schleimbeutelentzündungen und Meniskusreizungen.

Kräftigen
• Setzen Sie sich mit geradem Rücken auf einen Stuhl. Rücken Sie mit dem Po ganz an die Stuhllehne, schieben Sie Ihr Brustbein nach vorne und ziehen Sie die Schulterblätter nach unten.
• Halten Sie sich mit beiden Händen seitlich an der Sitzfläche fest.
• Um Nackenverspannungen zu vermeiden, blicken Sie geradeaus.
• Strecken Sie ein Bein und beugen Sie es anschließend wieder, ohne den Fuß dabei aufzusetzen. Die Oberschenkelrückseite hat während der Übung immer Kontakt zur Sitzfläche.
• Die Fußspitze ist locker in Richtung Kniescheibe angezogen.
• Trainieren Sie zwei bis drei Sätze mit 20 Wiederholungen je Bein.

Dehnen
• Zur Stabilisierung des Gleichgewichtes halten Sie sich bei dieser Übung am besten an einem Stuhl

fest. Sie stehen auf dem linken Bein, das Knie ist leicht gebeugt.
• Fassen Sie mit der rechten Hand das Fußgelenk des rechten Beins und führen Sie das angewinkelte Bein nach hinten.
• Richten Sie gleichzeitig das Becken nach vorne auf.
• Die Ferse darf den Po nicht berühren!
• Die Oberschenkel halten Sie parallel zueinander. Halten Sie die Dehnung mit jedem Bein 20 bis 30 Sekunden.

Oberschenkel und Hüfte
Das Hüftgelenk gehört zu den stärksten Gelenken unseres Körpers. Für seine Beweglichkeit und Kraft sind unter anderem folgende Muskeln zuständig.

Muskulatur
Der Hüftlendenmuskel (musculus iliopsoas), der Schneidermuskel (musculus sartorius), der Spanner der Oberschenkelbinde (musculus tensor fasciae latae), der Kammmuskel (musculus pecti-

naeus), der kurze Schenkelanzieher (musculus adductor brevis), der lange Schenkelanzieher (musculus adduktor longus), der große Schenkelanzieher (musculus adductor magnus), der schlanke Muskel (musculus gracilis), der große Gesäßmuskel (musculus glutaeus maximus).

Funktion

Der Hüftlendenmuskel beugt die Hüfte, das heißt, er führt das Bein nach vorne, nach innen und dreht es nach außen. Der Schneidermuskel ist verantwortlich für die Bewegung des Hüft- und Kniegelenks. Er spreizt den Oberschenkel ab und dreht ihn nach außen. Außerdem dreht er den Unterschenkel bei gebeugtem Kniegelenk nach innen. Er ist mit rund einem halben Meter Länge der längste Muskel des Menschen. Der Spanner der Oberschenkelbinde beugt die Hüfte und spreizt den Oberschenkel ab. Der Kammmuskel zieht den Oberschenkel zur Mitte und hilft bei der Beugung und Außenrotation im Hüftgelenk. Der kurze Schenkelanzieher zieht den Oberschenkel zur Mitte und dreht ihn nach außen. Der lange Schen-

kelanzieher zieht den Oberschenkel zum Körper und hilft bei der Beugung des Hüftgelenks. Der große Schenkelanzieher zieht den Oberschenkel zum Körper und rotiert ihn nach innen. Der schlanke Muskel zieht den Oberschenkel zur Mitte und hilft bei der Beugung des Knies sowie der Innenrotation des Oberschenkels. Der Gesäßmuskel streckt das Hüftgelenk. Sein oberer Anteil spreizt das Bein ab, der untere Anteil zieht es an. Darüber hinaus rotiert er den Oberschenkel nach außen. Er gehört zu den kräftigsten Muskeln des Menschen.

Technik

Walking soll kraftvoll und rhythmisch ausgeführt werden. Dabei schwingen die Hüften locker mit den Beinen mit. Die Schrittlänge ist der Beinlänge angepasst, nicht zu kurz und nicht zu lang. Bei sehr schnellen Walking-Varianten, wie dem Race-Walking entsteht die Geschwindigkeit aus der ellipsenförmigen Rotation der Hüfte. Es sieht so aus, als würde die Hüfte während der Rotation seitlich wegkippen. Diese Technik wird oft belächelt und von Laien selten praktiziert, weil immer noch die Meinung besteht der Bewegungsablauf könnte auf Dauer gesundheitliche Probleme verursachen. Das stimmt nicht. Bei richtiger Ausführung ist die Bewegung beim Race-Walking weich und fließend. Es gibt keinen harten Aufprall, da immer ein Bein Kontakt zum Boden hat.

Risiko

Bei falsch ausgeführter Technik und schlechtem Schuhwerk kann es zur Überlastung der Hüftgelenke kommen.

Übrigens: Übergewicht macht der Hüfte besonders zu schaffen. Jedes Kilogramm zu viel bedeutet eine Mehrbelastung. Schmerzen in der Hüfte strahlen oft in den Oberschenkel aus und können sogar als Knieschmerzen in Erscheinung treten. Auch die Lendenwirbelsäule kann sich schmerzhaft bemerkbar machen, wenn das Verhältnis von Gewicht und Muskulatur nicht stimmt.

Bei dieser Übung sollten Sie stabil stehen und sich einen sicheren Halt suchen.

Kräftigung

- Stellen Sie sich mit schulterbreit geöffneten Beinen vor oder neben einen Stuhl und halten Sie sich an der Lehne fest.
- Der Oberkörper bleibt aufrecht und die Schultern ziehen in Richtung Boden.
- Beide Knie sind leicht gebeugt, die Bauchmuskulatur ist leicht angespannt.
- Verlagern Sie Ihr Gewicht auf das rechte Bein und führen Sie das linke Bein zur Seite nach oben. Halten Sie beim Üben Ihren Oberkörper gerade.
- Führen Sie das Bein zurück in die Ausgangsposition, der Fuß berührt jedoch nicht den Boden.
- Führen Sie zwei bis drei Sätze mit 20 bis 30 Wiederholungen aus. Vergessen Sie die andere Seite nicht!

Dehnen, Übung 1

- Legen Sie sich auf den Rücken. Der rechte Fuß befindet sich auf dem linken Oberschenkel.
- Drehen Sie das rechte Knie etwas nach außen und umfassen Sie mit beiden Armen den linken Oberschenkel.
- Ziehen Sie das linke Bein zum Körper.
- Halten Sie die Dehnung 15 bis 20 Sekunden und wechseln Sie dann das Bein.

Dehnen, Übung 2

Eine weitere wichtige Dehnung betrifft den Hüftbeuger oder Schenkelanzieher. Er ist oft verkürzt, zum Beispiel durch einen Beckenschiefstand, und verursacht dann ziehende Schmerzen im Lenden-Becken-Bereich.

- Sie liegen auf der rechten Seite, Ihr Körper ist eine Linie vom Kopf bis zu den Füßen. Legen Sie Ihren Kopf auf den rechten Oberarm ab, der Arm liegt dabei gestreckt auf dem Boden.
- Fassen Sie nun mit der anderen Hand das Fußgelenk des oben liegenden linken Beines. Dazu müssen Sie das Kniegelenk beugen. Schieben

Sie jetzt die Hüfte nach vorne, ohne ins Hohlkreuz zu fallen, und ziehen Sie gleichzeitig den linken Oberschenkel nach hinten. Die Ferse strebt jetzt weg vom Po. Sie halten jedoch den Fuß weiter fest. Drücken Sie aber in keinem Fall die Ferse mit Kraft gegen den Po.

- Halten Sie die Dehnung 15 bis 20 Sekunden und wechseln Sie anschließend das Bein.

Die Schulter

Unser Schultergelenk ist das komplexeste Gelenk unseres Körpers. Es ist in nahezu alle Richtungen beweglich und wird so beschrieben: Es ist das seitliche Massiv des Schultergürtels, geprägt durch die von Schlüsselbein und Schulterhöhe gebildete Knochenplatte und die etwa halbkugelige Kontur von Delta- und Kapuzenmuskel.

Muskulatur

Eine Vielzahl von großen und kleinen Muskeln und Muskelverbänden umziehen das Schultergelenk. Die wichtigsten sind hier genannt. Es sind der Deltamuskel (musculus deltoideus), der Obergrätenmuskel (musculus supraspinatus), der große Brustmuskel (musculus pectoralis major) und die musculi latissimus dorsi, romboideus, trapezius und serratus anterior, die auch auf Seite 96 beschrieben werden.

Funktion

Mit seinem vorderen Anteil hebt der Deltamuskel den Arm nach vorne und rotiert ihn nach innen.

aus dem Hochhalten nach vorne und bringt auch den nach unten geführten Arm nach vorne. Außerdem lässt er den Arm nach innen rotieren.

Technik

Halten Sie beim Walken die Schultern locker und entspannt, ziehen Sie sie nicht nach oben oder nach unten. Der Armschwung erfolgt aus der Schulter heraus, nicht aus dem Ellbogen!

Risiko

Belastungen für das Schultergelenk treten auf, wenn die Armtechnik falsch ausgeführt wird. Die Muskulatur neigt dann zu Verspannungen.

Mit dem hinteren Anteil hebt er den Arm nach hinten und rotiert ihn nach außen, mit dem mittleren Anteil hebt er den Arm zur Seite. Außerdem stabilisiert er das Gelenk während der vielfältigen Bewegungen. Der Obergrätenmuskel wird oft in Zusammenhang mit einer Verletzung oder Reizung seiner Muskelansatzsehne genannt. Er spreizt den Arm ab und dreht ihn mit seinen rückwärtigen Anteilen nach außen. Der große Brustmuskel führt den seitlich rückgeführten Arm nach vorne, senkt den Arm

Kräftigen

- Die einfachste und bekannteste Kräftigungs-übung für die Schulter- und Brustmuskulatur ist der Liegestütz. Wichtig ist dabei, dass diese Übung technisch sauber ausgeführt wird. Ihre Position ist der Vierfüßlerstand: Setzen Sie Ihre Hände etwas mehr als schulterbreit unterhalb der Schulterkugel auf. Ihr Körpergewicht verschiebt sich nach vorne. Ihre Beine sind gebeugt, Knie und Füße sind abgestellt.
- Spannen Sie nun die Bauch- und Rückenmuskulatur an.
- Beugen Sie die Arme im Ellbogengelenk und führen Sie den Oberkörper in Richtung Boden. Ziehen Sie auf keinen Fall die Schultern nach oben. Spannen Sie die gesamte Oberkörpermuskulatur an.
- Nach der Beugung stemmen Sie den Oberkörper wieder nach oben, indem Sie die Arme wieder strecken. Lassen Sie eine leichte Beugung im Ell-

bogengelenk, damit nur die Muskulatur arbeiten muss, nicht das Gelenk.

- Achten Sie darauf, dass der Rücken nicht durchhängt (kein Hohlkreuz!)
- Atmen Sie stets gleichmäßig: Bei der Anspannung immer ausatmen, bei der Entspannung einatmen.
- Sie vereinfachen die Übung »Liegestütze«, wenn Sie die Beine auf den Knien und Füßen abstellen. Die Übungsausführung ist die gleiche wie zuvor beschrieben.

Dehnen

- Sie sitzen auf einem Stuhl oder stehen mit leicht gebeugten Beinen.
- Verschränken sie die Hände, die Handflächen zeigen dabei zum Körper. Die Schultern sind nach unten gezogen. Die Arme sind gebeugt, als würden sie einen großen Luftballon umfassen.
- Dehnen Sie Ihre Schultern und blicken Sie beim Stehen nach unten zum Boden bzw. beim Sitzen zu Ihren Oberschenkeln. Atmen Sie bei dieser Dehnübung ruhig und gleichmäßig.

Der Arm

Zur Ausführung der richtigen Armtechnik beim Walking brauchen Sie auch eine gut trainierte Armmuskulatur.

Muskulatur

Der zweiköpfige Armbeuger und der Armbeuger (musculi biceps brachii und brachialis), der Oberarmspeichenmuskel (musculus brachioradialis), der dreiköpfige Armstrecker (musculus triceps brachii).

Funktion

Die Armbeuger beugen den Arm und Unterarm im Ellbogengelenk, drehen den Unterarm nach außen und führen den Arm im Schultergelenk nach vorne. Auch der Oberarmspeichenmuskel beugt den Arm im Ellbogengelenk. Der Armstre-

cker streckt das Ellbogengelenk und führt den Arm mit seinem langen Kopf im Schultergelenk nach hinten.

Technik

Halten Sie beim Walken Ober- und Unterarm im rechten Winkel. Führen Sie den Armschwung aktiv nach hinten aus und schwingen Sie die Arme locker und entspannt zurück nach vorne. Beide Arme schwingen immer seitlich neben dem Oberkörper, nicht vor der Brust. Halten Sie die Hände in einer lockeren Faust.

Risiko

Aufgrund einer übertriebenen Armarbeit beim Walken kann es zu Verspannungen im Nackenbereich kommen oder zu Gelenkbelastungen der Wirbelsäule.

Kräftigen

- Setzen Sie sich aufrecht auf die Kante einer Stufe oder Fußbank. Sie sollten niedrig sitzen. Nehmen Sie eine Hantel oder ein anderes Gewicht in die rechte Hand. Ihre Beine sind geöff-

net, die Füße stehen bequem auf dem Boden.
Schieben Sie Ihren Oberkörper mit geradem
Rücken leicht nach vorne. Den Ellbogen Ihres
rechten Armes legen Sie an den Innenschenkel,
mit der anderen Hand stützen Sie sich auf dem
linken Oberschenkel ab. Achten Sie darauf, dass
Ihre Schultern locker nach unten gezogen sind.

- Beugen und strecken Sie nun langsam Ihren
  rechten Arm. Halten Sie dabei immer Kontakt
  zum rechten Oberschenkel und spannen Sie bewusst Ihren Oberarm an.
- Achten Sie darauf, dass Sie das Gewicht mit geradem Handgelenk halten, biegen Sie das Handgelenk nicht nach unten oder oben.

Wiederholen Sie die Übung langsam 30-mal und
wechseln Sie dann zum anderen Arm.

Dehnen

- Diese Dehnung können Sie im Stehen oder Sitzen ausführen.
- Halten Sie dabei Ihren Oberkörper aufrecht und
  gerade.
- Strecken Sie den rechten Arm zur Seite aus.
- Führen Sie die Hand auf Schulterhöhe und drehen Sie die Handfläche nach oben. Dabei zeigt
  der Daumen nach hinten, die Ellbogenaußen-
  seite nach oben.
- Verstärken Sie die Dehnung, indem Sie den Daumen weiter nach oben drehen.
- Halten Sie die Dehnung 20 Sekunden und wechseln Sie zur anderen Seite.

Die Wirbelsäule

Unsere Wirbelsäule umgeben nicht nur einzelne
Muskeln, sondern auch ganze Muskelverbände.
Sie ermöglichen der Wirbelsäule die Vielseitigkeit
ihrer Bewegungen.

Muskeln

Die tiefe Schicht der Rückenstreckmuskulatur ist
auch bekannt unter den Namen musculus trans-
versospinalis oder Rückenaufrichter (erector spi-
nae). Darüber liegen die platten, großen Rücken-
muskeln wie der Rautenmuskel (musculus
romboideus), Kapuzenmuskel (musculus trapezius), der vordere und hintere Sägemuskel (musculus serrarus anterior und posterior), der breite
Rückenmuskel (musculus latissimus dorsi).

Funktion

Die Rückenstreckmuskulatur streckt die Wirbelsäule und fixiert den Kopf. Durch sie können wir
unseren Kopf in den Nacken legen. Der Rautenmuskel zieht das Schulterblatt nach oben zur Wirbelsäule. Der obere Anteil des Kapuzenmuskels
zieht die Schultern nach oben und hebt das
Schlüsselbein. Bei einseitiger Kontraktion dreht
er den Kopf zur entgegengesetzten Seite. Außerdem unterstützt er die Schulterblattdrehung. Der
mittlere, quer verlaufende Teil zieht die Schulterblätter zur Wirbelsäule hin zusammen, während
der untere Anteil die Schultern senkt und das
Schulterblatt dreht. Der Sägemuskel besteht auch
aus zwei Anteilen: Vorderer und Hinterer Sägemuskel. Für die Ausführung der Walkingbewe-
gung beschreiben wir hier die Funktion des
Vorderen Sägemuskels. Er fixiert das Schulterblatt
am Rumpf. Sein oberer Anteil wirkt als Schulter-
blattheber, sein mittlerer Anteil zieht die Schulterblätter auseinander und sein unterer Anteil zieht
den unteren Schulterblattwinkel nach vorne. Bei
fixiertem Schulterblatt unterstützt der vordere Sägemuskel die Einatmung, indem er die Rippen
hebt. Der breite Rückenmuskel senkt den erhobenen Arm ab, dreht den herabhängenden Arm
nach innen und zieht ihn nach hinten. Außerdem
zieht er den in der Seithalte befindlichen Arm
zum Körper hin. Für die Seitneigung der gesamten
Wirbelsäule ist die autochtone Muskulatur zuständig, die die einzelnen Wirbelkörper miteinander
verbindet.

Technik

Was für den Kopf und die Schultern gilt, betrifft na-
türlich auch den Rücken und damit die Wirbel-
säule. Die aufrechte Haltung ist ab jetzt ein
»Muss«! Heben Sie das Brustbein an, öffnen Sie
den Brustkorb und spüren Sie, wie sich Bauch-
und Brustmuskulatur spannt. Die Schulter- und
Nackenmuskulatur sollte immer entspannt sein.
Ziehen Sie die Schultern nicht nach oben, lassen
Sie sie locker nach unten fallen. Richten Sie Ihren
Blick nach vorne, gehen Sie aufrecht und stolz!

Risiko

Bei mangelhafter Technik, schlecht gedämpften
Schuhen und sehr schwacher Rückenmuskulatur

Halten Sie bei dieser Übung Ihre Körperspannung aufrecht. In keinem Fall dürfen die Beine und Füße vom Boden abheben und der Oberkörper darf sich nicht bewegen.

kann es zu Verspannungen im Bereich der Wirbelsäule kommen.

Kräftigen, Übung 1

- Sie liegen auf dem Bauch auf hartem Untergrund. Sie öffnen ihre Beine schulterbreit und stellen die Füße auf den Zehen auf. Das Gesäß spannen Sie etwas an.
- Heben Sie den Oberkörper leicht an, so dass die Nase etwa zwei Zentimeter über dem Boden schwebt.
- Beide Arme sind zur »Hände-hoch-Stellung« angehoben, das heißt, sie sind gebeugt.
- Strecken Sie nun die Arme nach vorne aus und ziehen Sie beide wieder in die Ausgangsposition zurück.
- Wiederholen Sie die Übung 20-mal.

Kräftigen, Übung 2

Für unsere zweite Übung sehen Sie sich bitte die Abbildung zum Krafttest für den Rücken auf Seite 15 an und gehen Sie nach der Beschreibung vor. Diese Übung erfordert Durchhaltevermögen, sie zählt zu den effektivsten Kräftigungsübungen für die gesamte Rückenmuskulatur. An dieser Stelle wollen wir Ihnen eine Variation zeigen, die auch sehr gut für Einsteiger geeignet ist.

- Sie befinden sich in der Bauchlage auf einem harten Untergrund. Das rechte Bein liegt gebeugt im rechten Winkel neben Ihrem Körper. Beide Beckenkämme befinden sich am Boden.
- Nehmen Sie den rechten Arm zurück und legen Sie den Handrücken auf den Po. Den linken Arm strecken Sie nach vorne aus, dabei zeigt der Daumen nach oben. Die Nase schwebt ca. zwei Zentimeter über dem Boden, das heißt, der Kopf ist leicht angehoben.
- Nun arbeitet der nach vorne ausgestreckte Arm: Er hebt und senkt sich wieder um etwa fünf Zentimeter. Führen Sie kleine Bewegungen aus, lassen Sie aber den Arm möglichst gestreckt. Führen Sie auf keinen Fall den Oberkörper nach oben. Beide Schultern bleiben in einer Linie und sind parallel zum Boden.
- Heben Sie den rechten Arm 20-mal an und wechseln Sie danach die Seite. Tasten Sie sich langsam mit wenigen Wiederholungen an diese Übung heran, wenn Sie Ihnen schwer fällt. Legen Sie öfter eine Pause ein und trainieren Sie anschließend weiter, Übung und Regelmäßigkeit macht den Meister. Trainieren Sie auf keinen Fall weiter, wenn Sie einen unangenehmen tiefen Schmerz spüren.

Dehnen

- Jetzt dürfen Sie sich selbst umarmen.
- Schlingen Sie beide Arme um Ihren Oberkörper. Vielleicht können Sie sogar Ihre Schulterblätter fassen.
- Senken Sie erst langsam den Kopf und rollen Sie nun den ganzen Oberkörper ein. Der Rücken ist jetzt ganz rund.
- Halten Sie die Dehnung 15 bis 20 Sekunden.

Die häufigsten Fehler ...

... und wie man sie vermeidet

• Nicht genügend Armeinsatz, zu wenig Schritte
  pro Minute: Infolge eines passiven Armeinsatzes
  entsteht zu wenig Dynamik. Die Körperspannung
  fehlt, um die Vorwärtsbewegung zu intensivieren.
• Übertriebene Armarbeit, die Schritte sind zu
  lang. Wenn die Arme zu weit vor den Körper
  schwingen, verlängern sich auch die Schritte
  und der Bewegungsablauf wird nicht rhythmisch.
• Die Arme schwingen über die Körpermitte, un-
  nötige Gelenkbelastungen sind die Folge.

Übertriebene Aktivitäten und mangelndes Körpergefühl führen immer häufiger auch bei Freizeit-
sportlern zum Überlastungssyndrom. Anstatt stetig
die Leistung zu steigern, verhilft einem falscher
Ehrgeiz bestenfalls zu Leistungsstillstand. Vielmehr
sind Schlafstörungen, Magen-Darm-Probleme,
Kopf- und Muskelschmerzen selbst bei geringster

Belastung die Folge. Das alles sind keine positiven
Anzeichen für ein besonders effektives Trainingsprogramm.

Außer Atem

Wenn Sie nach Luft schnappen und nur noch
halbe Sätze reden können, ist Ihr Walkingprogramm zu anstrengend.
• Gehen Sie langsamer und kontrollieren Sie regelmäßiger Ihren Puls (Seite 64).
Wenn Sie Seitenstechen bekommen, haben Sie
nicht richtig geatmet. Oberflächliche und zu hekti-
sche Atmung führt zu Sauerstoffmangel und verursacht Verspannungen.
• Gehen Sie langsamer, beugen Sie Ihren Oberkörper nach vorne und gehen Sie in dieser Position
  einige Schritte. Das entspannt das Zwerchfell
  und Sie können wieder tiefer atmen: durch die
  Nase ein und durch den geöffneten Mund wieder aus.

Muskelkrämpfe

Durch Überlastung oder erheblichen Flüssigkeitsmangel verkrampfen sich die Muskeln schlagartig.

• Trinken Sie vor, beim und nach dem Training genügend Flüssigkeit, am besten Wasser. Ab und zu können Sie Magnesium zufügen, das es als Pulver und Brausetabletten zu kaufen gibt.
• Bei einem Krampf hilft nur Dehnen und Lockern.

Wasserblasen

Wer Blasen bekommt, trägt den falschen Schuh oder Socken, die nicht richtig passen.

• Bevorzugen Sie Laufsocken, deren Nähte außen liegen.
• Mit Blasenpflaster können Sie auch vorbeugend kritische Stellen an Ihren Füßen versorgen.

Ein voller Bauch ...

... trainiert nicht gern. Die letzte größere Mahlzeit sollte mindestens drei Stunden zurückliegen. Aber auch ein knurrender Magen ist kein guter Begleiter.

• Essen Sie eine halbe Stunde vor dem Walken einen Apfel oder eine Banane.

Lieber »oben mit«

Ein gut sitzender Sport-BH stützt die Brust und verhindert, dass das Gewebe überdehnt wird oder reißt. Unabhängig von der Brustgröße sollten

Frauen deshalb nie »oben ohne« walken. Viele Sport-Tops haben eine eingearbeitete Stütze.

Lauter schlechte Ausreden

• Ich habe keine Zeit!

Es liegt an Ihnen sich Freiräume zu schaffen. Walken macht gute Laune und bringt neue Power!

• Ich bewege mich schon den ganzen Tag!

Bewegung ist nicht gleich gesunde Bewegung. Gehen Sie mindestens eine halbe Stunde Training pro Tag, um das Herz-Kreislauf-System zu trainieren oder ausreichend Kalorien zu verbrennen.

• Walken ist langweilig!

Stimmt nicht! Es liegt an Ihnen für Abwechslung zu sorgen. Wechseln Sie öfter Ihre Walkingstrecke. Oder nehmen Sie die Familie oder Freunde mit.

• Ich habe schon genug Stress.

Mit Walking bauen Sie Stress ab. Wenn Sie in Ruhe auf der Strecke gehen, werden Sie erfrischt und entspannt wieder kommen.

• Ich geniere mich, weil ich zu dick bin.

Denken Sie an sich und nicht, was andere über Sie denken könnten. Sie walken für Ihre Gesundheit und gegen Ihr Gewicht.

• Sport ist nichts für Menschen in meinem Alter!

Stimmt nicht! Oder sind Sie über neunzig Jahre alt? So alt ist die älteste Teilnehmerin einer meiner Walking-Gruppen. Walken kann man in jedem Alter und in jedem Leistungszustand.

• Andere machen sich lustig über mich!

Zugegeben, die Walking-Bewegung ist gewöhnungsbedürftig, Aber wenn Sie die Technik beherrschen und damit langsame Jogger überholen, gehören Sie zu einer außergewöhnlichen Gruppe von Sportlern.

Falsch: Die Arme schwingen über die Körpermitte, von rechts nach links und zurück. Schulter- und Armgelenke werden unnötig belastet und der Gehrhythmus leidet.

Worauf es ankommt!

Fitness steht für Gesundheit und Leistungsfähigkeit. Fit zu sein bedeutet schön, kraftvoll, vital, einfach gesund und rundherum glücklich zu sein. Fit zu sein ist ein Lebensziel, das Millionen Menschen anstreben. Die drei Buchstaben »fit« stehen auch als Abkürzung für den Trainingsinhalt.

Frequency – Häufigkeit
Intensity – Anstrengungsgrad
Time – Dauer

Zugegeben, diese etwas trockene Übersetzung des so bedeutenden Wörtchens »fit« lässt einen nicht gerade in Begeisterung ausbrechen. Aber in Verbindung mit unserer freien Interpretation von »Fitness« haben wir eine Bezeichnung, die es auf den Punkt bringt. Fitness ist ein stabiles Fundament für ein gesundes Leben.

Kraft

Wenn ich an Kraft denke, fällt mir spontan der Boxer Wladimir Klitschko ein. Nicht weil ich dem Boxsport besonders zugetan bin, ich denke dabei an kraftvolle Bewegungen, die eine vitale, gut trainierte und definierte Muskulatur ausführt. Ohne Kraft ist körperliche Leistung nicht möglich. Kraft wird unterschieden in Schnellkraft, Kraftausdauer und Maximalkraft.

• Schnellkraft ist nötig, um den Körper oder einen Gegenstand wie ein Sportgerät in die größt-

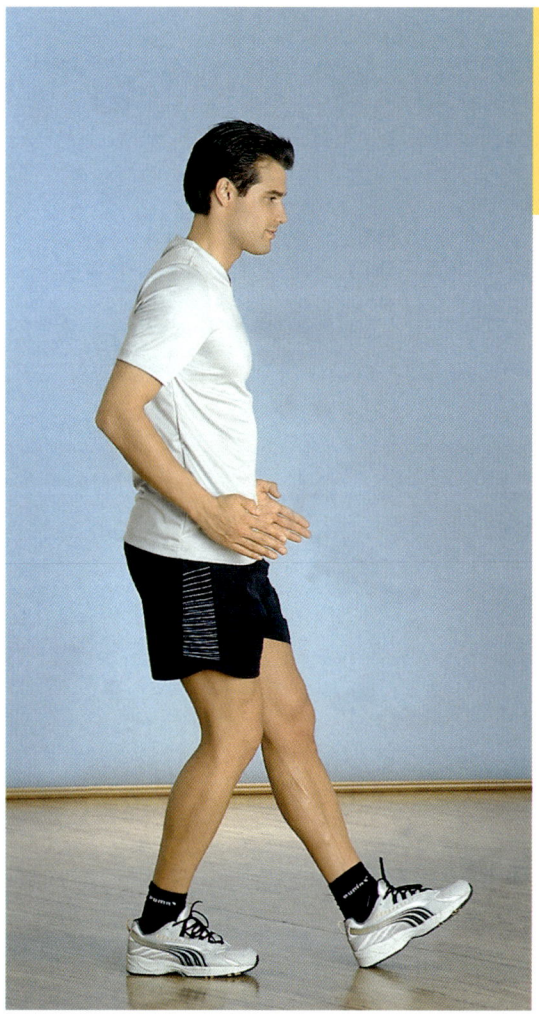

Mit dieser Übung trainieren Sie die Bein- und Pomuskulatur. Während Sie den Po absenken und ein Bein nach vorne setzen, halten Sie den Oberkörper aufrecht und strecken die Arme nach vorne.

wachstum werden die Gelenke schwer belastet und dadurch kann es schon in jungen Jahren zu Verschleißerscheinungen kommen. Krafttraining sollte man langsam und seiner Leistungsfähigkeit angepasst beginnen. Lassen Sie sich man sich von einem ausgebildeten Trainer beraten und sich ein eigenes Programm erstellen.

Ausdauer

Eine gute Ausdauer ist die Voraussetzung für Leistungsfähigkeit in allen Bereichen. Das Lexikon beschreibt Ausdauer als die Fähigkeit, physische und psychische Belastungen, die den Organismus ermüden, eine lange Zeit zu ertragen und sich danach rasch wieder zu erholen.

Im Trainingsbereich stehen Begriffe wie Aerobic oder Cardiotraining für Trainigsarten, die lange und anstrengend genug sind, um das Herz-Kreislauf-System zu trainieren. Dazu gehören Schwimmen, Skilanglaufen, Joggen, Radfahren und Walking. Unser Körper hat dabei immer genügend Sauerstoff zur Verfügung. Kommt man in den anaeroben

mögliche Geschwindigkeit zu versetzen oder abzubremsen. Leichtathleten wie die Sprinter oder Weit- und Hochspringer brauchen Schnellkraft zum erfolgreichen Ausüben ihrer Sportart.

- Kraftausdauer ist bei Sportarten notwendig, die Kraft erfordern. Hier ist eine Ausdauerleistung der Muskeln gegen einen Widerstand gefragt. Skirennläufer, Judoka oder Boxer brauchen Muskelkraftausdauer.
- Maximalkraft ist die Kraft, die gebraucht wird, um größte äußere Kräfte zu überwinden. Sie ist wichtig für die Kraft-Sportarten wie das Kugelstoßen, Gewichtheben oder Diskuswerfen.

Kraftsportler haben eine besonders ausgeprägte und definierte Muskulatur. Doch nur Krafttraining alleine führt noch lange nicht zu einer allgemeinen Fitness. Im Gegenteil: Durch zu schnelles Muskel-

Oben und unten: Auch mit kleinen Seitwärtssprüngen auf der Stelle können Sie Ihre Ausdauer erhöhen.

Testen Sie ihr Balancegefühl. Stellen Sie sich aufrecht hin und stützen Sie die Hände in die Hüften. Schließen Sie die Augen und heben Sie ein Bein an. Stehen Sie ruhig oder wackeln Sie?

Bereich, ist nicht mehr genug Sauerstoff vorhanden, man gerät in die Sauerstoffschuld. Tennis- und Fußballspieler können zum Beispiel betroffen sein.

Walking erfüllt alle Anforderungen an ein schonendes Ausdauertraining ohne dabei zu lasch zu sein. Durch ein regelmäßiges Walkingprogramm lassen sich Ruhepuls und Blutdruck senken. Das Herzvolumen vergrößert sich, das Herz kann Kraft sparender arbeiten. Es muss bei gleicher Leistung weniger schlagen. Ausdauersportarten wie das Walking beugen Herzinfarkt und Gefäßerkrankungen vor. Die Durchblutung wird verbessert und die Gefäße erhalten eine größere Elastizität.

Koordination

Koordination ist die Abstimmung verschiedener Bewegungen und Bewegungsabläufe, die über die Zentrale, unser Gehirn, gesteuert werden. Wir müssen zum Beispiel unsere Bewegungen koordinieren, wenn die Arme etwas anderes tun als die Beine. Die Verbindung von Reaktion, Geschicklichkeit, Feinmotorik, Balance und Rhythmusgefühl ermöglichen einen ökonomisch präzisen Bewegungsablauf, lassen uns Gefahrensituationen frühzeitig erkennen und bewahren uns vor Verletzungen.

Beweglichkeit

Ziemlich gut beweglich sind Sie, wenn Sie im Stehen einen Fuß hinter Ihren Kopf führen können. Aber Spaß beiseite, Beweglichkeit im sportwissenschaftlichen Sinn ist die Fähigkeit großflächige Bewegungen aus eigener Kraft oder unter Einfluss fremder Kräfte in einem oder mehreren Gelenken

Wie beweglich sind Sie? Machen Sie den »Schnürsenkeltest«. Beugen Sie sich nach unten und schnüren Sie die Schuhe. Klappt das auch mit gestreckten Beinen?

auszuführen. Beweglichkeit definiert sich demnach aus dem Zusammenspiel von Elastizität der Muskeln, Sehnen, Bänder und Gelenkkapseln sowie der Beweglichkeit im Gelenk selbst.

Ohne Kraft und Koordination läuft gar nichts oder nicht sehr viel. Ohne Bewegung rosten unsere Gelenke und irgendwann bleiben wir und unser Lebensmotor stehen. Je mehr Sie aber für Ihre Beweglichkeit tun, umso besser können Sie Ausdauer, Kraft und Koordination trainieren. Sie verringern das Verletzungsrisiko um ein Vielfaches.

Walking in allen Varianten

Heute fragt mich keiner mehr, was Walking ist, sondern welches Walking ich betreibe. Inzwischen gibt es so viele Varianten, dass man als Neuling die Qual der Wahl hat. Die Palette reicht vom einfachen Spaziergang bis zum Wettkampfgehen. Unser Spazierengehen und Wandern heißt in Amerika Strolling oder Hiking. Das Gesundheits-Walking heißt Health-Walking und das Walken nach einer bestimmten Pulsbelastung nennt man Fitness-Walking. Power-Walking wird unter noch größerer Pulsbelastung ausgeführt, teilweise mit Gewichten. Die anstrengenderen Varianten sind das Hill-Walking, also bergauf und bergab, das Nordic-Walken, die finnische Variante mit Stockeinsatz, das Race-Walking, das professionelle Wettkampfgehen und die schnellste Walkingform, sowie das Aqua-Walking, die Walking-Variante im Wasser.

Fitness-Walking

Die ersten Walkingeinheiten liegen schon hinter uns und somit wird es Zeit für ein bisschen Abwechslung und eine höhere Belastung. Beim Fitness-Walking stehen das Herz-Kreislauf-Training und die Gewichtsabnahme im Vordergrund. Sie gehen so schnell wie möglich. Anfänger walken ca. 110 bis 130 Schritte pro Minute, während Fortgeschrittene bis 150 und mehr Schritte gehen. Die Pulsbelastung liegt im mittleren bis hohen Bereich, bei 70 bis 80 Prozent der maximalen Pulsfrequenz. Ein dynamischer Armeinsatz ist notwendig, um die größtmögliche Geschwindigkeit und entsprechende Schrittlänge zu erreichen. Gehen Sie mit energischen, kraftvollen Schritten. Die Brust schieben Sie nach vorne, dadurch ist der Oberkörper immer leicht nach vorne geneigt. Die Beine bleiben während des Trainings leicht gebeugt. Rollen Sie über die gesamte Fußsohle ab und stoßen Sie sich mit dem Fußballen vom Boden weg. Der Vorwärtsschub kommt aus der Wadenmuskulatur, aber auch die Oberschenkel- und Pomuskulatur werden beim Walken intensiv trainiert.

Fitnesslevel:	mittleres Leistungsniveau
Trainingsdauer:	bis zu 1 Stunde
Tempo:	mittlere Geschwindigkeit
Intensität:	sanfte, kontinuierliche Belastung
Gelände:	ebene Strecken und Waldwege
Ausrüstung:	wetterfeste Walkingschuhe und funktionelle Bekleidung

Nordic-Walking

Eine der schönsten und abwechslungsreichsten Walking-Arten ist das Nordic-Walken. Diese Erfindung der Finnen ist eine Mischung aus Walken und Sommer-Skilanglauf. Nur walkt man per Pedes und stützt sich mit Hilfe von Stöcken ab. Diese Walking-Variante wird mittlerweile auch im Leistungssport als Sommertraining für Wintersport-Profis eingesetzt. Beim Nordic-Walking geben Ihnen die Stöcke bei unwegsamem Untergrund sicheren Halt. Bergab helfen Sie Ihnen den Aufprall zu mindern. Der technisch richtige Einsatz der Stöcke schont Knochen und Gelenke und kann auch Muskelkater verhindern, weil bei korrekter Ausführung die Belastung gleichmäßig auf die Beine, die Arme und den Oberkörper verteilt wird. Die Stöcke haben spezielle Handschlaufen, die einen sicheren Halt und eine gute Führung für den kräftigen Abdruck gewährleisten. Dabei werden Bauch-, Brust-, Arm- und Rückenmuskulatur bewusst eingesetzt und gekräftigt. Die Stöcke entlasten auch den Rücken und schonen die Knie- und Fußgelenke. Im Vergleich zum normalen Walking ohne Stöcke ist Nordic-Walking bis zu 50 Prozent effizienter. Der Energieverbrauch ist höher und es wurde bei regelmäßigem Training eine deutliche

- Durch den Einsatz der Stöcke wird der gesamte Bewegungsapparat, besonders Wirbelsäule, Knie und Sprunggelenke mit jedem Stockeinsatz um ca. fünf bis acht Kilogramm entlastet.
- Der Energieverbrauch ist beim Nordic-Walking sehr hoch. Im Vergleich zum normalen Walking werden mehr Kalorien verbrannt.
- Nordic-Walking ist ein hervorragendes Fettverbrennungstraining.
- Durch das dynamische Einsetzen der Stöcke erhöht sich der Puls um bis zu 20 Schläge.
- Verspannungen im Schulter- und Nackenbereich können durch Nordic-Walken reduziert werden.
- Beim Bergab-Laufen werden die Aufprallkräfte durch die Stöcke stark abgefangen.
- Auch im hügeligen und steilen Gelände kann ohne große Anstrengung gewalkt werden.
- Die Stöcke ermöglichen auf rutschigem Untergrund, Eis und Schnee einen sicheren Tritt.

Zunahme der Kraftausdauer und der Sauerstoffaufnahme festgestellt. Wenn die Technik stimmt, ist diese Walking-Variante besonders Übergewichtigen und orthopädisch anfälligen Personen zu empfehlen. Sogar werdende Mütter zählen mittlerweile zu den Nordic-Walking-Fans.

Mit Nordic-Walking abnehmen

Jüngste Untersuchungen des Cooper Institute, Dallas, USA, ergaben, dass Nordic-Walking im Vergleich zum Wandern 30 bis 40 Prozent mehr Kalorien verbraucht. Die Belastung wurde von den Testpersonen keineswegs als höher empfunden, da zusätzliche Muskelgruppen beansprucht wurden. Andere Untersuchungen, die Nordic-Walking in Zusammenhang mit Beschwerden des Bewegungsapparates testeten, ergaben, dass bei der Hälfte der Testpersonen Rückenschmerzen verschwanden und Wirbelsäule und Gelenke wieder besser bewegt werden konnten.

Besonders empfehlenswert...

Nordic-Walking hat aufgrund vieler positiver Studienergebnissen und langjähriger Erfahrungen ausgesprochen viele Vorteile.

Technik und Tücken

Die Technik des Nordic-Walking ist einfach zu erlernen. Wenn Sie schon einmal mit Stöcken trainiert haben, wie zum Beispiel beim Skilanglauf, werden Sie keine Probleme haben. Der Rhythmus und der Ablauf der Bewegungen von Armen, Beinen und Körper sind vergleichbar mit dem traditionellen Skilanglauf. Jeweils der linke Arm und das rechte Bein bzw. der rechte Arm und das linke Bein bewegen sich parallel nach vorne.

Eine der häufigsten Bemerkungen, auf die sich ein Nordic-Walker einstellen muss, ist: »Haben Sie Ihre Skier vergessen?« Noch ist es in unseren Breitengraden ein ungewohntes Bild im Stadtpark Menschen mit Stöcken und lediglich Laufschuhen an den Füßen zu begegnen. Lassen Sie sich trotzdem nicht davon abhalten, diesen neuen Sport zu betreiben.

In unserer kleinen Technik-Schule lernen Sie richtig Nordic-Walken und erfahren, worauf Sie achten müssen, um Fehler zu vermeiden.

Grundstellung

Sie stehen auf ebenem Grund in aufrechter Haltung. Verlagern Sie Ihr Körpergewicht auf die Fußballen, Ihre Fersen sind entlastet. Jetzt können Sie losgehen. Achten Sie dabei auf den bewussten Oberkörpereinsatz und nicht zu große Schritte. Vor allem Einsteiger müssen sich erst einmal an diese Art zu gehen gewöhnen. Beachten Sie bei Ihren ersten Nordic-Walking-Versuchen Folgendes:

• Wählen Sie zunächst eine flache Laufstrecke.

• Gehen Sie, als würden Sie keine Stöcke haben. Dabei sind die Schultern locker und entspannt. Die Arme schwingen natürlich nach vorne und hinten. Die Stöcke folgen der Armbewegung, sie werden jedoch nicht aktiv benutzt.

• Nun steigern Sie langsam den Einsatz der Stöcke. Versuchen Sie die Bewegungen der Arme und Beine wirkungsvoll miteinander zu kombinieren.

Bergauf

Der Oberkörper ist vermehrt nach vorne geneigt. Lassen Sie den Rücken gerade und knicken Sie nicht in der Hüfte ein. Stoßen Sie sich aktiv aus den Fußgelenken ab. Ihre Schritte werden nicht kleiner. Die Arme schwingen weit nach hinten. Bergan bewegt sich der Nordic-Walker mit seinen Stöcken fast wie im Vierfüßlergang. Die Belastung wird gleichmäßig auf die Arme und Beine verteilt. Die Knie und der Rücken werden entlastet. Achten Sie deshalb auf einen exakten Stockeinsatz. Das Walken in hügeligem Gelände mit betontem Einsatz der Stöcke führt zu einer erhöhten Fettverbrennung bei einer geringen Anstrengungsempfindung.

Nordic-Walker erleben die schönsten Naturereignisse hautnah. Für Augen und Nase, für den ganzen Körper ist Nordic-Walken ein sinnliches Vergnügen!

Bergab

Kleine Schritte und deutlich gebeugte Knie ermöglichen beim Bergabgehen eine größtmögliche Entlastung. Setzen Sie Ihre Stöcke effektiv ein. Der Oberkörper befindet sich in leichter Rücklage.

Handgriff

Walking-Stöcke haben spezielle Handschlaufen, die die Hand- und Armmuskulatur beim Abdruck stützen. Während des Stockaufsetzens wird der Griff fest umfasst, beim Abstoßen nach hinten wird er losgelassen.

Im Vergleich zum Fitness-Walking vergrößert sich die Schrittlänge beim Nordic-Walking. Die Arme bewegen sich etwas langsamer, da sie die Stöcke mitführen müssen. Der Stockeinsatz erfolgt eng am Körper, die Bewegung führt in gerader Richtung vorwärts und wieder zurück. Die Schrittdynamik ist abhängig vom Einsatz der Hüften und des gesamten Oberkörpers. Wichtig ist auch, dass der Oberkörper während des gesamten Bewegungsablaufs stets leicht nach vorne geneigt ist.

Nordic-Walken ist ein geniales Kräftigungs-, Entspannungs- und Bewegungstraining. Jeder Schritt kräftigt die Rücken-, Arm- und Beinmuskulatur und fördert die koordinativen Fähigkeiten.

Mit Stockeinsatz!

Halten Sie die Stöcke mit einem sicheren Griff und verkrampfen Sie nicht die Hände. Unter Umständen kann das zu Verspannungen im Schulter- und Nackenbereich führen. Stellen Sie zuerst die Schlaufen passend für Ihre Hände ein.

Führen Sie die Stöcke zunächst passiv, das heißt, pendeln Sie mit den Armen locker neben dem Körper. Denken Sie jetzt nicht an den Stockeinsatz, sondern konzentrieren Sie sich nur auf Ihre Armbewegung. Die Arme schwingen vor und zurück. Fassen Sie die Stöcke wieder und setzen Sie sie auf dem Boden auf. Der letzte Abdruck des Stockes erfolgt über die Streckmuskulatur des Armes. Wenn Sie sich nach hinten abgedrückt haben, öffnen Sie leicht die Hand, um die größtmögliche Streckung im Arm zu erreichen.

Die Nordic-Walking-Stöcke sind keinesfalls Spazier- oder Stützstöcke wie sie Bergwanderer oft benutzen. Sie sehen ähnlich aus wie die Stöcke beim Skilanglauf und verfügen über einen speziellen Handgriff mit Schlaufe, der einen sicheren Halt, eine gute Führung und einen kräftigen Abdruck gewährleisten soll. Dabei dient er auch als Trainingsgerät der gesamten Arm-, Rücken- und Bauchmuskulatur.

Wichtig!

Bergauf beugen Sie Ihren Körper weiter nach vorne. Die Armarbeit wird kräftiger, ebenso der Abdruck über die Fuß- und Beinmuskulatur.

Bergab verkürzen Sie Ihre Schrittlänge und halten beide Beine immer gebeugt.

Fehler vermeiden!

Falsch!
Die Arme schwingen nicht mit. Nur der Unterarm bewegt sich aus dem Ellbogengelenk (Foto oben links).

Richtig!
Arme und Ellbogen werden weit nach vorne und weit nach hinten geführt. Nur so kann ein harmonischer Bewegungsablauf entstehen.

Falsch!
Gestreckte Beine beim Abwärtswalken (Foto oben rechts).

Richtig!
Die Beine sind beim Abwärtswalken immer deutlich gebeugt. Die Abstoßbewegung aus dem Fußgelenk entfällt. Da wir abwärts mehr Schwung haben, käme es zu einem harten Aufprall.

Falsch!
Der Stockeinsatz erfolgt zu steil oder vor dem Körper, ein fließender Bewegungsablauf ist deshalb nicht möglich (Foto oben).

Richtig!
Führen Sie folgende Übung aus: Öffnen Sie die Hände, Sie nehmen die Stöcke nur in den Schlaufen mit. So bekommen Sie allmählich das Gefühl für das richtige Aufsetzen der Stöcke.

Der ideale Stock

Da das Interesse am Nordic-Walking steigt, hat auch der Fachhandel reagiert. Mehrere Firmen bieten mittlerweile Walking-Stöcke an. Achten Sie beim Kauf auf folgende Dinge:

- Der ideale Nordic-Walking-Stock sollte leicht und stabil sein.
- Die optimale Stockgröße errechnet sich aus der Körpergröße x 0,7.
- Achten Sie auf gut sitzende Handschlaufen. Sie ermöglichen eine problemlose Führung des Stockes. Die Schlaufen müssen Ihnen auch bei geöffneter Hand das Vorwärts- und Rückschwingen des Stockes ermöglichen, ohne dass Sie ihn verlieren.
- Entscheiden Sie sich nur für Teleskop-Stöcke, wenn Sie Bergwandern oder Trekking Touren unternehmen und nur gelegentlich Nordic-Walken wollen. Für intensives Nordic-Walking sind Teleskop-Stöcke ungeeignet. Sie sind zu schwer und instabil.
- Kaufen Sie sich einteilige Fiberglasstöcke, sie sind sehr leicht, stabil und vibrationsarm.

- Die Stockspitze sollte aus speziell gehärtetem Stahl und auswechselbar sein.
- Wichtig ist auch ein spezieller Gummiaufsatz für die Stockspitze, der das Walken auf glattem Untergrund oder Asphalt ermöglicht.

Fitness-Level:	mittleres bis hohes Leistungs- niveau
Trainingsdauer:	30 Minuten
Tempo:	gemäßigte bis mittlere Ge- schwindigkeit
Intensität:	dynamische, kontinuierliche Belastung
Gelände:	hügeliges bis steiles Gelände
Ausrüstung:	wetterfeste Walkingschuhe und Bekleidung, Walking-Stöcke

Power-Walking

Die meisten fortgeschrittenen Walker haben sich für Power-Walking als ihre Variante entschieden. Sie beherrschen die Technik und legen mit dynamischem Armschwung und ausladenden Schritten ein schnelles Tempo vor. Power-Walker trainieren knapp unterhalb der anaeroben Schwelle. Die Pulsbelastung liegt bei ca. 80 bis 85 Prozent der maximalen Herzfrequenz und darüber. Entsprechend intensiv ist die Herz-Kreislauf-Belastung.

Power-Walker sieht man oft mit kleinen Hanteln oder Gewichtsmanschetten walken. Dadurch wird ein größerer Anstrengungsgrad erreicht und zusätzlich Oberkörper-, Schulter-, Arm- und Rückenmuskulatur gekräftigt. Allerdings sollten die Gewichte nicht schwerer als ein Kilogramm pro Hand sein, um die Muskeln und Gelenke nicht zu überfordern. Falsch eingesetzte Gewichte, zum Beispiel Manschetten an den Fußgelenken schaden mehr als sie nutzen. Sie beeinträchtigen die Beweglichkeit des Fußgelenkes und damit die Walking-Technik. Gelenkschäden oder Verletzungen sind damit auf die Dauer vorprogrammiert.

Wer sich für Power-Walking als Variante entschlossen hat, ist in der Regel schon länger dabei und ziemlich fit.

In den USA wird Power-Walking auch als »Wogging« bezeichnet. Damit ist die Kombination aus Walking und Jogging gemeint. Geht man von der Geschwindigkeit aus, so ist es einem Power-Walker durchaus möglich, mit einem langsamen Jogger mitzuhalten. Bei mittlerer Geschwindigkeit, ca. acht Kilometer pro Stunde, ist der Energieverbrauch beim Walking genauso hoch wie beim Joggen, manchmal sogar höher.

Fitness-Level:	mittleres bis hohes Leistungs- niveau
Trainingsdauer:	bis zu 60 Minuten
Tempo:	schnelle Geschwindigkeit
Intensität:	dynamische, kontinuierliche Belastung
Gelände:	flache, ebene Strecke
Ausrüstung:	wetterfeste Walkingschuhe und funktionelle Bekleidung

Race-Walking

Mit Race-Walking beginnt der Leistungssport. Es ist die schnellste Art des Gehens. Wenige wissen, dass das Gehen zu den ältesten olympischen Disziplinen gehört. Frauen bestreiten ihren Wettkampf über die Zehn-Kilometer-Distanz, Männer können wählen zwischen der 20- und 50-Kilometer-Distanz. Wettkampfgeher werden oft belächelt, die rotierenden Bewegungen der Hüfte als plump und sogar gesundheitsschädigend empfunden. Doch das stimmt nicht. Wer die Technik richtig beherrscht, belastet die Muskulatur und Gelenke weniger als ein Läufer. Der Bewegungsrhythmus ist dynamisch und fließend, der harte Aufprall auf dem Boden, wie beim Laufen, entfällt durch die Abrollbewegung über die ganze Fußsohle. Der gesamte Körper wird in den Bewegungsablauf einbezogen. Wie eine Schlangenlinie beginnt die Bewegung an der Fußaußenkante, läuft über die gesamte Fußsohle weiter über die Beine bis zum Becken. Dort läuft der Schwung über die Hüftrotation in den Oberkörper. Die kraftvolle Armtechnik trägt maßgeblich zur Geschwindigkeit bei. Race-Walker erreichen erstaunlich hohe Geschwindigkeiten. Bei der Europameisterschaft 2002 in München stellte der Pole Robert Korzeniowski eine neue Weltbestleistung im 50-Kilometer-Gehen bei

den Männern auf. Nach 3:36:39 Stunden überquerte er unter dem Jubel des Publikums im Münchner Olympiastadion die Ziellinie. Race-Walker müssen exakt auf Technik und Ausführung ihrer Sportart achten. Während man bei manchen Sportarten auch einmal schummeln kann, wenn es um saubere Technik geht und der Sportler allenfalls wertvolle Sekunden verliert, werden Technikfehler beim Wettkampfgehen sofort bestraft. Gerade den Profis passiert es manchmal, dass es wegen der hohen Geschwindigkeit während des Gehens zu einer Flugphase kommt. Beide Füße verlieren gleichzeitig den Bodenkontakt. Das ist regelwidrig und der Geher wird verwarnt. Nach drei Verwarnungen erfolgt die Disqualifikation. Selbst geschulte Kampfrichter können nicht immer einwandfrei erkennen, ob stets ein Fuß Bodenkontakt hat. Daher kommt es leider bei Wettkämpfen oft zu umstrittenen Disqualifikationen, meistens vor dem Ziel, aber manchmal leider noch im Nachhinein.

Fitness-Level:	hohes Leistungsniveau
Trainingsdauer:	bis zu drei Stunden
Tempo:	schnelle Geschwindigkeit
Intensität:	intensivste Belastung im anaeroben Bereich
Gelände:	flache, ebene Strecke
Ausrüstung:	Wettkampfausrüstung

Im Rahmen vieler Volksläufe oder Citymarathons, wie zum Beispiel in Berlin, finden mittlerweile auch durchaus anspruchsvolle Walkingveranstaltungen für Freizeitsportler statt. Dabei fehlt zwar der echte Wettkampfcharakter, der Reiz liegt eher in der Teilnahme. Es geht nicht nur darum einen Platz auf dem Podest zu erringen, sondern die Freude an der sportlichen Betätigung spielt eine große Rolle. Wenn man Glück hat, kann man dabei auch auf ältere Athleten treffen, die in früherer Zeit große Erfolge in den Stadien der Welt feierten.

Hill-Walking

Wenn Sie in der Stadt leben, aber Hügel oder Berge nicht weit sind, sollten Sie das Hill-Walking ausprobieren. Hill-Walking lässt sich auch mit flottem Bergwandern vergleichen, denn dabei walken Sie ohne Pause in zügigem Tempo bergauf. Bewegung und Sport in freier Natur hat einen sehr hohen Trainingswert. Das haben Forscher der Universität von West Virginia in einer Studie belegt. Die Sportmediziner und Psychologen ließen Versuchspersonen in der freien Natur und auf dem Laufband laufen. Das medizinische Ergebnis entsprach dem subjektiven Empfinden der Teilnehmer. Herzschlag und Pulsfrequenz waren bei beiden Gruppen vergleichbar. Gravierende Unterschiede ergaben sich bei den psychischen Parametern. Während sich die Naturläufer frischer fühlten, zeigten sich die Hallenläufer niedergeschlagener. Medizinisch konnte dieser Zustand über eine Hormonuntersuchung erklärt werden. Das Stresshormon Cortisol wies bei den Natursportlern eine geringere Konzentration auf, der Stimmungsaufheller Noradrenalin eine höhere. Wenn Sie Bergwandern langweilig finden, sollten sie es einmal mit Hill-Walking versuchen. Es ist ein intensives Kraftausdauertraining, das bei gleicher Pulsfrequenz bergauf eine noch geringere Gelenkbelastung als Power-Walking auf ebener Strecke hat. Die Trainingsherzfrequenz sollte nicht über 85 Prozent der maximalen Herzfrequenz hinausgehen. Ein kurzes Intervalltraining, zum Beispiel einen Hügel hinauf und hinunter zu gehen, kann dagegen bis zu 90 Prozent der maximalen Herzfrequenz bewirken. Sinnvoll ist, besonders beim Bergabgehen, das Verwenden von Nordic-Walking-Stöcken. Ohne Stöcke besteht die Gefahr einer Überlastung der Gelenke. Falls das nicht möglich ist, sollten Sie beim Bergabgehen auf kleinere Schritte achten und bewusst langsamer gehen. Versuchen Sie jeden Schritt weich über die Muskulatur abzufedern.

Fitness-Level:	mittleres Leistungsniveau
Trainingsdauer:	bis zu zwei Stunden
Tempo:	mittlere Geschwindigkeit
Intensität:	dynamische, kontinuierliche Belastung
Gelände:	hügeliges bis bergiges Gelände
Ausrüstung:	wetterfeste Walkingschuhe und funktionelle Bekleidung

> Aqua-Walking ist nicht nur ein Ausdauerpro-
> gramm. Es werden außerdem Kraft, Koordina-
> tion und Beweglichkeit geschult.

Aqua-Walking

Walking oder Running im Wasser gibt es eigentlich
schon lange. Im Höchstleistungssport setzen Welt-
klasse-Sprinter und Marathonläufer das Deep Water Running als Trainingsvariante ein. Aber auch
als sanftes Ausdauertraining für Senioren, Rekon-
valeszenten und Übergewichtige oder als Aufbautraining für operierte Leistungssportler wird das
Aqua-Walking eingesetzt. Viele Reha-Praxen
haben mittlerweile ein Trainingsbecken, um ihre
Patienten wieder belastungsfrei beweglich zu
machen. In führenden Kurorten gehört Aqua-Walking schon seit langer Zeit zum Gesundheitsprogramm. Und wenn man es genau betrachtet, ist
Pfarrer Kneipps Wassertreten der Vorläufer des
Aqua-Walking. Bewegung im Wasser macht Spaß.
Durch minimale Belastungen für Gelenke, Sehnen,
Bänder und Knochen hat es entscheidende Vorteile gegenüber Sportarten »an Land«. Wasser
trägt uns zwar, aber wir müssen trotzdem etwas
tun. Wer schon einmal ein Ausdauerprogramm im
Wasser absolviert hat, wird mir zustimmen. Es ist
anstrengend, intensiv, belastet jeden Muskel und
macht sehr viel Spaß. Während des Trainings be-
merkt man die Belastung kaum, Sie schwitzen
zwar auch, aber spüren es nicht.
Aqua-Walking ist nicht nur ein Ausdauerprogramm, sondern ebenfalls eine wirkungsvolle Was-
sergymnastik, die die allgemeine Fitness verbessert. Es werden Kraft, Ausdauer, Koordination und
Beweglichkeit geschult. Bewegungen gegen den
Wasserwiderstand kräftigen die Muskulatur des
gesamten Bewegungsapparates. Im Gegensatz
zum Krafttraining an den Maschinen, bei dem bestimmte Muskelgruppen oder einzelne Muskeln
isoliert voneinander trainiert werden, muss beim
Aqua-Walking jeder Muskel mitarbeiten. Aqua-
Walking ist schon allein durch das »Zeitlupen-
tempo« der Bewegung wohltuend und absolut
stressfrei. Es entkrampft und man befindet sich in
einem Schwebezustand. Man spürt sein Eigenge-
wicht nicht mehr und fühlt sich nach dem Training
entspannt und locker. Wasser beschleunigt durch

seine Wärmeleitfähigkeit verschiedene Stoffwechselprozesse in unserm Körper. Unsere »Kraft-
werke« brauchen mehr Energie und verbrennen
mehr Kraftstoff, also Kalorien.
Walken im Wasser verlangt eine gewisse Technik.
Achten Sie auf eine aufrechte, leicht nach vorne
geneigte Haltung. Die Beinbewegungen vor und
hinter dem Körper sollten gleichmäßig und zügig
sein. Sie müssen keine Geschwindigkeitsrekorde
brechen, selbst Könner kommen im Wasser nur
sehr langsam vorwärts.

Ganzkörpertraining

Versuchen Sie Ihren ganzen Körper gegen den
Wasserwiderstand zu bewegen. Arme und Beine
sind gleichermaßen in Aktion.

Armtechnik

Besonders wichtig ist die Armarbeit. Dynamische
Armbewegungen bestimmen das Tempo der
Beine. Halten Sie die Arme im 90-Grad-Winkel
und führen Sie diese aktiv am Körper vorbei nach
vorne und nach hinten. Die Fäuste sind locker und
unverkrampft.

Zugphase

Durch die Zugphase gegen den Widerstand des
Wassers werden vor allem die hinteren Muskelgruppen an Rumpf, Becken und Beinen trainiert.
Der Schritt soll schwungvoll und nicht zu groß sein.
Legen Sie besondere Aufmerksamkeit auf die einzelnen Bewegungsabschnitte: Oberschenkel anhe-
ben, Unterschenkel beugen und Zugphase.

Beim Aqua-Walking wird mit großen Schritten gegen den Wasserwiderstand die Beinmuskulatur intensiv gefordert.

Fußtechnik

Achten Sie darauf, wie Sie Ihre Fußgelenke aufstellen. Knicken Sie nicht ein, stabile Fußgelenke vermeiden Fehlstellungen der Knie- und Hüftgelenke. Ziehen Sie die Fußspitzen bei allen Vorwärtsbewegungen in Richtung Schienbein und strecken Sie sie aktiv bei der Rückwärtsbewegung.

Die richtige Technik

- Steigen Sie in das Wasserbecken und suchen Sie sich eine Stelle, an der Ihnen das Wasser bis auf Brusthöhe reicht. Je tiefer das Wasser ist, desto anstrengender wird Ihr Trainingsprogramm.
- Neigen Sie den Oberkörper nur leicht nach vorne und beginnen sie zu walken.
- Bewegen Sie sich bewusst gegen den Wasserwiderstand und lassen Sie den Oberkörper nicht zurückdrängen.
- Je kraftvoller und schneller die Armbewegungen erfolgen, umso intensiver wird Ihr Training sein.
- Probieren Sie verschiedene Schrittbewegungen aus, gehen Sie zum Beispiel auch einmal rückwärts.

Was Sie sonst noch brauchen

Wenn Sie das Aqua-Walking etwas professioneller betreiben und im tiefen Wasser trainieren wollen,

Wenn Sie sich für Aqua-Walking entschieden haben, sollten Sie sich eine Aqua-Weste besorgen.

sollten Sie sich eine Aqua-Weste kaufen oder ausleihen. Sie sorgt für eine aufrechte, korrekte Haltung und bringt Sie automatisch in die richtige Walking-Position. Die Weste sorgt durch den Auftrieb für müheloses Schweben im Wasser. Kopf und Gesicht bleiben an der Oberfläche und gewährleisten eine normale Atmung. Durch die Weste haben Sie normalerweise keinen Kontakt zum Boden.

Als Alternative zur Weste wird der Aqua-Gurt angeboten, der wie ein Rucksack über den Schultern befestigt wird. Manche Ausführungen bieten jedoch zu wenig Halt.

Als Zusatzausrüstung werden auch Spezial Handschuhe (Mits oder Wet Hands) und mit Wasser befüllbare Hanteln (Water Weights) angeboten.

Ein Trainingsprogramm für Alle

- Aqua-Walking ist auch für Nichtschwimmer sehr gut geeignet.
- Aqua-Walking ist ein hervorragendes Herz-Kreislauf-Training. Auch Profis nutzen es als Alternative zu Ihrem normalen Ausdauerprogramm.
- Durch den hydrostatischen Druck des Wassers werden mechanische Belastungen auf etwa ein Zehntel des Gesamtgewichtes reduziert.
- Mit Aqua-Walking trainieren Sie nicht nur den gesamten Bewegungsapparat, sondern verbessern außerdem die Koordination und Beweglichkeit der Gelenke, Muskeln, Sehnen und Bänder.
- Physiotherapeuten empfehlen Aqua-Walking als Trainingsprogramm, um die Beweglichkeit wiederherzustellen. So lassen sich Bewegungseinschränkungen ganz oder teilweise aufheben.
- Die Wärmeleitfähigkeit des Wassers beschleunigt beim Aqua-Walking sämtliche Stoffwechselprozesse des Körpers.
- Aqua-Walking eignet sich besonders für übergewichtige Personen, Menschen mit Gelenkbeschwerden, zum Beispiel Arthrosepatienten, Patienten in der Rehabilitationsphase aber auch werdende Mütter, die auf eine sportliche Betätigung nicht verzichten wollen.
- Aqua-Walking kann man allein, zu zweit oder in der Gruppe ausführen. Wenn das Wetter einmal schlecht sein sollte, kann man seine Runden im Schwimmbad drehen.

Fitness-Level:	Einsteiger bis hohes Leistungsniveau
Trainingsdauer:	bis zu 50 Minuten, dreimal pro Woche
Intensität:	dynamische, kontinuierliche Belastung
Ort:	Schwimmbad, See, Meer
Ausrüstung:	Badeanzug, oder -hose evtl. Aqua-Weste oder -Gurt für Deep-Water-Walking

Auch eine Aqua-Walking-Stunde wird in mehrere Abschnitte unterteilt: Zu Beginn erwärmen Sie sich 5 bis 10 Minuten im Wasser, dann folgt der Hauptteil mit dem entsprechenden Trainingsschwerpunkt. Zum Schluss dehnen Sie die beanspruchten Muskeln.

Walkingkombinationen

Natürlich gibt es neben dem Walking auch noch andere Sportarten, die Herz und Kreislauf in Schwung bringen. Sie können das Walken mit anderen Ausdauersportarten kombinieren, zum Beispiel mit dem Schwimmen oder Radfahren. Hier trägt Sie entweder das Wasser oder das Rad und Sie trainieren andere Muskelgruppen. Skilanglauf oder Schlittschuhlaufen sind im Winter ein ideales Zusatzprogramm. Und wenn Sie einmal keine Lust oder Gelegenheit haben, um ins Freie zu gehen, können Sie ein Fitness-Studio besuchen, sich auf ein Spinningrad setzen oder auf dem Crosstrainer eine oder zwei Runden walken. Das sind aber nicht die einzigen Sportarten, die sich mit dem Walking gut kombinieren lassen, auch Aerobic, Inlineskaten, alle Ballspielsportarten oder das Tanzen eignen sich. Wie immer Sie sich entscheiden, vergessen Sie nicht nach harten Trainingstagen sich wieder zu erholen.

Schwimmen

Schwimmen wie ein Fisch im Wasser! Dieser Satz signalisiert Glücksgefühl, Wohlempfinden und eine gewisse Leichtigkeit im Leben. Durch Schwimmen wird der Mensch von der Last der Schwerkraft befreit. Im Wasser spürt der Körper nur noch ein Siebtel seines Gewichtes. Alle Bewegungen laufen in »Zeitlupe« ab und sind so in jeder Phase besser zu kontrollieren. Gegen den Wasserwiderstand zu arbeiten, erfordert Kraft und Ausdauer. Die gesamte Körpermuskulatur muss mitarbeiten. In einer halben Stunde verbraucht der Körper ca. 400 Kilokalorien. Auch durch den Temperaturunterschied zwischen Wasser und Körper muss unser Stoffwechsel mehr arbeiten, um die Körpertemperatur aufrecht zu erhalten. Trotzdem kommen wir beim Schwimmen nicht so schnell außer Atem wie zum Beispiel beim Joggen, weil die Wassertemperatur in der Regel niedriger ist als unsere Körpertemperatur und die Haut somit weniger stark durchblutet wird. Dafür gelangt mehr Blut zur arbeitenden Muskulatur. Der Puls steigt nicht so stark an. Schwimmen fördert die Beweglichkeit und Koordination. Und das ist lange noch nicht alles. Die Bewegungsabläufe erfolgen beidseitig

Selbst wenn die Technik des Freistilschwimmens zunächst schwierig erscheint, auch Senioren können sie problemlos erlernen.

und durch die kontrollierbare Technik nahezu ohne Verletzungsrisiko. Muskelverletzungen wie zum Beispiel ein Muskelfaserriss kommen so gut wie nie vor. Die Lunge bekommt wieder Luft durch eine tiefe und rhythmische Atmung. Unser gesamter Bewegungsapparat wird entlastet. Schwimmen ist ein geniales Rückentraining und stärkt das Bindegewebe. Wenn Ihnen das Bahnenziehen einmal zu langweilig wird, nehmen Sie sich ein Paddel oder Schwimmbrett mit ins Wasser. Damit können Sie gezielt Technik und Schnelligkeit verbessern oder einfach nur eine neue Art der Fortbewegung im Wasser ausprobieren. Aber auch zur Entspannung der Muskulatur ist ein Wasserbecken der beste Ort. Durch leichte Bewegungen entspannt und lockert sich die Muskulatur. Die Körpertemperatur wird wieder auf »normal« geregelt und der Regenerationsmechanismus setzt schneller ein.

Biken

Radfahren ist ein Sport für alle Alters- und Leistungsklassen. Umfragen haben ergeben, dass ca. 60 Prozent der mobilen Menschen mindestens einmal pro Woche auf dem Radsattel sitzen. In den letzten zehn Jahren stieg die Zahl der Fahrräder in Deutschland von 55 Millionen auf 65 Millionen an. Vertreten sind Cityräder, Trekkingräder,

Mountainbikes oder Rennräder. Biken bedeutet Spaß an der Bewegung, Fitnesstraining oder Hochleistungssport, aber auch Therapie und Entspannung. Radfahren beansprucht in erster Linie die Beine. Dabei müssen Oberschenkel- und Unterschenkelmuskulatur am meisten leisten. Die inneren Organe wie Lunge und Herz werden ebenfalls optimal trainiert. Herzinfarktpatienten oder Patienten mit Koronarer Herzerkrankung erreichen nachweislich ein höheres Lebensalter durch sanften Ausdauersport wie zum Beispiel individuell dem Zustand des Patienten angepasstes Radtraining. Menschen mit Gelenkerkrankungen können durch Radfahren ihre Beweglichkeit verbessern oder wiedererlangen. Das Rad trägt das Körpergewicht. Knieoperierte oder Fußverletzte sollen als Reha-Maßnahme radfahren. Viele Leistungssportler, die eine Zwangspause wegen einer Verletzung einlegen müssen, steigen auf das Rad, um möglichst nicht in Trainingsrückstand zu geraten. Und sogar Menschen mit Bandscheibenproblemen können in aufrechter Sitzposition, zum Beispiel durch einen hohen Lenker wie beim Hollandrad, ihr Training langsam wieder aufnehmen. Ein Fahrrad lässt sich optimal in den Alltag integrieren. Kleinere Besorgungen wie das tägliche Einkaufen lassen sich prima per Rad erledigen. Mit dem Radfahren stei-

Biken ist Abenteuer, Körper- und Naturerlebnis, Wochenendspaß, Hochleistung, Fitnesstraining und Therapie in einem.

gern Sie nicht nur Ihr Wohlbefinden, es macht auch Spaß sich zu bewegen und sich die frische Luft um die Nase wehen zu lassen. Und bei schlechtem Wetter steigen sie um auf ein Spinning-Rad. Das ist Radfahren am Platz auf einem speziell für Fitnesstrainierende entwickelten »Standrad«. Spinning in der Gruppe macht am meisten Spaß, weil sie unter professioneller Anleitung mit Musik und wechselndem Anforderungsprofil trainieren. Grundsätzlich ist Radfahren ebenso wie das Walking eine Sportart für jeden. Es ist ein ausgewogenes Ganzkörpertraining ohne Belastung der Gelenke. Der Energieverbrauch beträgt bei einer Geschwindigkeit von 20 Kilometern pro Stunde etwa 400 Kilokalorien. Die Pulsfrequenz ist beim Radfahren etwa 15 Schläge pro Minute niedriger als beim Joggen, wenn sie angepasst fahren. Das heißt, Sie trainieren in Ihrem Leistungsvermögen und wählen nicht zu hohe Gänge. Fahren in kleineren Gängen mit ca. 60 bis 80 Umdrehungen pro Minute ist gelenkschonender und macht mehr Spaß. Steigen Sie ruhig dreimal pro Woche eine Stunde auf das Rad oder besser, kombinieren Sie dieses Training mit Walking. Wichtig ist das regelmäßige Training.

Laufen

Mit Laufen und Walken können Sie Stresshormone abbauen. Unser Körper hat sich im Laufe der Jahrhunderte nicht wesentlich verändert. Schon gar nicht unser Organsystem. In Stresssituationen reagiert er immer noch mit der Freisetzung der so genannten Stresshormone Adrenalin und Noradrenalin. Wurden sie früher bei Flucht oder Angriff aktiviert, sind es heute Termine beim Chef, Probleme mit dem Partner oder schlechte Zensuren der Kinder in der Schule.
Bewegung baut Stresshormone ab. Fehlt ausreichend Bewegung, wird auf lange Sicht das Gefäßsystem irreparabel geschädigt.
Die Natur belohnt Bewegung. Läufer und Walker sind aufmerksamer und haben einen klareren Kopf. Durch die Belastung nehmen Blut- und Sauerstoffzufuhr in bestimmten Bereichen des Gehirns um bis zu 25 Prozent zu. Das ist ein Grund, warum man sich nach dem Training wacher fühlt als

Laufen ist der ideale Schutz gegen Erkältungskrankheiten. Gemäßigtes Ausdauertraining stimuliert nachweislich die Körperabwehr positiv.

Inline-Skaten erfreut sich großer Beliebtheit – nicht nur bei Kindern, sondern auch bei Erwachsenen und älteren Menschen.

vorher und die Lust etwas zu unternehmen wieder da ist. Bewegung an der frischen Luft verbessert die Stimmung.

Laufen ist der beste Schutz vor Erkältungen, weil ein sanftes Ausdauertraining das Immunsystem stärkt. Wenn Sie es aber übertreiben, können Sie Ihr Immunsystem jedoch auch schwächen. 100 Trainingskilometer pro Woche sind die kritische Grenze. Wenn Sie mehr laufen, wird der Körper anfälliger für Erkältungskrankheiten oder Infektionen. Laufen Sie nicht zu schnell. Beim Laufen und Joggen gilt das Gleiche wie beim Walken: Keuchende Atmung ist ein Zeichen von Sauerstoffnot. Die Milchsäure im Blut steigt über den kritischen Wert von vier Millimol pro Liter. Der Läufer wird »blau« oder »sauer«, wie die Fachleute diesen Zustand bezeichnen.

Laufen setzt ebenso wie das Walking ihre Fettverbrennung in Gang. Sie verbrennen nach vier Wochen regelmäßigem Training etwa fünf Gramm Körperfett während eines halbstündigen Laufes. Nach zwölf Wochen sind es pro Laufeinheit schon 25 Gramm, also ca. 250 Kalorien. Laufen und Walken erhöhen den Energiebedarf. Pro Stunde sind das etwa 600 Kilokalorien. Auch der Stoffwechselgrundumsatz steigt. Der Körper verbraucht bis zu 25 Prozent mehr Kalorien. Auch noch Stunden nach dem Training bleibt der Stoffwechsel erhöht und sorgt für die Fettverbrennung, selbst wenn Sie morgens schon im Büro sitzen oder abends bereits schlafen.

Inline-Skaten

Der Deutsche Inline-Skate-Verband meldet inzwischen ca. 12 Millionen Inline-Skater auf Deutschlands Parkplätzen, Fußwegen oder Straßen. Man sollte wissen, dass der Skater dem Fußgänger gleichgestellt ist. Skaten Sie deshalb auf Gehwegen, in Fußgängerzonen, auf verkehrsfreien Plätzen und auf ausgewiesenen Spielstraßen. Radwege und Straßen sind verbotene Zonen.

Inline-Skaten zählt zu den Ausdauersportarten. Es trainiert das Herz-Kreislauf-System und verbessert

Koordination und Beweglichkeit. Inline-Skaten ist ein hervorragendes Konditions- und Fettstoffwechsel-Training. Im Vergleich zum Laufen ist Inline-Skaten um ein Vielfaches gelenkschonender. Durch die gleitende Gewichtsverlagerung von einem Bein auf das andere werden Stöße auf die empfindlichen Bandscheiben vermieden. Auch die Knie- und Sprunggelenke werden deutlich geringer belastet als beim Laufen. Inline-Skaten ist ein geniales Training für die Bein- und Pomuskulatur!

Bevor Sie losfahren, sollten Sie sich mit der Bremstechnik vertraut machen. Das gibt Ihnen die Sicherheit für einen größeren Ausflug. Grundsätzlich sollten Sie sich die drei großen »S« merken: Schützen, Stützen, Stürzen. Schützen sollten Sie Ihren Kopf mit einem gut sitzenden Helm. Für Handgelenke, Ellbogen und Knie gibt es spezielle Hartschalenschoner. Mit Stützen sind kleine Hilfen gemeint, die Ihnen am Anfang das Gleichgewichthalten erleichtern sollen. Stützen Sie sich an Zäunen oder Geländern ab oder haken Sie sich bei Ihrem Partner unter. Das erleichtert die ersten Bewegungen auf Rollen. Stürzen: Damit ist kontrolliertes Hinfallen gemeint. Jeder Inliner sollte ein Sturztraining absolvieren. Sie lernen möglichst verletzungsfrei zu fallen, werden sicherer in Ausführung und Technik, Sie erleben also mehr Fahrspaß und weniger Stress. Wie bei allen Sportarten gilt auch beim Inline-Skaten, sich richtig aufzuwärmen und ein kleines Stretching-Programm an den Anfang zu stellen. Beginnen Sie das Skaten mit langsamem Tempo: Wie beim Walking sollten Sie sich noch unterhalten können ohne nach Luft ringen zu müssen. Hier ein Tipp zur Technik: Anfänger haben oft Schwierigkeiten sich auf Rollen vom Boden abzudrücken. Stellen Sie sich eine große Uhr vor, die vor ihnen auf dem Boden liegt. Die Zwölf zeigt in Fahrtrichtung. Drücken Sie sich nun in Richtung zwei und zehn Uhr ab. So überträgt man die Kraft am besten.

Der Energieverbrauch pro Stunde liegt beim Inline-Skaten bei etwa 600 Kilokalorien. Sie sollten dreimal pro Woche je 40 Minuten trainieren. Und noch etwas ist wichtig: Achten Sie beim Kauf Ihrer Skates auf die ABEC-Norm. Das ist eine Klassifizierung, die Qualität des Schuhes, der Kugellager und der Rollen nach Leistungsklassen einteilt. Für Einsteiger dürfte zum Beispiel die ABEC-Norm zwei ausreichen. Die richtige Passform und Qualität der Skates beeinflusst den Fahrspaß erheblich.

Golf

Golf erfordert Kopfarbeit und Körperbeherrschung. Kaum glaubt man das Spiel im Griff zu haben, belehrt einen der nächste Schlag ins Gebüsch eines Besseren. Das geht nicht nur Einsteigern so, sondern auch Profis sind nur mit einem Bruchteil ihrer Schäge während eines Spiel wirklich zufrieden. Golf hat sich in den letzten Jahren zu einer Sportart für jeden entwickelt. Die Zahl der organisierten Golfer stieg in zehn Jahren von ca. 140 000 auf mehr als das Doppelte an. Entsprechend schossen auch die Golfplätze wie Pilze aus dem Boden. Im Urlaub kämpfen knapp zwei Millionen Golfer mit ihrem Handicap. Golf kann man guten Gewissens zu den sanften Ausdauersportarten zählen. Für eine 16-Loch-Runde geht oder walked ein Spieler rund sechs Kilometer und verbrennt in ca. drei Stunden bis zu 1000 Kilokalorien. Das ist so viel, wie ein Jogger in einer Stunde. Das Schöne am Golf ist wie beim Walking die Bewegung in freier Natur. Golfspielen können Sie in jedem Alter erlernen und bis ins hohe Alter betreiben. Achten Sie auf eine gewissenhafte Vorbereitung Ihrer Muskulatur durch Kraft- und Ausdauertraining. Die Wirbelsäule, Schulter-, Ellbogen- und Handgelenke müssen durch die Schnelligkeit der Bewegungen einer hohen Belastung standhalten. Vergessen Sie nicht sich vor dem Spiel richtig aufzuwärmen und sich am Ende zu dehnen.

Tennis

Tennis ist eine wunderbare Sportart. Eine ausgefeilte Technik und schnelles Tempo stellen höchste Ansprüche an den Sportler. Es geht um Beweglichkeit, Ballbeherrschung, Technik, Konzentration, Kondition, Reaktion und Taktik. Tennis fordert den ganzen Menschen. Immer wieder muss sich der Spieler auf unerwartete Situationen einstellen. Seine Bewegungen erfolgen oft reflexartig: bremsen und wieder beschleunigen, vor ans Netz und im Rückwärtsschritt zurück zur Grundlinie. Beim

> **Golf ist für viele Menschen eine Lebensanschauung, eine Leidenschaft, die Leiden schafft. Golf ist Lebensinhalt – und eine unendliche Geschichte.**

Skilanglauf ist ein idealer Freizeit- und Er-holungssport. Die Leistungsfähigkeit von Herz, Kreislauf, Atmung und Stoffwechsel werden verbessert.

Spiel sind nicht nur schnelle, sondern auch sehr gut trainierte Beine gefragt. Schultern und Arme müssen beim Aufschlagen extreme Belastungen aushalten und nur eine starke und gesunde Muskulatur garantiert einen verletzungsfreien Bewegungsablauf. Extreme Beugungen und Rotationen im Oberkörper erfordern eine ausgebildete Rückenmuskulatur. Vergessen Sie deshalb neben der Aufwärmgymnastik nicht Ihr Krafttraining zwischendurch und ein umfangreiches Stretching am Ende der Belastung. Wenn Sie sich kraftlos und müde fühlen, sollten Sie den Tennisschläger lieber früher als später aus der Hand legen und sich ein geruhsames Entspannungsprogramm gönnen. Das bewahrt Sie vor Erschöpfungszuständen und Verletzungen.

Skilanglauf

Skilanglauf ist eine Sportart für Körper, Geist und Seele. Langlaufen trainiert das Herz-Kreislauf-System und die Atmungsorgane, es beeinflusst alle

Stoffwechselprozesse unseres Körpers positiv. Langlaufen schafft neue Kräfte. Mit der richtigen Technik ist es auch ein hervorragendes Training für die Rückenmuskulatur, die Schulter, Brust- und Armmuskeln werden ebenso gestärkt. Skilanglauf trainiert so viele Muskeln und Muskelgruppen gleichzeitig wie fast keine andere Sportart, 90 Prozent der Muskeln werden beansprucht. Typischen Zivilisationskrankheiten wie Arteriosklerose oder Herzkranzgefäß-Verkalkung kann durch Ausdauersportarten wie das Skilanglaufen vorgebeugt werden. Außerdem gibt es dabei keine so extremen Belastungsspitzen wie zum Beispiel beim alpinen Skilauf, wo bei steilen Abfahrten der Puls schon einmal auf über 200 Schläge pro Minute ansteigen kann. Selbst Übereifrige können sich beim Skilanglaufen kaum überfordern. Das Streckenprofil bestimmt die Intensität, meistens handelt es sich um ein Intervalltraining, da es bergauf und bergab geht und der Körper im Wechsel belastet und entlastet wird.

Langlaufen kann zu einem Fest für alle Sinne werden. Die rhythmischen Bewegungen in verschneiter Märchenlandschaft lassen uns freier atmen, Gerüche, Geräusche und Temperaturen aufmerksamer wahrnehmen.

Die Ausrüstung

Es ist ein wunderschöner Morgen, vor mir stehen meine Walkingschuhe und warten auf ihren Einsatz. Man sieht ihnen die vielen Kilometer Walking förmlich an und bald wird es Zeit für ein neues Paar. Ein guter Walkingschuh ist der wichtigste Teil der Ausrüstung.

Wie Sie Ihr übriges Outfit zusammenstellen, liegt ganz bei Ihnen. Für Walker und Läufer gilt der gleiche Satz: Es gibt kein schlechtes Wetter, nur ungeeignete Bekleidung. Je nach Wetter ziehen Sie an, was Ihnen bequem und angenehm erscheint. Sie haben sicher Shirts, Shorts oder eine lange Sporthose im Schrank. Bei schlechtem Wetter ziehen sich einfach eine Windjacke über. Bei schlechtem Wetter walken? Natürlich! Sie wollen doch nicht die erfolgreiche Arbeit der letzten Monate verpuffen lassen! Walking im Regen oder Schnee kann so viel Spaß machen!

Das A und O – der richtige Schuh

Die Industrie hat sich darauf eingestellt, dass Walking immer mehr Anhänger findet. Mittlerweile gibt es mehrere Hersteller, die eine Walkingausrüstung anbieten, vor allem aber spezielle Walkingschuhe. Der Schuh muss bei jedem Schritt ein Mehrfaches des Körpergewichtes auffangen. Er soll den Fuß stützen, den Aufprall abfangen sowie jede Bewegung stabilisieren und unter Kontrolle halten. Selbst Sportler mit orthopädischen Fehlstellungen finden ihren Schuh aus einem riesigen Angebot verschiedener Modelle.

Zum Walking müssen Sie jedoch nicht unbedingt einen speziellen Walkingschuh tragen. Ein guter Laufschuh erfüllt auch seinen Zweck. Walkingschuhe aus dem Sportfachhandel sind farblich eher unauffällig gehalten. Es gibt sie in gedeckten Farben wie dunkelblau oder rot, braun, schwarz oder grau. Oft werden sie deshalb auch gerne als normale Straßenschuhe getragen. Natürlich sollte die Farbe kein Auswahlkriterium sein. Wichtiger sind das Obermaterial und die Sohle. Der Schuh sollte aus atmungsaktivem Material bestehen, meistens ist es Leder. Die Sohle hat ein griffiges Profil, verfügt über eine gute Dämpfung und ist sowohl für harte Böden wie Asphalt als auch für weiche, rutschige Böden wie Wald- oder Kieswege geeignet. Tragen Sie nicht Ihre alten Turn- oder Tennisschuhe und lassen Sie sich nicht von den Billigangeboten der Wühltische verleiten. Diese Schuhe geben Ihrem Fuß nicht den notwendigen Halt. Walking ist ohnehin eine preiswerte Sportart. Sparen Sie nicht am falschen Ende. Minderwertige Schuhe erhöhen die Verletzungsgefahr und haben eine sehr geringe Lebensdauer. Achten Sie deshalb auf Qualität.

- Gehen Sie in ein Sportfachgeschäft und lassen Sie sich beraten.
- Kaufen Sie Walking- oder Laufschuhe, keinen anderen Schuh.
- Probieren Sie verschiedene Modelle aus und walken sie einige Schritte damit.

> **Abweichungen von der normalen Fußstellung führen zu Fehlbelastungen mit frühzeitig einsetzenden Abnutzungserscheinungen.**

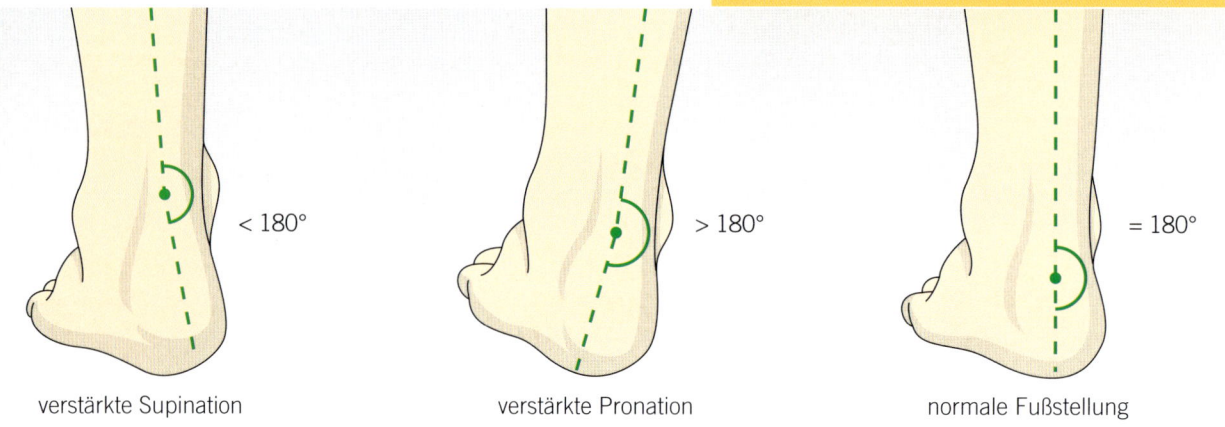

< 180°   > 180°   = 180°

verstärkte Supination   verstärkte Pronation   normale Fußstellung

Ihr Fuß im Laufe des Tages größer wird. Der große Zeh muss einen Finger breit Platz zur Schuhspitze haben.

Kein Schuh hält ewig. Manch einem fällt es schwer sich von seinen alten »Freunden« zu trennen. Wenn Sie wegen Rücken- oder Gelenkproblemen merken, dass die Dämpfung der Sohle nachlässt, ist es wirklich an der Zeit, ein neues Paar zu kaufen. Ein guter Schuh sollte Sie 500 bis 1000 Kilometer begleiten. Profis haben zwei Paar und tragen sie abwechselnd. Gelenke, Sehnen und Bänder werden unterschiedlich belastet und Sie haben die Möglichkeit sich Schuhe für unterschiedliches Gelände zuzulegen. Modelle mit starkem, griffigem Sohlenprofil eignen sich für Waldböden, Matsch und Schnee. Bevorzugen Sie Schuhe mit einer breiteren, besser gedämpften Sohle für einen harten Untergrund.

- Achten Sie auf optimale Passform bei Ihrer Schuhgröße und Fußweite.
- Beachten Sie Ihr Körpergewicht und suchen Sie sich in erster Linie einen stabilen Schuh aus.
- Berücksichtigen Sie auch, auf welchem Untergrund Sie trainieren.

Letztendlich müssen Sie sich wohl fühlen in Ihren Schuhen. Große, kräftige Sportler brauchen stabilere Schuhmodelle als kleine und zierliche. Probleme machen manchmal zu breite oder zu schmale Füße. Sehen Sie sich einmal Damen- und Herrenmodelle an. Schmalfüßige Herren finden oft den passenden Schuh bei den Damenmodellen. Umgekehrt können Damen ihr Modell bei den Herren kaufen. Ihre Zehen brauchen genügend Platz im Vorfußbereich des Schuhs. Bedenken Sie, dass

Freiheit für die Füße!

Gönnen Sie Ihren Füßen ab und zu im Sommer einen Barfuß-Walk auf einem gepflegten Rasen. Das ist ein wunderbares Gefühl! Barfuß-Walken im Sand kann auch eine Wohltat sein, aber übertreiben Sie es nicht. Am Anfang genügen zehn Minuten, damit sich der Fuß an den weichen Untergrund gewöhnen kann. Oder Sie probieren einmal

Aqua-Walking aus. Das ist ein sehr schonendes, aber anstrengendes Ausdauerprogramm.

So weit die Füße tragen

Wie weit Sie Ihre Füße tragen, liegt zum großen Teil an Ihren Schuhen. Der Bewegungsablauf beim Walken ist ein anderer als beim Laufen. Ein Walkingschuh muss daher andere Anforderungen erfüllen als ein Laufschuh. So ist zum Beispiel ein Leisten notwendig, der eine größere Zehenbox hat und für mehr Platz im Vorfußbereich sorgt, weil beim Walking die Zehen mehr gespreizt werden als beim Laufen. Für mehr Stabilität im Fersenbereich ist eine abgeschrägte Konstruktion nötig, da der erste Bodenkontakt des Fußes über den Ballen eher mittig erfolgt. Zusätzlich sorgt ein spezielles Dämpfungssystem für weichen Bodenkontakt.

Kleider machen Leute

Die Walkingbekleidung ist keinen Trends unterworfen. Sie ist schnell aus bereits vorhandenen Einzelteilen zusammengestellt. Fangen wir oben an: Früher hieß es, Baumwolle oder Seide seien opti-

mal geeignet als Material für Sportbekleidung jeder Art. Das stimmt nicht mehr. Baumwolle ist ein Nässespeicher und nimmt um ein Vielfaches mehr an Wasser auf als zum Beispiel synthetische Fasern wie Polyester. Bei Kälte und Wind kühlt der Körper unter Baumwollbekleidung empfindlich aus. Moderne Synthetikfasern werden direkt auf der Haut getragen und weisen einen Tragekomfort wie Baumwolle auf. Sie leiten den Schweiß rasch nach außen ab. Deshalb friert man nicht. Die Kleidung klebt nicht mehr auf der Haut, sondern erhält einen warmen Luftfilm auf der Haut. Diese Bekleidung können Sie bei jedem Wetter tragen, egal ob im Winter oder Sommer. Die Fasern regulieren die Körpertemperatur auf ein wohlbefindliches Maß. Die Kleidung darüber sollten sie den Temperaturen anpassen. Eine ärmellose Weste oder eine Jacke aus leichtem, Wind und Wasser abweisendem Material leistet gute Dienste. Das Regenwasser bleibt außen, aber der Schweiß kann verdunsten. Tragen Sie helle oder bunte Farben, eventuell mit Reflektoren, denn sie werden in der Dämmerung oder bei Dunkelheit besser gesehen. Wählen Sie Ihre Walkingbekleidung nicht zu eng, aber auch nicht zu weit. Flatterjacken und -hosen behindern den Bewegungsablauf. Ziehen Sie sich auch nicht zu warm an. Nach einigen Schritten erhöht sich Ihre Körpertemperatur und Sie müssen dann ein unnützes Kleidungsstück tragen.

Zu enge Kleidung scheuert. Unter den Achseln oder zwischen den Oberschenkeln verursachen die Salzkristalle des Schweißes unangenehme Aufschürfungen der Haut. Cremen Sie diese Stellen vor dem Walken mit Vaseline ein. Auch bei der Unterwäsche haben sich die Hersteller mittlerweile etwas einfallen lassen. Die Materialien sind hautfreundlich und wasserabweisend. Gut stützende Sport-BHs sorgen für bequemen Sitz und eine geringe Belastung des Gewebes.

Zum Schluss noch ein Wort zu den Socken: Auch sie sollten aus elastischen Synthetikfasern sein. Wichtig ist, dass sie anatomisch gut an den Fuß angepasst sind und keine Falten werfen. Wer schon einmal mit Blasen kilometerweite Märsche hinter sich gebracht hat, wird auf funktionelle Socken nicht mehr verzichten wollen. Socken mildern die Reibung im Schuh und wärmen den Fuß in der kalten Jahreszeit. Tragen Sie leichte, dünne

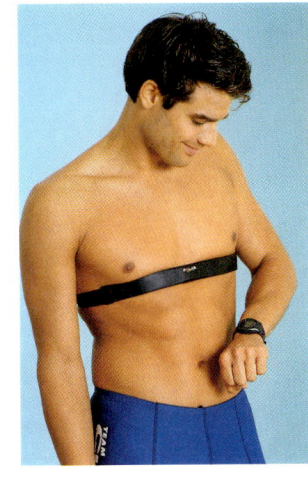

Socken im Sommer und etwas dickere, wenn es kalt wird.

Das »Drum- Herum«

Zum Walkingzubehör zählen kleine Handgewichte oder Gelenkmanschetten. Bitte tragen Sie die Manschetten niemals an den Fußgelenken, da die Technik nicht exakt ausgeführt werden kann und Gelenkbelastungen entstehen. Als sehr praktisch haben sich für Long-Distance-Walker Trinkgurte und kleine Täschchen für den Autoschlüssel oder Kleingeld erwiesen. Für Aqua-Walker gibt es als Auftriebhilfe spezielle Gurte und Handschuhe zur Verstärkung der Armarbeit.

Wenn Sie noch keinen Pulsmesser besitzen, sollten Sie sich einen zum nächsten Geburtstagsfest schenken lassen. Es gibt sie in einfacher Ausführung nur mit Pulsanzeige oder mit integrierter Uhr und mehreren Funktionen, die Ihr Training kontrollieren. Der Puls wird mittels eines Brustgurtes mit integriertem Sender gemessen und an der Pulsuhr am Handgelenk abgelesen. Sie können genau ablesen, in welcher Trainingszone Sie sich gerade befinden. Mütter können jetzt auch ihre Kleinsten zum Walking mitnehmen. Überall sieht man in Parks und auf Spazierwegen geländegängige Lauf- und Wanderkinderwagen, so genannte »Babyjogger«. Waren es bisher joggende Väter, die ihren Spaß mit Sport und Sprössling hatten, sind es jetzt auch die Mütter, die ihr Fitnessprogramm mit Kind absolvieren. Diese Wagen sind zusammenklappbar, fahren auf extra großen Rädern und sind besonders leicht gebaut. Babys ab vier bis sechs Monaten oder Kleinkinder bis vier Jahre können so gut gesichert mit auf die Walkingrunde genommen werden.

Die Ernährung

Privatdozent Dr. med. Robert Bauernschmitt

»Der Mensch ist, was er isst« bedeutet mehr als eine Phrase, denn die beiden Hauptursachen für Zivilisationserkrankungen sind Bewegungsarmut und falsche Ernährung. Positiv formuliert: Bessere Gesundheit und gutes Allgemeinbefinden werden durch Rückkehr zu aktivem Lebensstil und gesunder Ernährung ermöglicht. Diese Stützpfeiler bedingen sich jedoch gegenseitig, die Erfolge eines gut gemeinten Trainingsprogramms werden durch falsche Ernährung in Frage gestellt.

Nahrungsbestandteile

Nahrung liefert Brennstoffe, die benötigt werden, um unsere Körperfunktionen in Gang zu halten. Die Menge des Brennstoffs wird in Kalorien gemessen und schon daraus folgt, dass Kalorien nichts Schlechtes sein können. Die Kalorienlieferanten in unserer Nahrung unterteilen sich in Fette, Proteine (Eiweiß) und Kohlehydrate. Dazu kommen – in wesentlich kleineren Mengen, aber für die biologischen Funktionen ebenfalls unverzichtbar – Mineralien und Vitamine. Keine Kalorien, jedoch einen wichtigen Beitrag zur Verdauung, liefern die Ballaststoffe. Der wichtigste unserer Nährstoffe wird in Aufzählungen dieser Art fast immer vergessen – das Wasser.
Ein ausgewogenes Verhältnis dieser Makro- und Mikronährstoffe ist bereits eine der Grundlagen einer gesunden Ernährung, aber dieses Verhältnis ist in der alltäglichen Nahrung des durchschnittlichen Mitteleuropäers bereits empfindlich gestört. Viele Menschen konsumieren zu viel Fett tierischen Ursprungs, nehmen insgesamt zu wenig Kohlehydrate zu sich, davon aber zu viele

einfache Kohlehydrate (Zucker), häufig nicht genug Ballaststoffe und Vitamine.

Kohlehydrate

Der Begriff Kohlehydrate umfasst eine Gruppe von Substanzen, die aus einem oder mehreren Zuckermolekülen bestehen. Einfache Zucker sind zum Beispiel Traubenzucker (Glucose) oder Fruchtzucker (Fructose). Verbindet man diese beiden Moleküle miteinander, erhält man Rohrzucker (Saccharose), unseren normalen Haushaltszucker. Bildet man schließlich lange Ketten aus

Richtwerte für die Energiezufuhr nach DGE

Alter	kcal/Tag, männlich	kcal/Tag, weiblich
10–13 Jahre	2250	2150
13–15 Jahre	2500	2300
15–19 Jahre	3000	2400
19–25 Jahre	2600	2200
25–51 Jahre	2400	2000
51–65 Jahre	2200	1800
ab 65 Jahre	1900	1700

fern rasch verfügbare Energie, da die Moleküle im Organismus kaum aufgespalten werden müssen. Sie sind also für alle Situationen zu empfehlen, in denen eine rasche Energiespritze notwendig ist, zum Beispiel bei einer anstrengenden Trainingseinheit. Wenn man entspannt vor dem Fernseher sitzt und Pralinen isst, wird man kaum den Kalorienbedarf aufbringen, der diese massive Zuckerzufuhr notwendig macht. Die Kalorien landen, weil der Organismus nichts anderes damit anfangen kann, in den Fettzellen. Ein weiterer Nachteil der kleinen Zuckermoleküle ist die sofort einsetzende Insulinausschüttung, die häufig überschießt und damit zum übermäßigen Abbau vorhandener Glucose führt. Ein zu niedriger Glucosespiegel verursacht erneuten Hunger. Die Folge ist, dass man weiternascht, bis die Pralinenschachtel vollständig leer ist. Zudem wird die Fettverbrennung durch diese Vorgänge gehemmt, was seinerseits zu einer

Zuckermolekülen, erhält man ein komplexes Kohlehydrat. So besteht zum Beispiel Stärke aus einer Vielzahl von Glucosemolekülen. Kohlehydrate werden von pflanzlichen Nahrungsbestandteilen geliefert: einfache Zucker im Obst, komplexe Kohlehydrate in allen Nahrungsmitteln, die auf der Basis von Kartoffeln oder Getreide verzehrt oder gewonnen werden (Brot, Nudeln, Reis etc.). Dazu kommen die in unserer Ernährung nicht unbeträchtlichen Mengen von einfachem Zucker, die Speisen und Getränken zum Süßen zugesetzt werden.

Energiespender
Kohlehydrate sind die Energiespender für die Funktion des Gehirns und der Muskulatur. Sie können in begrenztem Maße in der Leber und den Muskeln in Form von Glycogen (einem stärkeähnlichen Molekül) gespeichert werden. In begrenztem Maß heißt, dass diese Vorräte bei sehr langen Ausdauerbelastungen, etwa einem Marathonlauf, zur Neige gehen können und der Muskelbrennstoff anderweitig geliefert werden muss. Auch eine übermäßige Kohlehydrataufnahme kann diesem Prozess nicht begegnen.
Wenn die Glycogenspeicher vollständig gesättigt sind, werden die darüber hinaus aufgenommenen Kohlehydrate umgebaut und als Fett gespeichert.

Einfache und komplexe Kohlehydrate
Welche Formen von Kohlehydraten sind zu bevorzugen? Kurzkettige und einfache Kohlehydrate lie-

schnelleren Entleerung der vorhandenen Kohlehydratspeicher führt.

Daher sollen überwiegend komplexe Kohlehydrate zugeführt werden. Sie stehen dem Körper längerfristig zur Verfügung und führen nicht zu einer überschießenden Insulinreaktion, ein übermäßiger Konsum ist also weit weniger wahrscheinlich.

Fette

Ein Fettmolekül besteht aus Glycerin und drei Fettsäuren. Die unterschiedlichen Kombinationen dieser Fettsäuren bedingen die mannigfaltigen Erscheinungsformen der Fette, Olivenöl enthält andere Fettsäuren als Butter. Auch der biologische Wert von Fetten wird wesentlich durch die Fettsäuren bestimmt. Unabhängig von den beteiligten Fettsäuren ist Fett ein hocheffektiver Energielieferant: Ein Gramm Fett liefert neun Kilokalorien und damit mehr als das Doppelte des Brennwerts von Kohlehydraten und Eiweißen. Daneben ist Fett unverzichtbar zur Aufnahme der fettlöslichen Vitamine A, D, E und K und der essenziellen (nicht vom Körper aus anderen Substanzen herstellbaren) Fettsäuren, die unter anderem für den Aufbau von Nervenzellen unentbehrlich sind. Darüber

hinaus erfüllt Fett sehr viele vordergründige Funktionen: Es polstert, schützt und wärmt. Da wir uns heutzutage gegen Kälte aber überwiegend durch Kleidung schützen, bleibt der Nutzen einer soliden Fettschicht zur Wärmedämmung zweifelhaft. Fett kann auch als effektive Energiequelle für Muskelarbeit genutzt werden. Um dieses Reservoir anzapfen zu können, bedarf es jedoch bereits eines fortgeschrittenen Trainingszustands.

»Gute« und »schlechte« Fette

Der Kaloriengehalt aller Fette ist wie gesagt gleich. Wo liegt also der Unterschied? Gesättigte Fettsäuren kann der Körper selbst produzieren, wir sind also nicht gezwungen, sie über die Nahrung aufzunehmen. Gesättigte Fettsäuren können bei übermäßigem Konsum die ungünstigen Cholesterinfraktionen im Blut erhöhen und damit die bekannten Folgekrankheiten wie die Arteriosklerose begünstigen. Fette, die überwiegend aus gesättigten Fettsäuren bestehen, sind bei Zimmertemperatur fest: Butter, Speck, der Fettrand am Fleisch. Der Anteil dieser Fette sollte so gering wie möglich gehalten werden.

Ungesättigte Fettsäuren befinden sich in pflanzlichen Produkten (Pflanzenöle, Nüsse), sie sollten in der Küche bevorzugt verwendet werden.

Proteine (Eiweiße)

Proteine sind unverzichtbar für alle Aufbau- und Erneuerungsprozesse des Körpers. Die meisten Körpergewebe sind keine statischen Strukturen, sondern unterliegen einem fortwährenden Auf- und Abbau, der lange Zeit für eine annähernd gleiche Belastbarkeit sorgt. Beginnen die Abbauprozesse zu überwiegen, fängt der Organismus an zu altern. Unzureichende Zufuhr von Proteinen behindert den Zellaufbau und führt zu degenerativen Erkrankungen und vorzeitigem Altern. Das bedeutet, dass Proteine nicht etwa nur dann wichtig sind, wenn man Muskulatur aufbauen will, sondern einen le-

> **Hochwertige ungesättigte Fettsäuren sind in der Regel weich oder flüssig und meist pflanzlicher Herkunft. Wir sollten also möglichst Pflanzenöle in der Küche verwenden.**

Tierisches Eiweiß (biologische Wertigkeit)		Pflanzliches Eiweiß (biologische Wertigkeit)	
Vollei	100	Soja	84
Rindfleisch	92	Grünalgen	81
Fisch	94	Roggen	76
Milch	88	Bohnen	72
Edamer	85	Reis	70
Schweizer Käse	84	Kartoffeln	70
		Brot	70
		Linsen	60
		Weizen	56
		Erbsen	56
		Mais	54

bensnotwendigen Bestandteil gesunder Ernährung darstellen. Darüber hinaus sind alle für die Körperfunktionen wichtigen Botenstoffe (Hormone) und die Enzyme aus Proteinen aufgebaut.

Proteine sind große Moleküle, die aus kleinen Bestandteilen, den Aminosäuren, zusammengesetzt sind. Bei der Verdauung werden die großmolekularen Proteine in ihre Aminosäurebestandteile zerlegt und vom Organismus je nach Bedarf wieder zusammengesetzt. Ein Teil der Aminosäuren kann vom Körper selbst hergestellt werden, insgesamt acht Aminosäuren muss man jedoch über die Nahrung zuführen (essenzielle Aminosäuren). Nahrungseiweiß kann sowohl pflanzlichen als auch tierischen Ursprungs sein. Generell ist pflanzliches Eiweiß (in größeren Mengen zum Beispiel in Hülsenfrüchten enthalten) vom Organismus schlechter zu verwerten. Der Nachteil von tierischem Eiweiß (Fleisch, Eier) besteht allerdings darin, dass das Eiweiß kaum in reiner Form vorliegt, sondern

häufig zusammen mit Fett und Cholesterin aufgenommen werden muss. Empfehlenswerte Lieferanten tierischer Proteine sind fettarme Seefische, Pute und Eiklar. Die pro Tag notwendige Menge an Nahrungseiweiß liegt bei etwa einem Gramm pro Kilogramm Körpergewicht, sie kann jedoch bei Kraftsportathleten wie Bodybuildern weitaus höher liegen.

Vitamine

Verglichen mit den zuvor besprochenen »Makronährstoffen« benötigt man von Vitaminen und Mineralstoffen nur winzige Mengen. Ihr Fehlen kann allerdings verheerende Wirkung haben. Vitamine sind Bestandteile aller Stoffwechselreaktionen, bei der Neubildung von Zellen und beim Immunsystem. Eine ganze Reihe von Vitaminen wirkt antioxidativ, das heißt, sie wirken den bei vielen Stoffwechselprozessen entstehenden freien Radikalen entgegen.

Der Organismus kann Vitamine nicht selbst bilden (außer Vitamin D, und dazu ist Sonnenlicht notwendig) und ist daher auf die Zufuhr von außen angewiesen.

Eine gesunde, ausgewogene Ernährung mit vielen frischen, pflanzlichen Produkten sollte ausreichende Mengen der benötigten Vitamine liefern – sollte man glauben. Doch die so genannten »frischen« Produkte enthalten häufig durch zu frühe Ernte, lange Lager- und Transportzeiten sehr viel weniger Vitamine als angenommen.

Zum anderen entfalten eine Reihe von Vitaminen ihre optimale Wirkung erst in Dosen, die weit höher liegen als die Empfehlungen der DGE. So ist eine nachweislich positive Wirkung von Vitamin E auf das Herz-Kreislauf-System ab einer Dosis von 300 Milligramm pro Tag zu erwarten, das entspricht etwa dem Dreißigfachen der empfohlenen Menge. Auch bei starker körperlicher Belastung, bestimmten Krankheiten, bei Schwangeren oder bei

Vitamin	Funktion, Zielorgan	empfohlene Tagesdosis
A	Haut, Schleimhäute	2 mg
B1	Nervenzellen	1,5 mg
B2	Antioxidans	1,7 mg
B3	Reperaturenzym	18 mg
B6	Nervenhüllen, Stoffwechsel	1,8 mg
B12	Nervenhüllen, Antioxidans	3 mg
Pantothensäure	Muskelaufbau, Energieproduktion	6 mg
Folsäure	Zellwachstum	400 mg
C	Antioxidans	100 mg
D	Knochenmineralisation	5 mg
K	Knochen, Blutgerinnung	80 mg
E	Antioxidans	12 mg

Rauchern ist eine erhöhte Vitaminzufuhr ratsam. Daher erscheint es sinnvoll, Vitamine als so genannte Nahrungsergänzung, das heißt über die in der normalen Ernährung vorhandenen Menge zu sich zu nehmen, weil es einfach weder praktikabel noch der Gesundheit zuträglich ist, zum Beispiel 300 mg Vitamin E in täglichen Mahlzeiten aufzunehmen. Man müsste dazu etwa einen halben Liter hochwertigen Pflanzenöls trinken.

Mineralien und Spurenelemente

Auch Mineralien und Spurenelemente werden vom Körper nur in Spuren benötigt, sind aber ebenso lebensnotwendig wie die Vitamine. Mineralien können vom Organismus in begrenztem Maße aus bestimmten »Reservoiren« mobilisiert werden, zum Beispiel Calcium aus dem Knochen. Überwiegend müssen aber Mineralstoffe und Spurenelemente mit der täglichen Nahrung zugeführt werden. Das ist gerade beim Sportler, der über die Schweißproduktion mehr Mineralien verliert, zu beachten. Für das alltägliche Leben ist es allerdings in der Regel ausreichend, diese Stoffe über Mineralwasser zu sich zu nehmen. Bei stärkerer körperlicher Bean-

Essen Sie wegen der Vielfalt der unterschiedlichen, gesundheitsfördernden Inhaltsstoffe grünes, gelbes und rotes Obst und Gemüse.

spruchung können die Verluste über Ergänzungspräparate ausgeglichen werden.

Ballaststoffe

Ballaststoffe wie Zellulose und Pektin gehören chemisch zu den Kohlehydraten, können aber vom Körper nicht verstoffwechselt werden. Sie erfüllen jedoch wichtige Funktionen bei der Verdauung und sättigen nicht zuletzt. Sie sind nur in den Zellwänden pflanzlicher Lebensmittel enthalten. Die Menge ist um so größer, je weniger die Nahrungsmittel verarbeitet sind. Etwa 30 Gramm Ballaststoffe sollten wir pro Tag zu uns nehmen, dafür benötigt man ungefähr die sechs- bis zehnfache Menge an pflanzlichen Produkten.

Wasser

Der bei weitem wichtigste Nahrungsgrundstoff ist das Wasser. Während man ohne die Aufnahme

überwiegend aus Wasser, enthalten jedoch einen relativ hohen Zuckeranteil, der seinerseits wieder zur Entwässerung des Körpers führen kann (und die tägliche Kalorienaufnahme beträchtlich erhöht). Auch Kaffee und Bier liefern im wesentlichen Wasser, doch der darin enthaltene Alkohol bzw. das Koffein stimulieren die Urinproduktion, so dass das zugeführte Wasser den Körper schnell wieder verlässt. Bevorzugen Sie also Mineralwasser oder Fruchtsaftschorlen im Mischungsverhältnis von 1:3. Bedenken Sie dabei, dass mit viel Kohlensäure angereicherte Getränke den Magen schneller füllen und damit das natürliche Durstgefühl unterdrücken.

Prophylaktisches Trinken?

Wann soll man trinken? Wenn man Durst hat – so die plausible Antwort. Wenn sich jedoch das Durstgefühl gerade während körperlicher Aktivität meldet, hat man schon eine erhebliche Menge Wasser verloren. Die Leistungsfähigkeit kann bereits beeinträchtigt sein. Sinnvoller ist es, folgendes Schema einzuhalten:

- zwei Stunden vor dem Training ca. 0,5 Liter Wasser zu sich nehmen.
- 15 Minuten vor dem Training ca. 0,4 Liter Wasser (stilles Wasser ist zu bevorzugen) trinken.
- Während des Trainings brauchen Sie nicht unbedingt zu trinken, wenn Ihre Trainingseinheiten eine Stunde oder weniger betragen. Allerdings wurde in einer Reihe von Untersuchungen gezeigt, dass die Aufnahme von 0,1 bis 0,15 Litern Wasser pro 15 Minuten Aktivität die Leistung erheblich verbessert. Bei längerdauernder Belastung, auch bei großer Hitze, muss in jedem Fall auch während des Trainings getrunken werden. Die beiden Probleme dabei sind, dass man zum einen den Getränkevorrat mit sich führen muss, wenn man nicht gerade über ein Begleitfahrzeug verfügt, und dass das Trinken während der aktiven Belastung nicht jedermanns Sache ist. Beides lässt sich aber beim Walking deutlich einfa-

von Eiweiß, Kohlehydraten, Fett oder Vitaminen relativ lange überlebt, ist es unmöglich, mehr als ein paar Tage auf die Aufnahme von Wasser zu verzichten.

Unser Körper besteht zu 60 bis 70 Prozent aus Wasser, das ständig umgesetzt wird. Wasserverluste über Urin, Schweiß oder die Atmung müssen jeweils durch die Zufuhr von Wasser ausgeglichen werden. Unterbleibt diese Zufuhr, kommt es zu einer zunehmenden Beeinträchtigung der Körperfunktionen. Das beginnt zunächst mit leichten Konzentrationsstörungen und Verminderung der Reaktionszeit, ab einem Wasserverlust von ein bis zwei Litern kommt es zu einer Beeinträchtigung der Leistungsfähigkeit. Schließlich werden die komplexen biochemischen Reaktionen, auf denen die Funktion unseres Körpers beruht, mehr und mehr behindert. Selbst körperlich völlig inaktive Personen verlieren über Atmung und Schweiß pro Tag mehr als einen Liter Wasser. Bei körperlicher Aktivität erhöhen sich diese Verluste. Eine einfache Methode, den Flüssigkeitsverlust durch eine Trainingseinheit zu bestimmen, besteht darin, sich vor und nach dem Training auf einer genauen Waage zu wiegen, die Differenz ist der Wasserverlust. Lassen Sie sich von niemandem einreden, das sei die Menge an Fett, die durch die Aktivität verbrannt wurde.

Wasserverluste gleicht man am besten durch die Aufnahme von reinem Wasser aus. Konzentrierte Fruchtsäfte und Limonaden bestehen ebenfalls cher bewerkstelligen als beim Joggen oder gar beim schnellen Laufen.

- Die Empfehlung lautet nach dem Training für jedes verlorene Kilogramm Körpergewicht ca. 0,6 Liter Flüssigkeit zu trinken. Wenn Sie nur über eine Waage verfügen, die das Gewicht nicht so genau anzeigt, sollten Sie solange trinken, bis das Durstgefühl verschwunden ist. Der Vorteil von Wasser ist, dass Sie es, eine normale Nierenfunktion vorausgesetzt, praktisch nicht überdosieren können.

Mit Sauerstoff angereichertes Wasser als Energiespender?

Neuerdings wird mit Sauerstoff angereichertes Wasser als Energiequelle für anstrengende Trainingseinheiten angepriesen und entsprechend teuer verkauft. Ist dieser Sauerstoff verwertbar? Sicher wird ein Teil des Sauerstoffs über einfache Überwindung angrenzender Strukturen (Diffusion) in Körpergewebe übertreten. Die unmittelbar angrenzenden Gewebe sind allerdings die Wände von Magen und Darm, die über eine zusätzliche Sauerstoffzufuhr sicher hocherfreut sind, wie der Sauerstoff von hier allerdings in die Zielorgane (Muskula-

tur des Skeletts und des Herzens) gelangen soll, bleibt unklar.

Tatsächlich ist Sauerstoffmangel für den Athleten grundsätzlich kein Problem, es sei denn, er trainiert in extremen Höhen oder auf einem extrem hohen Leistungsniveau. Und selbst dann kann eine effektive Sauerstoffaufnahme nach dem momentanen Stand des Wissens nur über die Atmung bewerkstelligt werden. Der Wert der Sauerstoffaufnahme über den Magen-Darm-Trakt konnte bisher in keiner ernst zu nehmenden Studie belegt werden.

Sportgetränke

Die Werbung suggeriert uns bei einer kaum noch überschaubaren Vielfalt von Sportgetränken die nahezu unerschöpfliche Verbesserung unserer Leistungskraft. Tatsächlich ist das Trinken von Wasser bei normaler sportlicher Belastung mit einer Dauer von ein bis zwei Stunden völlig ausreichend.

Sollten Sie härter oder unter extremen Bedingungen trainieren, kann die Zufuhr eines Sportgetränks, das neben Wasser auch Kohlehydrate und Mineralien liefert, dazu beitragen Ihre Leistungsfähigkeit länger zu erhalten. Wählen Sie in jedem Fall ein Getränk, das sechs Prozent oder weniger Kohlehydrate enthält. Höhere Konzentrationen behindern die Absorption und führen zu einer längeren Verweildauer im Magen, was Ihre Leistung wieder negativ beeinflussen und im schlimmsten Fall zu Magenkrämpfen führen kann.

Prinzipiell gelten folgende Getränke als ideal: Quell- und basische Mineralwässer, Früchte- und Kräutertees, Gemüse- und Obstsäfte. Auf keinen Fall sollten schwarzer Tee, Kaffee, künstlich gesüßte Säfte, Limonaden und Fruchtnektar die Hauptquelle der Flüssigkeitszufuhr sein. Letztere und alkoholische Getränke sind kalorienhaltige, minderwertige Nahrungsmittel, die den Körper stark übersäuern können.

> **Wenn Sie härter oder unter extremen Bedingungen trainieren, sollten Sie zusätzlich zum Wasser Isotonische Getränke zu sich nehmen, die Ihnen Mineralien und Kohlehydrate liefern.**

Essen und Training

Wie im Kapitel über Diäten (siehe Seite 134) noch ausführlicher besprochen wird, ist bei der Ernährung nicht nur das »Was« und »Wie viel«, sondern auch das »Wann« eine wichtige Frage.

Ohne Brennstoff im Körper werden Sie bei Ihrem Training keine Leistung bringen. Zwar tragen wir alle in unseren Fettdepots eine Menge Energie mit uns herum, die kann allerdings nur beim wirklich gut Trainierten unmittelbar angegriffen werden. Häufig liest man die Empfehlung, morgens auf nüchternen Magen Ausdauersport zu betreiben, wenn man die Fettverbrennung richtig ankurbeln will. Grundsätzlich stimmt das auch. Nach der Nachtruhe sind die körpereigenen Glycogenspeicher, also unsere Vorräte an Kohlehydraten, weitgehend erschöpft. Wenn man keine Nahrung zu sich nimmt und mit dem Training beginnt, bleibt außer dem Fett nicht viel. Wer diese Taktik jedoch als Untrainierter oder am Anfang des Trainingsprogramms verfolgt, wird feststellen, dass ihm nach wenigen Metern die Puste ausgeht und das Training beendet ist. Zum einen ist es wie bereits erwähnt nicht ganz einfach, die Energie überwiegend durch die Fettverbrennung zu gewinnen. Zum anderen sind nachweislich die Trainingsleistungen am Nachmittag oder frühen Abend, wenn der Organismus »Betriebstemperatur« hat, besser. Wenn es das erklärte Ziel ist, die körperliche Fitness zu verbessern und der Fettverlust eher sekundär ist, sollten Sie eine andere Vorgehensweise wählen.

Vor dem Training

Ein bis zwei Stunden vor dem Training sollten Sie eine kohlehydratreiche Mahlzeit zu sich nehmen, die im Wesentlichen aus komplexen Kohlehydraten besteht (Nudeln, Reis, Vollkornprodukte etc.). Der Abstand zur Trainingseinheit garantiert, dass die Nahrung größtenteils verdaut ist und dem Organismus als Energie zur Verfügung steht. Außerdem fühlt sich der Magen nicht voll an.

Meiden Sie größere Mengen an Fett und Proteinen, die für die Verdauung längere Zeit benötigen und Sie unnötig belasten. Unmittelbar vor dem Training sollten Sie einfache Kohlehydrate zu sich nehmen. Das Essen bzw. Trinken von süßen Speisen, Limonaden oder ähnlichem klingt auf den ersten Blick plausibel, weil man dem Körper schnell verfügbare Energie liefert. Es birgt jedoch zwei Gefahren: Die überschießende Insulinbildung kann zum einen dazu führen, dass Ihnen noch während des Trainings der Brennstoff ausgeht. Zum anderen bewirken diese Nahrungsmittel eine Übersäuerung des Magens und gerade beim Walking, mehr noch beim Joggen, begünstigen die auftretenden Stoßbelastungen auf die inneren Organe das Entstehen von Sodbrennen.

Wenn Sie ein längerdauerndes Training planen und die Energiezufuhr während der Einheit sichern wollen, sollten Sie tatsächlich auf einfache Kohle-

Energieverbrauch bei verschiedenen Tätigkeiten

Näherungswerte in kcal/h in Abhängigkeit von Körpergewicht und Tempo

Tätigkeit	Tempo (km/h)	Körpergewicht				
		50 kg	60 kg	70 kg	80 kg	90 kg
Liegen	—	66	81	90	102	117
Sitzen	–	84	102	120	132	150
Spazierengehen	3	138	171	198	222	255
Walking	6	222	270	318	360	408
Nordic-Walking	6	350	425	501	565	641
Power-Walking	9	504	612	714	810	912
Race-Walking	12	770	880	990	1100	1210
Jogging	9	438	531	624	702	795
Dauerlauf	12	642	771	906	1024	1155
Laufen (schnelles Tempo)	20	960	1158	1356	1536	1731

Ersetzen Sie eine üppige Mahlzeit ein- bis zweimal pro Woche durch reine Rohkost. Essen Sie zum Beispiel Salat statt Schweinebraten mit Knödel.

hydrate zurückgreifen, allerdings nicht unbedingt auf Süßigkeiten, sondern auf Sportgetränke mit einem Kohlehydratanteil von ca. sechs Prozent, möglichst in einer alkalischen Zubereitungsform. Sie können aber auch Bananen oder Trockenfrüchte zu sich nehmen. Die Gefahr von Sodbrennen oder Völlegefühl lässt sich jedoch auch dadurch nicht vollständig bannen.

Nach dem Training

Unmittelbar nach dem Training öffnet sich ein durchaus interessantes »Stoffwechselfenster«. Jetzt ist die Aufnahme von einfachen Kohlehydraten sinnvoll, da eine schnelle Energiezufuhr erfolgen soll. Die Glycogenspeicher sind entleert, so dass man davon ausgehen kann, dass zugeführte Zuckerarten nicht unmittelbar in Fett umgewandelt und über der Hüfte gespeichert werden. Wenn Sie also gern Süßes essen und gar nicht darauf ver-

zichten wollen, ist unmittelbar nach dem Training die beste Gelegenheit dazu, aber bitte nicht im Übermaß. Ansonsten erfüllen Fruchtsäfte und frisches Obst einen ähnlichen Zweck und liefern dazu wichtige Vitamine.

Etwa ein bis zwei Stunden nach dem Training sollten Sie dann eine vollständige Mahlzeit einnehmen, die zu etwa 50 Prozent aus komplexen Kohlehydraten, 30 Prozent Proteinen und 20 Prozent Fett (auf die Kalorienanteile gerechnet) besteht. Der Proteinanteil ist jetzt wichtig, damit der Organismus die Aufbau- und Reparaturvorgänge an der Muskulatur vornehmen kann.

Übergewicht und Diäten

Übergewicht ist eine typische Zivilisationserscheinung. Es ist bedingt durch ein Ungleichgewicht von Kalorienangebot und -verbrauch und entsteht dadurch, dass unser Körper nicht verbrauchte Energiemengen nicht wieder ausscheidet, wie er es mit einer im Übermaß aufgenommenen Menge Wasser tun würde, sondern umbaut und als Fettgewebe speichert. Das war zu Urzeiten ein durchaus sinnvoller Mechanismus: Waren viele Nahrungsmittel vorhanden und wurden mehr davon genossen, als für den aktuellen Bedarf notwendig waren, wurde ein »Vorrat« innerhalb des Körpers angelegt und während der unweigerlich kommenden mageren Zeiten konnte davon gezehrt werden. Heute gibt es für uns praktisch keine mageren Zeiten mehr und hier beginnt das Übel, denn während der Organismus seine archaischen, auf das Überleben gerichteten Mechanismen beibehalten hat, ist der Kühlschrank immer gefüllt und an jeder Ecke locken Restaurants.

Wann sprechen wir von Übergewicht?

Die einfachste Formel, die jeder kennt, bezeichnet als »normalgewichtig« denjenigen, dessen Körpergewicht der Körperhöhe in Zentimetern minus 100 entspricht. Wenn ein 1,80 Meter großer Mann also 80 Kilogramm wiegt, ist er normalgewichtig. Vielen erschien das zu ungenau und man begann den so genannten »Body-Mass-Index« (BMI) zu favorisieren. Die Formel ist komplizierter, weil sie das Körpergewicht durch das Quadrat der Körpergröße dividiert.

Ein Beispiel: $BMI = \dfrac{62\ kg}{1{,}68 \times 1{,}68\ m} = 22.$

Werte zwischen 20 und 30 bezeichnet man als normal. Aber auch der BMI ist nur eine Relation von Körpergröße und -gewicht, die die Körperzusammensetzung aus Muskeln, Knochen, Organen, Fett und Wasser, nicht berücksichtigt.

> **Legen Sie ein Lineal zwischen Ihrer Körpergröße und Ihrem Gewicht an. Der Schnittpunkt mit der mittleren Linie zeigt den BMI an.**

Sind Sie seit zwanzig Jahren ausgewachsen? Hat sich Ihr Körpergewicht seit zwanzig Jahren nicht verändert?

Herzlichen Glückwunsch. In den Statistiken der meisten Versicherungen bekommen Sie dafür mit Sicherheit eine positive Bewertung. Und doch sagt das gar nichts. Wenn Sie vor Jahren 1,80 Meter groß waren und 80 Kilogramm wogen und das auch heute noch zutrifft, kann es sein, dass Sie Ihr Fitnessniveau in dieser Zeit gehalten haben. Genauso gut kann es aber sein, dass Sie seitdem 15 Kilogramm an Muskulatur verloren und durch 15 Kilogramm zusätzliches Fett ausgeglichen haben. Das heißt dann, dass Sie damals fit, gesund und durchtrainiert waren, heute jedoch träge, schwabbelig und kurzatmig sind, aber immer noch »normales« Gewicht haben. Das ist kein konstruiertes Beispiel, denn leider neigt der Körper dazu, im Lauf der Zeit Muskulatur ab- und Fett aufzubauen, wenn man nichts dagegen unternimmt. Maßband und Waage reichen also nicht aus, um Übergewicht exakt zu definieren. Sehr viel wichtiger ist die Zusammensetzung des Körpers aus den Bausteinen Knochen, Organe, Muskulatur, Fett und Wasser.

Die häufig zitierten »schweren Knochen« existieren tatsächlich, führen aber nur zu einem Mehrgewicht von ein bis drei Kilogramm und dienen damit

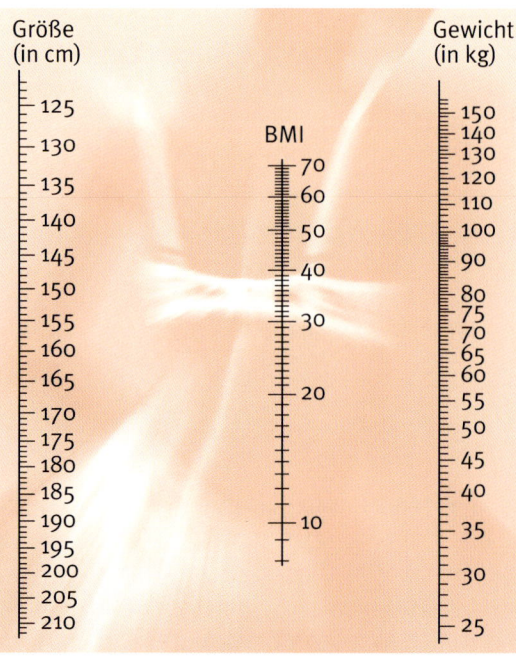

Größe (in cm)	BMI	Gewicht (in kg)
125		150
130	70	140
135	60	130
140	50	120
145	40	110
150		100
155	30	90
160		80
165	20	75
170		70
175		65
180		60
185		55
190	10	50
195		45
200		40
205		35
210		30
		25

kaum als Ausrede für Übergewicht. Die inneren Organe haben bei großen, kleinen, dicken und dünnen Menschen ein vergleichbares Gewicht. Die wesentlichen Variationen werden also durch Muskulatur, Fett und Wasser hervorgerufen. Übergewicht im engeren Sinne muss also definiert werden als ein Zuviel an Fettgewebe. Wie viel ist normal? Bei Männern darf man von 15 bis 20 Prozent Körperfettanteil ausgehen, bei Frauen liegt der Anteil etwas höher, 20 bis 25 Prozent. Dieser Körperfettanteil lässt sich heutzutage relativ genau bestimmen. Sie kennen die entsprechenden Waagen, die in der Werbung angepriesen werden, sie arbeiten mit der Methode sanfter Ströme, die durch Ihren Körper geschickt werden und den Fettanteil nach dem Stromwiderstand berechnen. Ähnlich genau und noch viel einfacher sind die »Caliper«, kleine Klemmen, die die »Speckschicht« über verschiedenen Regionen berechnen und daraus Ihr Gesamtkörperfett bestimmen. Erheblich präziser sind auf Ultraschall basierende Methoden, die bereits in vielen Fitness-Studios angeboten werden. Keines dieser Geräte müssen Sie sich für den Hausgebrauch zulegen, die Messungen können heute in nahezu jeder Apotheke durchgeführt werden.

Wie entsteht Übergewicht?

Übergewicht ist wie bereits erwähnt die Folge einer gestörten Balance zwischen Angebot und Nachfrage an Kalorien. Nimmt der Mensch mehr Kalorien zu sich, als er verbraucht, wird er zunehmen. Nimmt er weniger Kalorien auf, als er verbraucht, nimmt er ab. Damit ergeben sich grundsätzlich drei Strategien, um abzunehmen:

- Drosselung der Kalorienzufuhr bei gleich bleibendem Verbrauch (die klassische FdH-Diät).
- Beibehaltung der Kalorienzufuhr bei Zunahme des Verbrauchs (durch Aufnahme eines Sportprogramms).
- Eine Kombination aus beiden.

Auf den ersten Blick erscheint die letzte Methode als die beste. Sie ist auch die wirkungsvollste, aber schwierigste, und ihre Langzeitergebnisse sind fraglich. Die erste Methode, nämlich einfach weniger zu essen, sollte ausscheiden. Sie werden auf der Waage einige Kilogramm weniger ablesen, Sie werden etwas Fett, etwas an Muskulatur und ziem-

lich viel Wasser verlieren. Ihre Körperkomposition ist hinterher genauso wie vorher oder sogar schlechter und Sie werden mit ziemlicher Sicherheit das verlorene Gewicht binnen einiger Monate wieder zugenommen haben, also: Lassen Sie es! Die wirkungsvollste Methode ist, Ihren Verbrauch an Kalorien zu erhöhen. Wenn Sie das schaffen, können Sie die bisher aufgenommene Menge an Kalorien beibehalten oder sogar erhöhen. Sie werden schlanker, gesünder und besser aussehen, weil Sie Ihre Körperkomposition verändern. Sie werden Fett ab- und Muskulatur aufbauen. Kümmern Sie sich nicht mehr um die Waage. Verwandeln Sie Ihren Körper in eine Fettverbrennungsmaschine. Die beiden hauptsächlichen Strategien sind folgende:

1. Treiben Sie regelmäßig Sport.

Sie werden nicht nur die Kalorien Ihrer Trainingseinheit verbrauchen, sondern eine nachhaltige Beschleunigung Ihrer Stoffwechsel-Geschwindigkeit erzielen. Das heißt, selbst Stunden nach dem Training wird Ihr Körper in völliger Ruhe mehr Kalorien verbrennen als zuvor.

Ein Rechenbeispiel: Wenn Sie 75 Kilogramm wiegen und 30 Minuten zügig walken, werden Sie etwa 200 Kilokalorien verbrennen. Dazu verlieren Sie in den 12 Stunden nach dem Training weitere 150 Kilokalorien allein durch die Beschleunigung Ihres Stoffwechsels. 350 Kilokalorien entsprechen etwa 40 Gramm Fett und auch wenn es Ihnen nicht gelingen wird, ausschließlich Körperfett zur Deckung des Energiebedarfs zu nutzen, werden Sie allein durch dieses – fünfmal pro Woche – durchgeführte Training etwa 12 Kilogramm im Jahr verlieren.

2. Stellen Sie Ihre Ernährungsgewohnheiten radikal um. Sie essen vielleicht nicht zu viel, Sie essen eventuell zu selten oder Sie essen falsche Produkte zur falschen Zeit. Mit den bereits genannten und den folgenden Prinzipien werden Sie einen schlankeren, muskulöseren Körper erzielen, ohne jemals Hunger zu leiden.

Die häufigsten Diätlügen

Es vergeht keine Woche, in denen Sie nicht Dutzende von Diätvorschlägen in den Illustrierten am Kiosk finden. Die meisten dieser Diäten erfüllen Ihre vordergründigen Versprechungen: Sie werden

möglich essen dürfen, oder auch die entsprechende »Grapefruit-Diät«, Sie werden eine erhebliche Unterversorgung an wichtigen Nahrungsbestandteilen erfahren. Der begleitende Beginn eines Sportprogramms ist praktisch unmöglich: Sie fühlen sich schlapp, müde und ohne jede Energie. Auch eine radikale vegetarische Ernährung ganz ohne die Aufnahme tierischer Proteine (vegane Ernährung) ist als Diätform nicht geeignet. Sicher mag es einige Veganer geben, die über die notwendige Zeit und das Sachwissen verfügen, Ihre Ernährung so auszuwählen und zu kombinieren, dass sie nicht unter Mangelerscheinungen leiden. Der laienhafte Veganer, und dazu gehört mit Sicherheit die Mehrzahl der Diätwilligen, wird über kurz oder lang an einem Mangel an Proteinen leiden.

vorübergehend Gewicht verlieren, um dann sehr bald wieder zuzunehmen, weil die Mehrzahl dieser Diäten von keinem Menschen ein Leben lang oder auch nur einige Monate durchgehalten werden kann. Besonders vor den folgenden Diäten sollten Sie sich hüten:

- Diäten, die nur drei oder sogar weniger Mahlzeiten am Tag vorschreiben. Auch dabei kommt wieder ein archaischer, in Urzeiten sinnvoller Mechanismus zum Tragen. Wenn relativ wenige Mahlzeiten zugeführt werden, schaltet der Körper auf »Sparflamme«, er verlangsamt die Stoffwechsel-Geschwindigkeit und versucht so viel wie möglich von der zugeführten Nahrung zu speichern. Sie machen sich das Leben selbst schwer.

- Trennkostdiäten. Man behauptet, dass die einzelnen Nahrungsbestandteile nicht in Kombination zugeführt werden sollen (zum Beispiel Kohlehydrate und Proteine), was ernährungsphysiologisch Unsinn ist. Wenn Sie eine kalorienreiche Mahlzeit, die ausschließlich aus Proteinen besteht, zu sich nehmen, werden Sie wesentlich früher, als es Ihr Diätplan erlaubt, Heißhunger auf Kohlehydrate spüren.

- Einseitige Diäten. Sei es die »Ananas-Diät«, bei der Sie so viel Ananas wie gewünscht und

Welche Diät ist richtig?

Dieser Abschnitt des Buches soll nicht der Anzahl der Diäten, die Sie bereits kennen, eine weitere hinzufügen, sondern Ihnen lediglich Prinzipien vermitteln.

Grundsätzlich machen Sie nichts verkehrt, wenn Sie Ihre gesamte Nahrungsaufnahme in Richtung der mediterranen Ernährung umstellen. Das heißt Folgendes: Nehmen Sie viel Salat und Gemüse zu sich, möglichst frisch und in naturbelassenem Zustand, in wenig oder gar keinem Wasser gedünstet oder gegrillt, in wenig Olivenöl kurz gebraten oder im Dampf gegart und anschließend gewürzt. Aber bitte nicht mit Unmengen von Salz, nutzen Sie lieber großzügig Zitronensaft und frische Kräuter. Essen Sie komplexe Kohlehydrate in Form von Reis, Nudeln, Kartoffeln. Bevorzugen Sie nicht das typische mediterrane Weißbrot, sondern greifen Sie eher zu dem bei uns in reicher Auswahl erhältlichen Vollkornbrot. Als Proteinquellen sind Fisch und Geflügel zu empfehlen, weil sie sehr viel weniger Fett enthalten als Rind- oder Schweinefleisch. Hüten Sie sich auch vor »versteckten«

Fetten, zum Beispiel in der in Deutschland so beliebten Wurst. Achten Sie aber darauf, dass Sie den größten Teil Ihrer Fettkalorien aus einfach oder mehrfach ungesättigten Fetten beziehen, also im wesentlichen aus Pflanzenölen. Regelmäßiger Fischkonsum wird Ihnen dazu die wichtigen Omega-3-Fettsäuren liefern.

Mehrere Mahlzeiten

Lassen Sie keine Mahlzeit ausfallen. Im Gegenteil: Nehmen Sie mindestens fünf Mahlzeiten täglich zu sich. Das beginnt schon beim Frühstück, der Mahlzeit, die man beim Wunsch nach Gewichtsreduktion am liebsten und häufigsten ausfallen lässt. Was passiert? Die Glycogenspeicher sind durch die Nachtruhe weitgehend entleert, es kommt kein Nachschub. Der Organismus geht von einer Notfallsituation aus, schaltet die Stoffwechsel-Geschwindigkeit zurück und greift zur Energiegewinnung unter anderem die Muskelproteine an (vielleicht auch ein wenig Fett). Sie verlieren prozentual ähnliche Mengen Muskeln und Fett. Das ist genau das, was Sie nicht wollen. Darüber hinaus starten Sie Ihren Tag ohne Energie, bekommen gegen Mittag unweigerlich Hunger und essen dann zu viel. Mit dem Erfolg, dass einiges davon gleich als Fett gespeichert wird.

Gönnen Sie sich also reichlich komplexe Kohlehydrate zum Frühstück (Müsli mit Früchten zum Beispiel), einige Proteine und reichlich Flüssigkeit, denn auch die haben Sie während der Nacht verloren.

Nehmen Sie zwischen Frühstück und Mittagessen in jedem Fall eine weitere Mahlzeit zu sich. Es muss nicht viel sein, die kleine Zwischenmahlzeit wird Ihnen aber helfen, Ihre Stoffwechsel-Geschwindigkeit beizubehalten und Sie davon abhalten, sich Mittags mit Heißhunger auf fette Saucen zu stürzen. Essen Sie kalorienarm – Magermilchjoghurt, etwas Vollkornbrot, Obst oder rohes Gemüse sind hervorragend geeignet. Mittags sollte eine vollständige Mahlzeit aus hochwertigen Kohle-

> **Nach den Ampelfarben essen: Wer täglich grünes, gelbes und rotes Obst und Gemüse zu sich nimmt, stärkt das Immunsystem.**

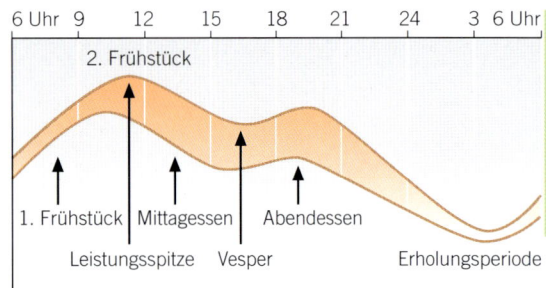

Für eine gesunde Ernährung sollten Sie mehrere kleine Mahlzeiten zu sich nehmen. Dadurch kurbeln Sie Ihren Stoffwechsel an und bleiben leistungsfähiger (obere Kurve). Die untere Kurve zeigt die Leistungsfähigkeit ohne Zwischenmahlzeiten.

hydraten und Proteinen folgen. Nachmittags essen Sie wieder einen Snack. Beim Abendessen sollten Sie, wenn Sie abnehmen möchten, Ihre Zufuhr an Kohlehydraten einschränken. Der Grund dafür ist einfach: Nach dem Abendessen werden Sie Ihre körperlichen Aktivitäten erheblich einschränken. Wenn Sie also »Brennstoff« zu sich nehmen, den Sie nicht mehr verbrennen, wird der Körper dazu neigen, die Kohlehydrate in den Fettdepots zu speichern. Die Ausnahme: Wenn Sie Ihr Trainingsprogramm vor dem Abendessen durchführen, können einige Kohlehydrate nicht schaden.

Frisches Obst und Gemüse können Sie nahezu unbegrenzt essen, jedoch nicht in fett- und zuckerhaltigen Saucen. Sie erhalten dadurch Vitamine, Ballaststoffe, füllen nicht zuletzt den Magen und vermeiden das Hungergefühl.

Schummeltage

Lebenslange gesunde Ernährung? Verzicht auf vieles, was doch so gut schmeckt? Das löst bisweilen die gleiche Panik aus, wie beim Raucher, der aufhören will und weiß, dass er von nun an nie wieder eine Zigarette anrühren darf. Zum Glück sind die Dinge bei der Ernährung weniger dramatisch. Selbst professionelle Athleten, die schon von Berufs wegen streng auf Ihre Ernährung achten müssen, legen Schummeltage ein. Sie sind gut für die Seele, bewahren uns davor, zum verbitterten, lebensunlustigen Asketen zu werden, und schaden überhaupt nichts. Suchen sie sich also einen Tag in der Woche aus, an dem Sie das genießen, was eigentlich nicht mehr auf Ihrem täglichen Ernährungsplan stehen sollte. Wenn Sie nach erfolgreicher Aufnahme dieser Köstlichkeiten ein leicht schlechtes Gewissen verspüren und zum Ausgleich Ihre Trainingsbemühungen verdoppeln – gut! Wenn die Schummeltage immer seltener wer-

den, weil Sie immer seltener Lust auf den Schweinebraten haben, um so besser. Halten Sie sich dennoch immer vor Augen: Wenn Sie regelmäßig trainieren und auf eine gesunde Ernährung achten, wird Sie ein Schlemmermahl nicht aus der Bahn werfen.

»Light«-Produkte

Sie können geeignet sein eine bewusste Ernährung zu unterstützen. Überprüfen Sie aber genau die Nährstoffzusammensetzung, die auf der Packung angegeben ist. So genannte fettarme Produkte sind häufig tatsächlich fettarm, solange sie sich außerhalb des Körpers befinden. Manche von ihnen enthalten aber Unmengen an Zucker, um den durch die Fettreduktion entgangenen Geschmack auszugleichen. Das Resultat nach einigen Stoffwechselschritten im Körper ist dennoch wieder Fett, nicht in der Packung, sondern auf den Hüften.

Training und bewusste Ernährung sind die beiden Säulen eines gesunden, aktiven Lebensstils. Nehmen Sie Ihr Trainingsprogramm noch heute in Angriff, aber denken Sie auch daran, dass die Umstellung der Ernährung Ihnen helfen wird, die größtmöglichen Erfolge zu erzielen.

Training und Alkohol

Obwohl auf den ersten Blick ein Widerspruchspaar, scheinen alkoholische Getränke doch eine durchaus bedeutsame Rolle im Sport zu spielen. In erster Linie erfolgt das in Form einer »Belohnung« für erbrachte Leistungen. Der Etappensieger der Tour de France wird mit Champagner übergeschüttet, den Spielern des FC Bayern München wird nach dem Gewinn der Champions League Weißbier in gigantischen Gläsern serviert. Und war es nicht früher im Handballverein obligat, sich nach dem Training in der Kneipe zu treffen? Niemand wird ernsthaft darüber nachdenken, unter akutem Alkoholeinfluss Sport zu treiben. Gerade Ausdauersportlern muss auch dringend davon abgeraten werden, denn Alkohol behindert die Zellatmung. Die Sauerstoffaufnahme über die Lunge funktioniert noch normal, aber die Sauerstoffabgabe an die Zellen wird behindert. Zusammen mit der unter Alkoholeinfluss häufig auftretenden Selbstüberschätzung kann das durchaus gefährliche Folgen haben. Dieser Effekt hält mehrere Stunden an. Es ist also auch nicht ratsam, sich den Kater am nächsten Morgen »wegzutrainieren«, zumindest nicht auf hohem Leistungsniveau. Moderates Walking ist zur Wiederherstellung des Wohlbefindens sicher ratsamer als forciertes Laufen.

Das Trinken von Alkohol nach einem anstrengenden Training erscheint häufig normal. Der Alkohol ist jedoch ein gefährlicher Gegenspieler des Trainingseffekts. Er hemmt den vorübergehenden Anstieg des Testosterons, das wichtig für Muskelaufbau und -regeneration ist. Das Glas Bier nach dem schweißtreibenden Training, eiskalt genossen, schmeckt herrlich. Aber: Körperliche Anstrengung führt zu Flüssigkeitsverlust und Durst, und wenn Sie bei starkem Durst Alkohol trinken, werden Sie ihn zu schnell zu sich nehmen. Darüber hinaus regt Alkohol die Ausscheidung von Flüssigkeit an: Sie verlieren in einer Situation des Flüssigkeitsmangels mehr Flüssigkeit, als Sie aufnehmen. Genießen Sie Ihr Bier nach dem Training, aber erst dann, wenn sie genug Wasser getrunken haben, um das Durstgefühl zu bekämpfen. Ihr Flüssigkeitshaushalt ist dann wieder in Ordnung.

Wir alle kennen die Untersuchungen, die gezeigt haben, dass die moderate Aufnahme von Alkohol (0,5 bis 1 Liter Bier oder eine entsprechend geringere Menge Wein pro Tag) eher positive Auswirkungen auf Lebensdauer und Lebensqualität hat als der vollständige Verzicht. Für bisher abstinente Sportler ist das allerdings kein Grund, jetzt mit dem Trinken anzufangen: Der Sport sorgt für vergleichbare positive Effekte. Wenn Sie als Sportler diese geringen Mengen bisher genossen haben: Es gibt keinen Grund, damit aufzuhören. Falls Sie mehr trinken: Kein Training der Welt wird Ihnen helfen, die allseits bekannten negativen Auswirkungen von zu hohem Alkoholkonsum zu vermeiden. Also: Trinken Sie weniger!

Nahrungsmittel, die den Körper entschlacken

- **Frisches Obst der Saison wie Äpfel, Birnen, Mandarinen und Orangen**
- **Frisches Gemüse wie Zucchini, Tomaten, Gurken, Champignons, Knoblauch, Blattsalat, Karotten**
- **Mit Einschränkungen auch tiefgefrorenes Gemüse**
- **Geschrotetes Getreide, Vollkornreis, Hirse, Grünkern**
- **Milchsauer vergorenes Sauerkraut oder Gemüse**
- **Kalt gepresste Öle wie Olivenöl, Sonnenblumenöl, Maiskeimöl**
- **Reine Pflanzenfette, Eidotter**
- **Tofu, Sojamilch, Frischmilch, Buttermilch, Molke, Kefir, Joghurt**
- **Nicht aromatisierte Kräutertees, Mineralwasser, frisch gepresste Säfte**

Glossar

Anaerobe Schwelle
Liegt die Trainingsintensität über der anaeroben Schwelle, so erfolgt die Energiebereitstellung aus Kohlehydraten ohne Sauerstoff (ana-erob), wobei als Abfallprodukt Laktat entsteht, das zur Übersäuerung des Muskels führt. Im Ausdauersport sollte die anaerobe Schwelle nicht überschritten werden.

Anti-Aging
Unter Anti-Aging sind alle medizinischen Maßnahmen zusammengefasst, die darauf abzielen eine möglichst gute Vitalität und geistige sowie körperliche Beweglichkeit bis ins hohe Alter zu erhalten. Das Konzept umfasst eine gezielte Ernährungsberatung, eventuell auch mit der Gabe von Vitaminen und Nahrungsergänzungsstoffen, eine Anleitung zur körperlichen Aktivität und den gezielten Ausgleich der mit zunehmendem Alter nachlassenden Hormonproduktion durch den Arzt. Während Ernährungsberatung und Anleitung zur körperlichen Aktivität weitgehend unumstritten sind, werden die Nahrungsergänzung und der Hormonersatz in Fachkreisen nicht allgemein akzeptiert. Aussagekräftige Studien zu Wirkungen und Ne-benwirkungen liegen bislang nicht vor.

Aqua-Walking
Sanftes Ausdauertraining im Wasser unter maximaler Schonung von Wirbelsäule und Gelenken, besonders geeignet für Senioren und Re-konvaleszenten.

Bindegewebe
Füll- und Hüllgewebe, zum Beispiel in Organkapseln, Gleit- und Leitgewebe organeigener Gefäße und Nerven, Gerüstgewebe der Organe sowie Muttergewebe der Stützgewebe wie Knochen, Knorpel und Bänder.

Cholesterin
Fettähnliche Substanz, wichtiger Bestandteil von Zellen, Hormonen, Gallensäuren. Bei erhöhten Blutkonzentrationen (Gesamtcholesterin sollte nicht über 200, LDL nicht über 130 und LDL nicht unter 45 liegen) des »schlechten« LDL-Cholesterins steigt das Risiko für Gefäßerkrankungen und Herzinfarkt.

Diabetes Mellitus
Zuckerkrankheit, die häufigste Stoffwechselkrankheit wird ausgelöst durch Insulinmangel oder verminderte Insulinwirkung. Im Blut gelöste Glucose (Zucker) braucht Insulin, um in die Zellen zu gelangen, wo sie als Energielieferant dient. Dadurch entsteht in der Zelle ein Glucosemangel, im Blut ist die Glucosekonzentration erhöht. Diabetes Mellitus ist einer der Hauptrisiko-Faktoren für Herz-Kreislauf-Erkrankungen.

FIT
Abkürzung für frequency (Häufigkeit), intensity (Anstrengungsgrad) und time (Dauer). Damit sind die entscheidenden Säulen eines sinn-vollen Trainingskonzepts zusammengefasst.

Fitness-Walking
Bei dieser Walking-Variante stehen das Herz-Kreislauf-Training und die Gewichtsabnahme im Vordergrund. Die Belastungsintensität liegt im mittleren bis hohen Bereich, bei 70 bis 80 Prozent der maximalen Pulsfrequenz (siehe Maximalpuls).

Herzkranzgefäße
Arterien über die der Herzmuskel mit sauerstoffreichem Blut versorgt wird. Beim Verschluss eines Herzkranzgefäßes kommt es zum Herzinfarkt: Ein Teil der Herzmuskulatur stirbt aufgrund der Durchblutungsstörung ab und kann sich nicht mehr am Pumpvorgang beteiligen. Die Herzleistung und damit die generelle körperliche Lei-stungsfähigkeit nehmen ab.

Herz-Kreislauf-System
Umfassender Begriff für das Herz, die Blutgefäße (Arterien und Venen) sowie deren Steuerung durch Nervenimpulse und Hormone.

Laktat
Salz der Milchsäure, das beim Abbau von Kohlehydraten ohne Sauerstoff anfällt (anaerober Stoffwechsel) und zur Übersäuerung der Muskulatur führt.

Maximalpuls
Altersabhängiger Höchstwert der Herzfrequenz, Faustregel: 220 minus Lebensalter für gut trainierte Sportler, 200 minus Lebensalter für Freizeitsportler.

Muskelfaser
Grundeinheit des Muskels. Sie besitzt die mechanische Fähigkeit sich unter Verbrauch von Energie zusammenzuziehen.

Muskuläre Dysbalance
Ungleichgewicht der an einem Gelenk wirkenden Muskeln. Häufig bedingt durch Verkürzung oder Abschwächung einer Muskelpartie. Kann schlimmstenfalls zu erheblichen Abnützungserscheinungen oder Fehlstellungen führen.

Osteoporose
Verminderung der Gesamtknochenmasse, die schließlich zu vermehrter Knochenbrüchigkeit führt. Häufig bei Frauen nach der Menopause durch Östrogen- und Bewegungsmangel. Auch Männer leiden unter Osteoporose.

Pedestrianism
Beliebter Männersport im 19. Jahrhundert in England und den USA.

Power-Walking
Leistungsorientierte Variante des Walkings, die Belastungsintensität befindet sich knapp unter der anaeroben Schwelle.

Prävention
Vorbeugende Maßnahmen, um die Entstehung von Krankheiten zu verhindern.

Rekonvaleszenz
Phase der Genesung vom Ende einer Erkrankung bzw. einer Verletzung bis zur Wiederherstellung des früheren Gesundheitszustandes.

Stresshormone
Körpereigene Hormone, die von der Nebenniere in Stress-Situationen ausgeschüttet werden, zum Beispiel Adrenalin, Noradrenalin und Cortisol. Ursprünglich zur plötzlichen Flucht beim Angriff eines Raubtieres. Unter anderem beschleunigen sie die Herzfrequenz und erhöhen den Blutdruck.

Register

Adressen

In Deutschland:
Deutsches Walking Institut
Kraichgaustraße 10
76669 Bad Schönborn
www.walking.de

Deutscher Leichtathletik Verband,
Breitensport und Walktreff
www.dlv-sport.de

Infos rund um das Walking
www.fit-back.de

Nordic Walking Academy
Freiburg
Sasbacher Straße 8
79111 Freiburg
Tel.: 0761 13 25 25
www.nordic-walking-online.de

Geher Rundbrief
Infos über Walking und Race-Walking
mit Regeln, Terminen und Ergebnissen
von Wettkämpfen
www.geher-rundbrief.de

In der Schweiz:
Urs Gerig
Lauf- und Walkingseminare und Nordic
Walking, Ausbildung von Walking-Treff-
Leitern
www.sportcoach.ch

In Österreich:
Arbeitsgemeinschaft für Sport und
Körperkultur in Österreich
ASKÖ/Nordic Walking-Workshops

Die Autoren

Unser kleines Autoren-Team besteht aus zwei Medizinern, Herrn Prof. Dr. med. Rüdiger Lange, Chefarzt vom Deutschen Herzzentrum München, sowie Herrn Dr. med. Walter Eichinger, Herzchirurg im Deutschen Herzzentrum München, und mir, Carolin Schricker, Sport-Heilpraktikerin und leidenschaftliche Walkerin.

Wir hatten das große Glück, für den medizinischen Teil dieses Buches ein sehr kompetentes Ärzte-Team als Mitautoren zu gewinnen:

Frau Prof. Dr. med. Renate Oberhoffer ist leitende Oberärztin der Kinderklinik und Polyklinik der Technischen Universität München und Kinderkardiologin. Sie hat sich mit dem außerordentlich wichtigen Thema »Kinder und Bewegung« beschäftigt.

Herr Privatdozent Dr. med. Robert Bauernschmitt ist Herzchirurg und Oberarzt im Deutschen Herzzentrum München. Er gehört zu den Menschen, die essen können, was sie wollen, und nicht zunehmen. Wie das geht, erzählt er in diesem Buch.

Herr Dr. med. Gerd Dilthey ist Narkosearzt im Deutschen Herzzentrum München. Als Mediziner und ehemaliger Profi-Ausdauersportler hat er sein Wissen zum Thema »Mit Walking zum Idealgewicht« zur Verfügung gestellt.

Herr Dr. med. Harry Tschebiner ist Gynäkologe, Männerarzt und Anti-Aging-Mediziner in München. Er schreibt über Walking in der Schwangerschaft und verschafft uns zum Thema »Anti-Aging« einen kleinen Einblick.

Roland Leuschel ist selbst Autor zahlreicher Bücher. Ohne seine Unterstützung, Beratung und technische Hilfeleistung säße ich jetzt noch vor meinem Computer.

Paul Libera ist angehender Mediziner und passionierter Filmemacher. Er hat viele Aufnahmen zu diesem Buch gemacht und selbst hinter schwärzesten Wolken die Sonne gefunden.

Mit all diesen besonderen Menschen ein Buch schreiben zu dürfen, war uns eine große Ehre und ein noch einmal so großes Vergnügen!

Literaturverzeichnis

Verwendete Literatur

Bartek, O.: Fitness Manual. Könemann Verlag.

Bös, K.: Handbuch für Walking. Meyer & Meyer Verlag.

Burger, D.: Fitness statt Nikotin. BLV Verlag.

Czichoschewski, H.: Body-Styling Beine. BLV Verlag.

Czichoschewski, H.: Body-Styling Rücken. BLV Verlag.

Deutsche Gesellschaft für Ernährung (Hrsg.): Referenzwerte für die Nährstoffzufuhr. Umschau Braus Verlag.

Engel-Korus, D.: Fitness für die Traumfigur. BLV Verlag.

Engels, Dr.T.; Neumann, B.: Optimal trainieren. Südwest Verlag.

Focus. Das moderne Nachrichtenmagazin. Focus Magazin Verlag GmbH.

Gerig, U.: Richtig Walking. BLV Verlag.

Gerig, U.: Walken Technik. BLV Verlag.

Gerig, U.; Gonseth, A.: Ausdauer durch sanftes Training. BLV Verlag.

Hatje, T.; Deneke, U.: Inlineskaten wie ein Profi. Südwest Verlag.

Krodel, T.: Aqua Fitness. BLV Verlag.

Müller-Wohlfahrt, Dr. H.-W./ Montag, H.-J.: Verletzt- was tun? Wero press.

Müller-Wohlfahrt, Dr. H.-W.: Mensch, beweg dich! Verlag Zabert Sandmann.

Müller-Wohlfahrt, Dr. H.-W.: So schützen Sie Ihre Gesundheit. Verlag Zabert Sandmann.

Pramann, U.: Einfach wohlfühlen. Südwest Verlag.

Roche: Lexikon Medizin. Urban & Schwarzenberg Verlag.

Rüdiger, M.: Power Walking Gräfe und Unzer Verlag.

Spitzbart, Dr. M.; Löhr, J.; Pramann, U.: Mehr Energie zum Leben. Südwest Verlag.

Steffny, H.: Walking. Südwest Verlag.

Steffny, H.; Pramann U.: Perfektes Lauftraining. Südwest Verlag.

Sternad, D.: Stretching. BLV Verlag.

Waesse, H.: Yoga für Anfänger. Gräfe und Unzer Verlag.

Literatur zum Weiterlesen:

Burger, D.: Fitness statt Diät. BLV Verlag.

Höfler, H: Beckenbodengymnastik. Übungsprogramme für sie und ihn. BLV Verlag.

Bibliografische Information Der Deutschen Bibliothek

Die Deutsche Bibliothek verzeichnet diese Publikation in der Deutschen Nationalbibliografie; detaillierte bibliografische Daten sind im Internet über http://dnb.ddb.de abrufbar

BLV Verlagsgesellschaft mbH

München Wien Zürich

80797 München

© 2003 BLV Verlagsgesellschaft mbH, München

Bildnachweis

Alle Fotos Ulli Seer außer:

Asics: S. 121

Bongarts: S. 110

Gonseth: S. 82 li. + re., 83, 87, 98 o. + u., 99, 104, 105, 107, 111, 112, 113, 115, 116

Kracke: S. 53, 88, 89, 90, 91, 92, 93, 94, 95, 100, 101, 123

Krauer: S. 115, 117

Libera: S. 15 o. + u., 16 u. li. + u. re., 18, 19, 22, 24, 27, 30, 32

Mauritius: S. 17, 51, 119, 124, 126/127, 129, 133

Parzinger: S. 72, 73, 85, 86

Pfister: S. 126

Stockfood: 136, 136/137

Tanita: S. 52

Grafiken: Jörg Mair

Lektorat: Manuela Stern

Herstellung: Angelika Tröger

Layoutkonzept: Sabine Fuchs

Satz: Uhl + Massopust, Aalen

Repro: Media pipeline GmbH, München

Einbandgestaltung: Joko Sander Werbeagentur, München

Umschlagfotos: Ulli Seer

Gedruckt auf chlorfrei gebleichtem Papier.

Printed in Germany · ISBN 3-405-16475-3

Know-how für die Trainingspraxis

Im BLV Verlag finden Sie Bücher zu den Themen: Garten und Zimmerpflanzen • Natur • Heimtiere • Jagd und Angeln • Pferde und Reiten • Sport und Fitness • Wandern und Alpinismus • Essen und Trinken

Ausführliche Informationen erhalten Sie bei:

BLV Verlagsgesellschaft mbH
Postfach 40 03 20 • 80703 München
Tel. 089 / 127 05-0 • Fax -543 • http://www.blv.de